小水电管理
和绿色发展实践

主　编　廖承彬
副主编　施银士　王晓飞

中国水利水电出版社
www.waterpub.com.cn
·北京·

内 容 提 要

本书根据《中华人民共和国安全生产法》《建设工程安全生产管理条例》《生产安全事故报告和调查处理条例》《生产安全事故应急预案管理办法》《浙江省安全生产条例》《浙江省水利工程安全管理条例》等有关法规的要求编写。全书共分四个部分十六章，从水电站工程管理的实际出发，简要介绍了农村水电站基础知识和运行管理、安全生产的基本常识，并详细介绍了农村水电站安全生产标准化建设和管理；为响应国家生态文明建设，贯彻"创新、协调、绿色、开放、共享"发展理念，推进水电现代化提升与绿色高质量发展，着重介绍了浙江省现阶段绿色小水电示范电站、生态水电示范区、生态流量监管、小水电集约化智慧化管理等工作的优秀案例和浙江省小水电"十四五"工作计划等。

本书可作为农村水电站运行管理人员继续教育培训用书，也可供从事农村水电站行业管理人员阅读参考。

图书在版编目（CIP）数据

小水电管理和绿色发展实践 / 廖承彬主编. -- 北京：中国水利水电出版社，2021.6
ISBN 978-7-5226-0194-6

Ⅰ. ①小… Ⅱ. ①廖… Ⅲ. ①水力发电站－水利工程管理－研究－中国②水力发电站－水利水电工程－绿色经济－经济发展－研究－中国 Ⅳ. ①F426.9

中国版本图书馆CIP数据核字(2021)第214551号

书　　名	**小水电管理和绿色发展实践** XIAO SHUIDIAN GUANLI HE LÜSE FAZHAN SHIJIAN
作　　者	主　编　廖承彬 副主编　施银士　王晓飞
出版发行	中国水利水电出版社 （北京市海淀区玉渊潭南路1号D座　100038） 网址：www.waterpub.com.cn E-mail：sales@waterpub.com.cn 电话：（010）68367658（营销中心）
经　　售	北京科水图书销售中心（零售） 电话：（010）88383994、63202643、68545874 全国各地新华书店和相关出版物销售网点
排　　版	中国水利水电出版社微机排版中心
印　　刷	天津嘉恒印务有限公司
规　　格	184mm×260mm　16开本　16.5印张　278千字
版　　次	2021年6月第1版　2021年6月第1次印刷
印　　数	0001—3000册
定　　价	80.00元

凡购买我社图书，如有缺页、倒页、脱页的，本社营销中心负责调换

版权所有·侵权必究

本书编委会

主　　　编：廖承彬

副　主　编：施银士　王晓飞

编　　　写：伍彦熹　孙　娇　周璐瑶　郑　城
　　　　　　陈　静　孙　澜　王　欢　夏玉立
　　　　　　李勋东　吴玉泉　吴向荣　李　超
　　　　　　易　群　蔡秉峰

主　　　审：罗云霞　林少青

副　主　审：马福君

前 言

水能资源是指蕴藏于河川水流、海浪、潮汐等的动能和势能，是高效、清洁、可再生的能源。浙江小水电水能资源蕴藏量比较丰富，中华人民共和国成立以后，小水电得到大力开发，至今开发率超过80%，小水电成为重要的民生水利基础设施，在保障经济社会发展和改善人民群众生活质量，解决无电缺电地区人口用电，促进江河治理、生态改善、环境保护、地方社会经济发展等方面发挥了重要作用。

党的十八大以来，生态文明建设受到了高度重视，推动绿色发展已摆在更加突出的位置。发展绿色水电，是贯彻"创新、协调、绿色、开放、共享"发展理念，坚持人水和谐、推进水生态文明建设的必然选择。党的十九大报告明确提出要求："树立安全发展理念，弘扬生命至上、安全第一的思想，健全公共安全体系，完善安全生产责任制，坚决遏制重特大安全事故，提升防灾减灾救灾能力。"为进一步加强安全生产管理，加快全省小水电绿色转型，实现水电现代化提升与绿色高质量发展，满足浙江省小水电管理和绿色发展实践需要，特组织新编本书。

本书主要介绍我国小水电资源及其分布特点，浙江省小水电开发现状及其发展历程和未来发展方向；小水电运行维护专业知识，包括水轮机及其附属设备、水轮发电机、变压器、配电装置、直流系统等的运行维护以及水轮发电机的故障检修；小水电安全生产管理及其制度、安全生产标准化建设管理、电气安全管理及事故与应急预案；以及浙江省现阶段绿色小水电示范电站、生态水电示范区、生态流量监管、小水电集约化智慧化管理等工作的主要做法并提出今后绿色发展一些主要设想等。

本书的编写得到多位行业专家的支持帮助，在此表示衷心感谢。由于小水电运行管理涉及面广，编者理论知识和实践经验有限，书中难免有错误和疏漏之处，敬请同行专家和读者批评指正，编者不胜感谢。

编　者

2021 年 6 月

目 录

前言

第一部分　小水电发展概述

第一章　概述 ········· 3
第一节　小水电资源分布及特点 ········· 3
第二节　浙江小水电的开发利用 ········· 5
第三节　浙江小水电的发展方向 ········· 10

第二部分　小水电运行与维护

第二章　水轮机及其附属设备运行维护 ········· 15
第一节　水轮机概述 ········· 15
第二节　水轮机运行特性 ········· 23
第三节　不同类型水轮机结构及布置 ········· 29
第四节　水轮机正常运行 ········· 37
第五节　水轮机故障处理与检修 ········· 40
第六节　辅助设备运行维护 ········· 43

第三章　水轮发电机运行维护 ········· 51
第一节　水轮发电机概述 ········· 51
第二节　水轮发电机继电保护 ········· 58
第三节　发电机的正常运行维护 ········· 65
第四节　发电机异常运行及事故处理 ········· 70

第四章 变压器运行维护 ·············· 76
第一节 变压器概述 ·············· 76
第二节 变压器继电保护 ·············· 82
第三节 变压器的正常运行维护 ·············· 88
第四节 变压器异常运行及事故处理 ·············· 92

第五章 配电装置运行维护 ·············· 97
第一节 配电装置概述 ·············· 97
第二节 配电装置正常运行方式 ·············· 100
第三节 配电装置异常运行及故障处理 ·············· 105

第六章 直流系统运行维护 ·············· 110
第一节 直流系统概述 ·············· 110
第二节 直流系统的运行维护 ·············· 112
第三节 直流系统故障及异常处理 ·············· 113
第四节 直流系统操作危险点分析 ·············· 115

第七章 水轮发电机故障检修 ·············· 117
第一节 水轮发电机运行时的故障现象 ·············· 117
第二节 水轮发电机定子绕组故障检修 ·············· 127
第三节 水轮发电机转子绕组故障检修 ·············· 133
第四节 小型卧式水轮发电机检修 ·············· 136
第五节 水轮发电机故障检修案例 ·············· 144

第八章 水电站运行管理制度 ·············· 151
第一节 水电站运行管理及其制度 ·············· 151
第二节 水电站操作票和工作票 ·············· 156

第三部分 小水电安全管理

第九章 水电站安全生产 ·············· 169
第一节 安全生产基本概念 ·············· 169
第二节 水电站安全生产管理制度 ·············· 170
第三节 安全生产监督管理 ·············· 175

第十章　水电站电气安全管理 　177
第一节　电气安全工器具 　177
第二节　电气火灾的预防 　182
第三节　常用灭火器的使用 　190

第十一章　水电站安全生产标准化 　193
第一节　实施水电站安全生产标准化的重要意义 　193
第二节　农村水电站安全生产标准化建设管理 　194

第十二章　应急预案与安全事故报告 　202
第一节　应急预案 　202
第二节　安全事故报告 　203

第四部分　小水电绿色发展

第十三章　绿色小水电示范电站 　209
第一节　绿色小水电示范电站创建背景、成效及经验 　209
第二节　绿色小水电创建内容 　211
第三节　案例 　214

第十四章　生态水电示范区 　223
第一节　生态水电示范区建设背景、意义与成效 　223
第二节　生态水电示范区建设程序与内容 　225
第三节　案例 　229

第十五章　生态流量监管 　232
第一节　生态流量概述 　232
第二节　生态流量监管的责任主体、要求和内容 　236
第三节　浙江省农村水电站数字化管理 　237
第四节　案例 　240

第十六章　小水电集约化、智慧化管理 　243
第一节　小水电集约化、智慧化管理内涵 　243
第二节　小水电集约化、智慧化管理现状 　243
第三节　小水电集约化、智慧化管理技术实现 　244
第四节　案例 　248

参考文献 　252

第一部分
小水电发展概述

本部分主要介绍我国小水电资源及其分布特点、浙江省小水电开发现状及其发展历程和未来发展方向。

第一章 概 述

中国地域辽阔，河流纵横密布，为小水电开发提供了很好的条件。小水电（又称"农村水电"）在不同的时期有不同的定义，目前，小水电是指单站装机容量在5万kW及以下的水电站及其配套电网。中国小水电资源位居世界第一，根据全国农村水能资源调查评价成果，中国大陆地区单站装机容量5万kW及以下的小水电可开发量约为1.28亿kW。自1912年建成首座水电站——云南省石龙坝水电站（装机容量480kW）以来，截至2020年年底，全国（不含台湾地区）共建成小水电站43957座，装机容量8133.8万kW，年发电量为2423.7亿kW·h。

小水电的发展过程，既反映了中国的自然地理条件和不同时期社会经济发展要求，也是小水电自身的特点使然。小水电属清洁可再生能源，电源和电网的建设管理由地方统一组织，布点分散，建设可因地制宜，技术成熟，见效快。小水电的崛起，在解决农村用电、促进农民脱贫致富和推动农村社会经济发展等方面发挥了重要作用。特别是农村水电初级电气化县、水电农村电气化县建设和小水电代燃料工程的实施，带动了小水电的健康、快速发展。小水电在山区生态建设、环境保护和节能减排中的独特作用受到社会各界广泛好评。中国通过开发小水电实现农村电气化的做法受到了联合国、有关国际组织和世界各国的关注，中国小水电的技术和经验正在许多发展中国家推广。小水电以其旺盛的生命力和鲜明的特色，在中国水电建设和农村经济社会发展史上熠熠生辉，成为中国经济社会发展的一个缩影。

第一节 小水电资源分布及特点

一、资源分布

我国小水电资源点多面广，星罗棋布，遍及30个省（自治区、直辖市）的

1715个县（市）。其中，西部地区（包括西南部和西北部）小水电可开发量为7952.9万kW，占全国的62.1%。西南部的四川、贵州、云南、西藏、广西、重庆等6省（自治区、直辖市）是小水电资源最丰富的地区，可开发量为6193.4万kW，占全国的48.4%；西北部的内蒙古、陕西、甘肃、宁夏、青海、新疆等6省（自治区）小水电资源相对集中，可开发量为1759.5万kW，占全国的13.7%；东北地区小水电资源主要集中在吉林、黑龙江两省山区，可开发量为550万kW，占全国的4.3%；中部地区小水电资源主要集中在湖南、湖北、江西等省，可开发量为2078.4万kW，占全国的16.3%；东部地区小水电资源主要集中在浙江、福建、广东等省，可开发量为2216.9万kW，占全国的17.3%。

二、资源特点

1. 清洁可再生

小水电不产生二氧化碳等温室气体，是国际公认的清洁可再生能源，是联合国扶贫开发千年计划最重要的组成部分。小水电建设移民和耕地淹没少，没有大量水体集中，不会造成局部地区生物的改变。小水电资源主要集中在退耕还林还草区、天然林保护区、自然保护区和水土流失重点治理区。在这些地区开发小水电，是保护和改善生态环境的重要途径，有利于人口、资源、环境的协调发展。

小水电资源的可再生性，可以有效促进农村电力市场的发展和稳定，具有促进与保障农民增收、解困、致富的长效性，在电力结构和农村能源结构调整中都具有重要的地位，是直接惠及广大老、山、少、边、穷地区人民的民生工程。

2. 具社会公益性

发展以小水电为主体的农村水电是解决中国"三农"问题的一条重要途径，除防洪、灌溉、供水、旅游等综合利用功能外，在解决农村电力供应、加强农村基础设施、发展地方经济、保护生态环境、促进就业、拉动内需、推动农村生产力发展等方面都起到了重要的作用。发展小水电具有明显的社会公益性。

3. 具分布式

小水电站规模小，结构相对简单，技术比较成熟，建设周期短，工程投资少，大多不需远距离输送电力，发、供电成本相对较低，可以分散布点、就地开发、就近成网、成片供电，恰好可以弥补大电网远距离供电成本过高的缺陷。小水电靠近负荷，启闭迅速，是冰灾、地震等灾害条件下可靠的备用电源。

第二节　浙江小水电的开发利用

浙江省地域面积 10.55 万 km²，其中山地、丘陵占 70.4%，平原盆地占 23.2%，河流湖泊占 6.4%。全省境内水系流域面积较大的有钱塘江（含曹娥江）、苕溪、运河、甬江、椒江、瓯江、飞云江和鳌江等，称为"八大水系"，其中苕溪和运河属于长江水系，另有独流入海小河系和浙闽、浙赣水系，全省水能资源较为丰富。根据 2008 年水能资源调查评价，浙江省技术可开发水电装机容量达 804.6 万 kW，其中小水电占 462.5 万 kW。截至 2020 年年底，全省建成小水电站 2861 座，总装机容量 411.5 万 kW，分布在 9 个市 60 个县（市、区），其中：杭州市有水电站 273 座，装机容量 41.2 万 kW；宁波市有水电站 136 座，装机容量 11.4 万 kW；温州市有水电站 506 座，装机容量 74.5 万 kW；湖州市有水电站 78 座，装机容量 4.8 万 kW；绍兴市有水电站 285 座，装机容量 14.9 万 kW；金华市有水电站 306 座，装机容量 32.5 万 kW；衢州市有水电站 220 座，装机容量 40.3 万 kW；台州市有水电站 266 座，装机容量 27.3 万 kW；丽水市有水电站 791 座，装机容量 164.6 万 kW。2020 年浙江省各市小水电年末数量及装机容量分布见图 1-1。

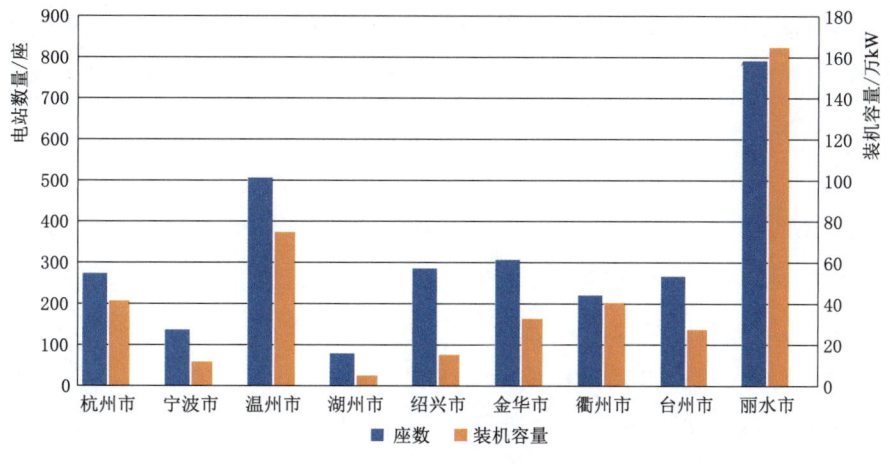

图 1-1　2020 年年末浙江省各市小水电数量及装机容量分布

一、发展历程

浙江小水电开发可追溯到20世纪40年代抗日战争时期，至今有80多年历史，大致可分为五个发展阶段。

1. 中华人民共和国成立之前（种子期）

在抗日战争时期，浙西南山区成为浙江抗日的后方基地，省政府等有关机构为解决军工生产和工作需要，兴建了一批规模很小的水电站，丽水太平汛电站是浙江省内首座水电站，民国三十年（1941年）3月建成，装机容量14kW。这一时期共建成7座水电站，装机总容量185kW，但到浙江解放时仅存4座，装机总容量139kW。

2. 中华人民共和国成立后至20世纪70年代（萌芽期）

中华人民共和国成立后，党和国家对开发利用水能资源非常重视，大力支持，中央、地方、群众一起上，多层次多渠道集资办电。浙江也不例外，1950年，建成金华湖海塘水电站，装机1台200kW，这是中华人民共和国成立后浙江省内建成的第一座小水电站。1960年2月，中华人民共和国成立后第一次全国性农村水电建设现场会议在金华召开。3月14日下午，毛泽东主席亲临金华双龙水电站视察，指出"浙江水力资源丰富，搞水电大有前途"，给了浙江人民以极大的鼓舞。这一时期兴建了龙泉大白岸、庆元马蹄岙、淳安霞源等一批小水电站。

3. 20世纪80年代至90年代中期（成长期）

在"改革开放"新形势下，小水电发展出现新的局面，这一时期小水电开发主要体现为农村水电电气化县的建设。1983年12月，浙江有新昌、天台、缙云、武义、仙居、庆元、泰顺、云和、龙泉和临安等10个县被国务院批准列入全国100个中国式农村电气化试点县。在建设试点县的同时，全省还建成一批单机1000kW以上的小型骨干水电站。"八五"期间，有15个县列入国务院批准的全国第二批200个农村水电初级电气化县建设范围，"十五"期间，又有20个县列入全国第四批400个农村水电电气化建设县范围。到1995年，全省建成小水电站2565座，总装机容量96.4万kW。

4. 20世纪90年代中期至21世纪初（爆发期）

1993年以后，随着浙江省经济的快速增长，电力供应严重短缺，浙江省委、省政府为解决当时浙江用电紧张局面，进行投融资体制改革，鼓励全社会集资办水电、私人股份制办水电，同时进行上网电价政策改革等，这些政策极大地调动了全社会以股份制形式投资开发水电的积极性，实现"全民办电"，小水电得到了前所未有的发展。到 2005 年年底，全省建成小水电站 3096 座，总装机容量 280 万 kW。1996—2005 年，十年时间建成小水电装机容量近 183.6 万 kW。

5. 进入 21 世纪以后（成熟期）

进入新世纪，生态环境越来越受到社会的关注，生态文明建设开始成为国家的重要战略。在小水电建设管理中，浙江率先在资源有偿使用、落实生态流量等方面进行了积极的探索实践，2003 年浙江省水利厅印发《关于加强水电资源开发管理的若干规定》，实施水电资源有偿使用，将生态流量纳入水电项目初设审批重要内容，加强对小水电生态流量的管理。

针对早期开发的水电站设备设施逐渐老化、资源利用率相对低等问题，通过实施"千站改造惠农保安"工程、"农村水电增效扩容改造"工程，积极开展老电站改造，着力消除安全隐患、提升水能资源利用率。为规范管理，"十三五"期间，按照水利部和浙江省政府全面推行水利工程标准化管理的要求，扎实推进小水电站安全生产标准化创建工作，全面提升安全生产管理水平，全省 1000kW 以上水电站全部完成安全生产标准化达标创建。

为推动水电生态转型，实现绿色发展，2015 年选取了临安、安吉、开化 3 个县开展生态水电示范区建设试点。2016 年全省推进生态水电示范区建设，"十三五"期间，累计建成 57 个生态水电示范区。2017 年水利部在全国开展绿色小水电试点工作，以建设"环境友好、社会和谐、经济合理、管理规范"的小水电站为目标，开展绿色小水电创建，"十三五"期间，浙江共有 197 座小水电站被成功创建为"绿色小水电示范电站"。

二、开发现状

截至 2020 年底，浙江省共有小水电站 2861 座，装机容量达到 411.5 万 kW。小水电站装机规模差异较大，水电站数量与装机容量呈倒挂现象。1000kW 以下的电站达到全省水电站数量的 71%，但装机容量仅占 19%。2020 年年末浙江省小水电站数量及装机容量分析如图 1-2 所示，具体来说，

1万（含）～5万kW（含）的水电站数量为84座（约占3%），装机容量达165万kW（约占40%）；0.1万（含）～1万kW的水电站数量为743座（约占26%），装机容量达168万kW（约占41%）；0.1万kW以下的水电站数量为2034座（约占71%），装机容量为78万kW（约占19%）。

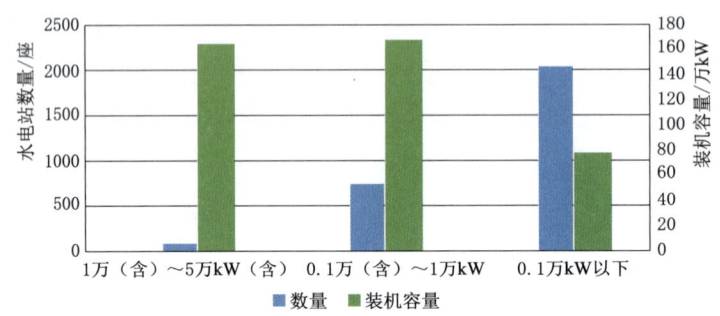

图1-2　2020年年末浙江省小水电站数量及装机容量

2020年全省小水电站发电量约82亿kW·h。其中1万（含）～5万kW（含）的水电站年发电量达35亿kW·h（约占43%）；1000kW（含）至1万kW的水电站年发电量约33亿kW·h（约占40%）；1000kW以下的水电站年发电量为14亿kW·h（17%），分布如图1-3所示。按照最新供电标准煤耗308g/(kW·h)计算，全省小水电2020年发电量相当于节约了约253万t标准煤；根据科技部《全民节能减排手册》，按燃烧1t标准煤向大气排放2.567t二氧化碳计算，每年减少二氧化碳排放648万t，节能减排效果显著。

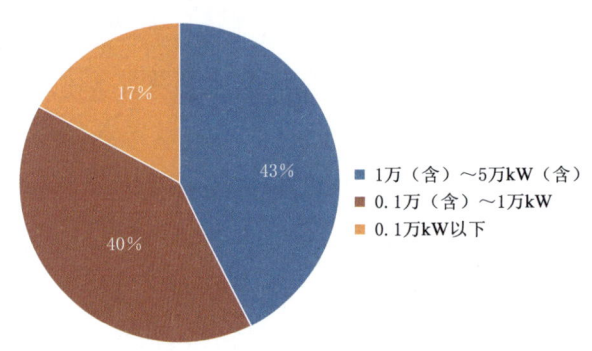

图1-3　2020年浙江省小水电站全年发电量结构图

全省小水电站按开发方式分析，引水式水电站最为普遍，河床式水电站数量最少。引水式电站共计2087座（约占73%），装机容量212万kW（约占52%）；坝式电站共计356座（约占12%），装机容量83万kW（约占20%）；混合式电站共计418座（约占15%），装机容量116万kW（约占28%）。不同开发方式水电站数量及装机容量结构如图1-4所示。

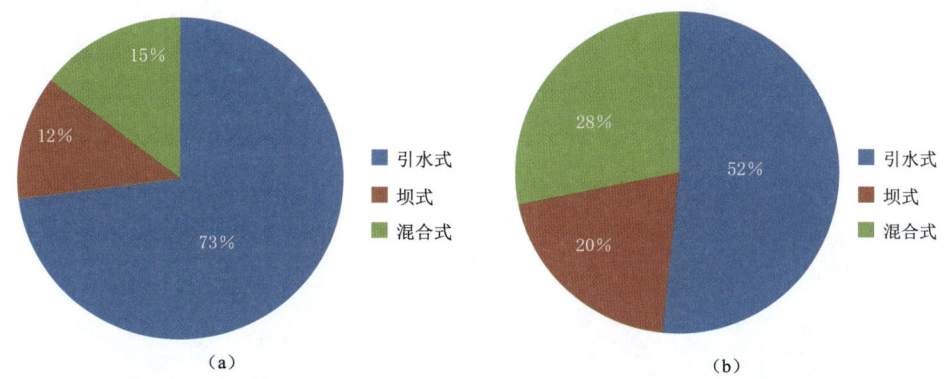

图 1-4　浙江省不同开发方式小水电站数量及装机容量结构图
(a) 数量；(b) 装机容量

全省小水电站所有制结构复杂，国有、集体、民营等所有制形式普遍存在。具体分析如图 1-5 所示。民营水电站在数量和装机容量上都居首位。国有电站共有 364 座（约占 13%），装机容量 152 万 kW（约占 37%）；集体所有电站共有 798 座（约占 28%），装机容量 35 万 kW（约占 9%）；民营水电站共有 1699 座（约占 59%），装机容量 224 万 kW（约占 54%）。

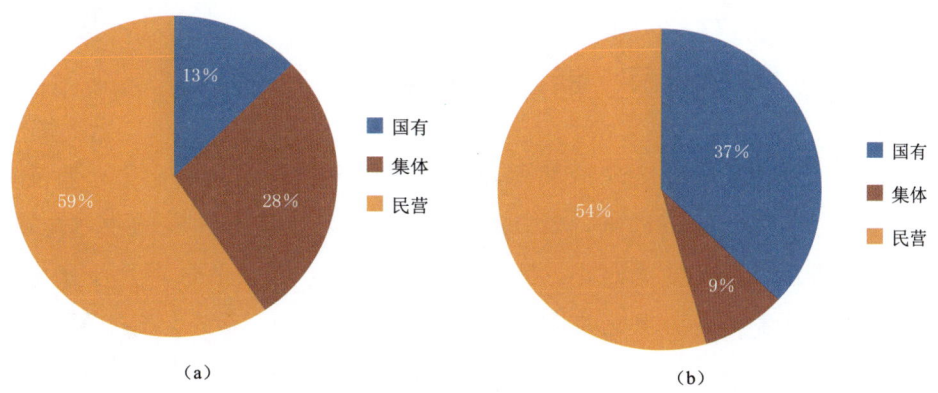

图 1-5　浙江省不同所有制形式小水电站数量及装机容量结构图
(a) 数量；(b) 装机容量

全省小水电站大部分建成投产年限较长，具体分析如图 1-6 所示。投产 55 年（含）以上的水电站共有 61 座（约占 2%），装机容量 12 万 kW（约占 3%）；投产 45（含）～55 年的水电站共有 261 座（约占 9%），装机容量 22 万 kW（约占 5%）；投产 35（含）～45 年的水电站共有 715 座（约占 25%），装机容量

43万kW（约占11%）；投产25（含）～35年的水电站共有365座（约占13%），装机容量42万kW（约占10%）；投产年限小于25年的水电站共有1459座（约占51%），装机容量292万kW（约占71%）。

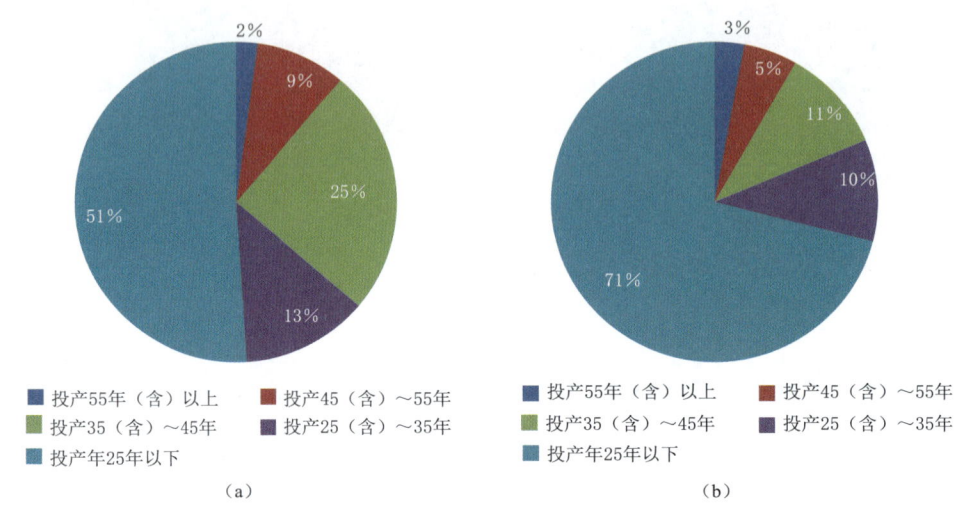

图1-6 浙江省小水电站投产年限结构图
(a) 数量；(b) 装机容量

第三节 浙江小水电的发展方向

浙江小水电的开发率接近90%，开发程度在全国属于较高水平，行业发展进入成熟期，同时受政策影响，2019年开始，限制纯商业开发的小水电项目，意味着浙江小水电开发基本停止。因此，加强小水电的存量管理是小水电的未来重点，高质量发展是小水电的未来方向。

一、安全生产

安全生产是小水电的重中之重，"安全就是效益"在小水电行业体现得淋漓尽致，任何安全事故引发整顿或停产，发电收入减少将给水电站带来直接的经济损失。水电站避免安全事故的发生，抓好安全生产标准化管理是有效举措。近几年，浙江省水电站安全事故极少，与积极开展水电站安全生产标准化创建有密切的关系。自2013年起，浙江省启动水电站安全生产标准化创建，当前已完成1000kW以上水电站安全生产标准化，下一步应继续引导开展1000kW以下水电的安全生产标准化达标创建。

"十四五"期间,将以严格农村水电安全生产责任制为体制保障,压实安全监管责任;以农村水电站水库大坝等公共安全监管为重点,防范化解安全风险;以农村水电安全生产标准化为抓手,提升安全生产水平;探索退出与补偿机制;以农村水电安全监管能力建设为引领,提升安全生产监管信息化水平,加快构建完备的监管体系,推动农村水电安全生产水平再上新台阶。

二、生态流量

小水电是清洁可再生能源,对生态保护发挥了积极的作用。但受限于早期开发理念和技术水平的制约,部分水电站对当地的生态环境造成一定的影响,主要体现在未核定和下泄生态流量。2018年年底,水利部等四部委联合启动长江经济带小水电清理整改工作,纠正中央环境保护督查、长江经济带生态环境保护情况审计发现的小水电违规建设、影响生态环境等问题。经过两年时间的清理整改,全国共完成小水电站整改20000余座,退出3500多座,其中浙江省整改3083座(含退出381座)。通过清理整改,全部小水电站落实生态流量,完善了审批手续,为实现可持续发展打好扎实的基础。2021年1月1日起,《浙江省水资源条例》正式施行,对水电站生态流量下泄和处罚做出明确规定,为小水电生态流量管理提供了法律支撑。

"十四五"期间,有必要对全省所有水电站减脱水河段分布、减脱水程度、修复必要性、修复优先排序等进行全面评估,分期分区域系统修复;同时,针对水电站生态流量泄放实施效果评价,动态调整生态流量过程泄放标准与考核办法,实现水电站生态流量监管全覆盖。

三、绿色小水电

发展绿色小水电是坚持人水和谐、推进生态文明建设的需要,是加快转变小水电发展方式、实现转型升级的内在要求。"生态环境友好、社会和谐、管理规范、经济合理"的绿色小水电代表着未来的发展方向,国家和省级水行政主管部门均积极鼓励开展绿色小水电示范电站创建。小水电清理整改后,浙江省有力地夯实了创建绿色小水电创建的基础,前期绿色小水电创建积累的经验也为进一步开展创建提供了有力的支持,水电站业主应认清形势,把握机遇,创造条件，尽快开展创建。

"十四五"期间，全省以"绿色小水电示范电站"创建为引领，高标准、高质量创建，计划于2021—2025年完成158座绿色小水电示范电站创建。

四、高质量发展

抓好安全和生态，是小水电的生存之本，但要提升经济效益，实现可持续发展，必须走高质量发展的路子。实现高质量发展一方面可通过增容改造、优化调度运行等手段提高水能资源利用率。近几年，浙江省利用中央和省级财政补助资金，积极推动增效扩容改造工程，"十三五"期间，全省累计改造水电站204座，装机容量从改造前26.2万kW增加到33.6万kW，发电收入平均增加20%以上。另一方面可通过开展智能化管控、集约化经营等方式，发挥规模效应，降低经营成本，实现效益提升。武义县、乐清市等地以小水电管理总站为依托，以"自动化、信息化、专业化、市场化"为目标，利用全物业化管理模式将不同所有制形式的水电站进行集中管理，智能管控，有效实现"技术增效、减员增效、规模增效"。

"十四五"期间，浙江省小水电工作将紧紧围绕"农村水电绿色发展与现代化提升"主题，以水电提质增效和数字化转型为着力点，实施小水电更新改造与数字化建设；以流域水能资源可持续利用规划为统筹，推广电站集约化技术升级，引导电站物业化管理发展，全面提升小水电自动化、智能化、智慧化水平，推进水电高质量发展。

第二部分
小水电运行与维护

本部分主要分为七章，着重介绍了小水电运行维护专业知识，包括水轮机及其附属设备、水轮发电机、变压器、配电装置、直流系统等的运行维护以及水轮发电机故障检修等。

第二章　水轮机及其附属设备运行维护

第一节　水轮机概述

一、工作原理

水轮机是将水能转换成旋转机械能的动力机械,是水力发电的关键设备。水轮机一般装于电站厂房内,图2-1为坝后式水电站示意图。从高处引水流进

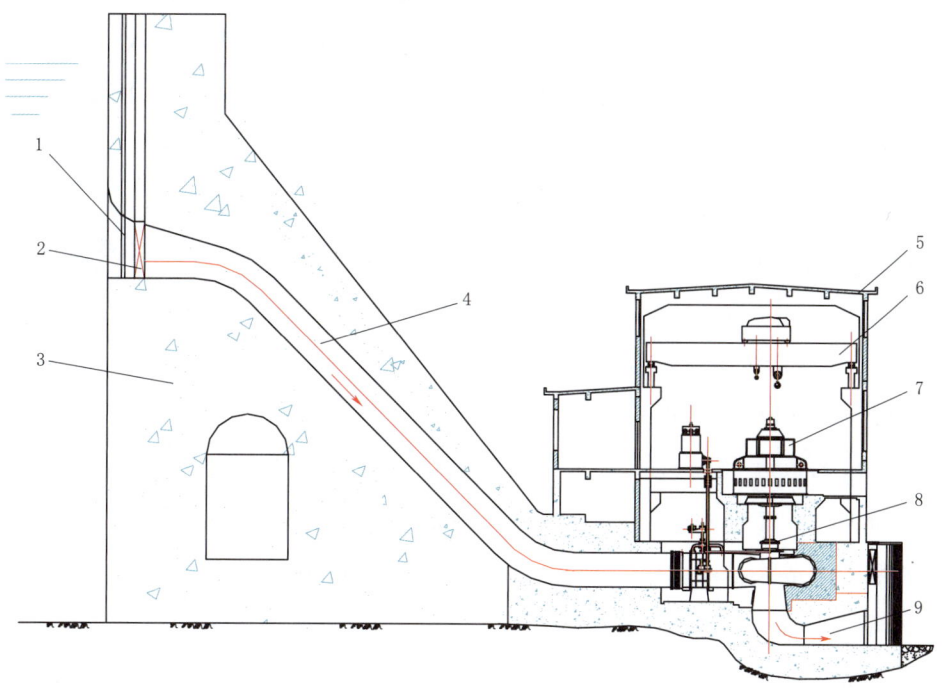

图2-1　坝后式水电站示意图

1—拦污栅；2—闸门；3—坝；4—引水管道；5—厂房；6—桥机；7—发电机；8—水轮机；9—尾水管

水轮机，通过水流与水轮机转轮的相互作用，水流就把能量传给了水轮机。水轮机获得能量后就开始旋转起来，把水能转换成了旋转的机械能。由于水轮机与发电机相连，于是发电机跟着水轮机一起旋转，这样水轮机就把能量传递给了发电机，带动发电机转子旋转，在定子内感应出电势，带上外负荷后便输出电流。

水流进入水轮机后，与水轮机的转轮相互作用，能量交换就开始；等水流出尾水管，能量交换就结束。这个能量交换过程就是水轮机的工作过程。

二、基本工作参数

水轮机的基本工作参数主要有：工作水头 H、流量 Q、功率 P_t、效率 η、转速 n_r 等。

（一）工作水头 H

河流中分散的落差必须加以集中，形成水轮机的工作水头才可以有效利用。通常采用修建挡水坝抬高水头或通过引水渠道引到下游、形成较大水位落差等方式来形成可利用的水位差，专业术语称其为"水头"，其常用定义为：

水轮机工作水头 H：水轮机对单位重量水体能量的利用值（图 2-2），单位为 m，表达式为

$$H \approx H_m - h_{wy} \qquad (2-1)$$

式中　H——水轮机工作水头，近似等于毛水头 H_m 减去引水系统水头损失 h_{wy}；

　　　H_m——水电站毛水头；

　　　h_{wy}——引水系统水头损失。

水轮机的最大水头 H_{max}：水电站最大毛水头减去一台机空载运行时引水系统水头损失后的工作水头。

水轮机的最小水头 H_{min}：水电站最小毛水头减去在该水头下水轮机发出允许功率相应的引水系统损失后的工作水头。

额定水头 H_r：水轮机在额定转速下，输出额定功率时所需的最小水头。

设计水头 H_d：水轮机在最高效率点运行时的净水头。

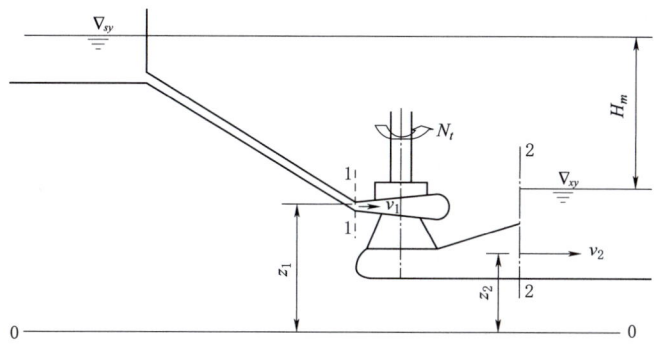

图 2-2 水电站和水轮机的水头

(二) 流量 Q

水轮机流量 Q 指单位时间内通过水轮机进口测量断面的水的体积,单位为 m^3/s。

额定流量 Q_r:指水轮机在额定水头、额定转速下,输出额定功率时的流量。

(三) 功率 P_t

水轮机进口水流具有的水力功率,即水轮机在水流推动下每秒付出的机械能,称为水轮机输入功率;水轮机轴输出的机械功率,称水轮机输出功率。通常所说的水轮机功率,指水轮机输出功率。

$$P_t = rQH\eta = 9.81QH\eta \tag{2-2}$$

式中 P_t——水轮机功率,kW;

Q——水轮机流量,m^3/s;

H——水轮机工作水头,m;

r——水的比重,kN/m^3;

η——水轮机效率。

(四) 效率 η

由于水流在通过水轮机进行能量转换过程中,存在一定的损耗,有容积损耗、水力损耗和机械损耗等。水轮机效率 η 由容积效率 η_0、水力效率 η_s、机械

效率 η_j 三部分组成，即

$$\eta = \eta_0 \eta_s \eta_j \tag{2-3}$$

1. 水轮机容积效率 η_0

进入水轮机的流量 Q 并非全部进行能量转换，其中有小部分流量 q 从水轮机的转动部件与固定部件的间隙处漏掉，真正进行能量转换的流量只有 $Q-q$，故容积效率为

$$\eta_0 = (Q-q)/Q = 1 - q/Q \tag{2-4}$$

2. 水轮机水力效率 η_s

水流在通过水轮机进行能量转换过程中，因水轮机流道的沿程摩擦损失和局部阻力损失形成的水头损失 $\sum \Delta H$，实际进行能量转换的水头只有 $H - \sum \Delta H$。故水轮机水力效率为

$$\eta_s = (H - \sum \Delta H)/H = 1 - \sum \Delta H/H \tag{2-5}$$

3. 水轮机机械效率 η_j

水流在通过水轮机进行能量转换后，由于水轮机本身存在各种机械损耗，如主轴与轴承的摩擦损耗等，减去这些机械损耗 ΔP 后才是水轮机轴的输出功率。故水轮机机械效率为

$$\eta_j = (P - \sum \Delta P)/P = 1 - \sum \Delta P/P \tag{2-6}$$

4. 转速 n_r

水轮机轴每分钟转动的圈数，称为水轮机的转速，单位为 r/min。设计时选定的稳态转速称为水轮机额定转速。

对于水轮机与同步发电机直接连接的机组，水轮机的额定转速必须与发电机转速同步。我国电网的额定频率为 50Hz，水轮机额定转速 n_r 与发电机磁极对数 P 之间关系为 $n_r = 3000/P$。

当水轮发电机突然甩全负荷而调速器又失灵，即水轮机处于失控状态时，轴端负荷力矩为 0，进入水轮机的水能除小部分消耗于机械损失等外，大部分转化为机组转动部分的动能，造成机组转速急剧升高，这种情况称飞逸。机组飞逸达到的最高稳态转速称为飞逸转速 n_R。

不同的机型，最大飞逸转速数值不一样，一般为

$$n_{R\max} \leqslant (1.6 \sim 2.7) n_r$$

飞逸对机组起破坏作用，制造厂家一般规定机组飞逸时间不超过 2min。

三、水轮机分类

由于水力资源的自然条件、开发方式、电站运行情况不同，每个电站所形成的水头和流量也各不相同。为适应各种水头和流量，人们在实践中造出了各种类型的水轮机。

水流能量的形式有位能、压能、动能，水轮机按转轮对水流能量转换的形式不同，可分为反击式水轮机和冲击式水轮机两大类，每类又分为若干型式。

1. 反击式水轮机

反击式水轮机是将水流的位能、压能、动能转换成旋转机械能。其特点：转轮能量转换是在有压管流中进行。具有一定位能的水流进入这种水轮机转轮中，仅一小部分转换成动能，水流的能量大部分转换成压能，在叶片前后形成的压力差促使转轮转动。从转轮进口至出口，水流压力逐渐减小，水流充满水轮机整个流道。根据转轮区域水流运动方向的特征，反击式水轮机分为混流式、斜流式、轴流式、贯流式。

2. 冲击式水轮机

冲击式水轮机是将水流的动能转换成旋转机械能。其特点：在同一时间内水流只冲击部分转轮，水流不充满水轮机整个流道，转轮只部分进水。根据转轮的水流特征，冲击式水轮机分为水斗式、斜击式、双击式。

四、不同类型水轮机的特点

1. 混流式水轮机

混流式水轮机，又称法兰西斯（Francis）式水轮机，转轮内水流特征如图2-3所示。其特点：水流自径向流入转轮，近似沿轴向流出。

混流式水轮机属于中等水头、中等流量机型，运行稳定，效率高（目前，转轮的最高效率已达94%左右），适用水头广（10～800m水头的水电站），是应用最广泛的水轮机。

2. 轴流式水轮机

轴流式水轮机转轮内水流特征如图2-4所示，其特点：水流流进和流出水轮机的转轮时，都是轴向的。根据转轮叶片在运行中能否转动，又分为轴流定桨式和轴流转桨式两种。

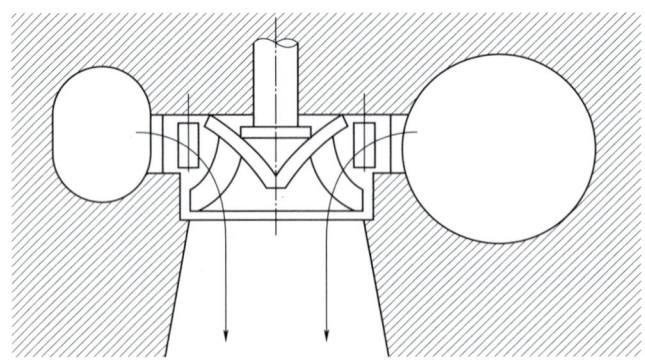

图 2-3 混流式水轮机水流特征示意图

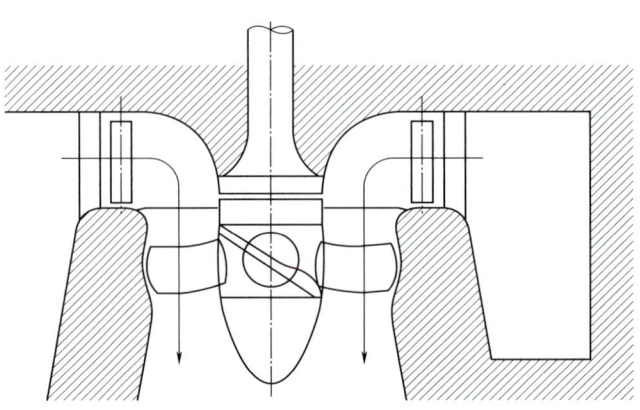

图 2-4 轴流式水轮机水流特征示意图

轴流式水轮机属于低水头、大流量机型，适用于 3～30m 水头的水电站。转桨式水轮机高效区宽，在很大出力变化范围内，效率都比较高；定桨式水轮机则高效区窄。

3. 斜流式水轮机

斜流式水轮机由于结构复杂，造价高，几乎不再采用。

4. 贯流式水轮机

贯流式水轮机如图 2-5 所示，水流在经过转轮区域几乎是与主轴平行的，因此得名贯流式。贯流式水轮机可做成定桨和转桨两种，贯流式水轮机属于超低水头、超大流量机型，适用于 0.3～30m 水头的水电站，转桨式高效区宽，在很大出力变化范围内，效率都比较高；定桨式则高效区窄。根据与发电机的传动方式不同，可分为全贯流式和半贯流式两种。半贯流式水轮机又有灯泡式、轴伸式、竖井式等结构形式。

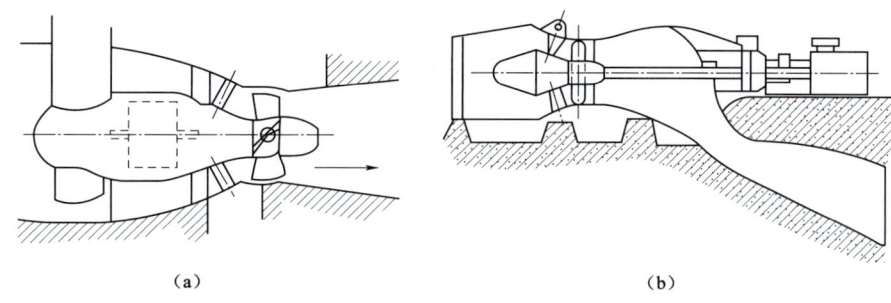

图 2-5 贯流式水轮机示意图
(a) 灯泡贯流式；(b) 轴伸贯流式

5. 水斗式水轮机

水斗式水轮机，又称培尔顿（Pelton）水轮机，或称切击式水轮机。转轮叶片呈斗形，且射流中心线与转轮节圆相切，如图 2-6 所示。

水斗式水轮机属于高水头、小流量机型，适用于 100～1700m 水头的水电站。水斗式水轮机运行平稳，高效区最宽，在 20%～100% 出力范围的效率都较高。

6. 斜击式水轮机

斜击式水轮机转轮叶片呈碗形，射流以 22.5°的角度斜向冲击转轮正面的叶片，再从叶片的背面流出，如图 2-7 所示。

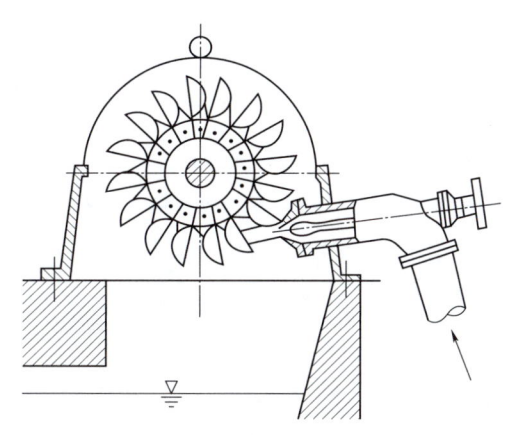

图 2-6 水斗式水轮机示意图

斜击式水轮机造价便宜，但效率较低，适用 25～400m 水头的小型水电站，且用于 500kW 以下低压机组。

7. 双击式水轮机

双击式水轮机适用于微小水电站，结构简单，几乎不再使用。

8. 可逆式水轮机

可逆式水轮机的机型可分为可逆混流式、可逆斜流式、可逆轴流式和可逆贯流式等。抽水蓄能电站中的可逆式水轮机正转时可作水泵运行抽水蓄能，反转时可作水轮机运行放水发电；潮汐电站中的可逆式水轮机正反转都可作水泵运行抽水蓄能,正反转都可作水轮机运行放水发电。

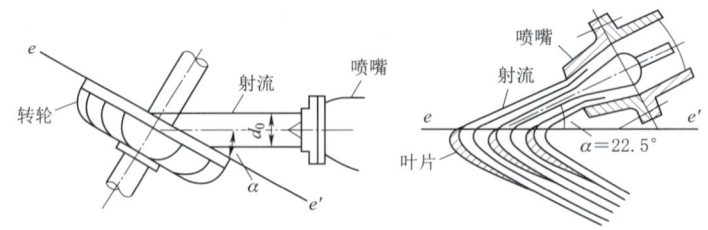

图 2-7　斜击式水轮机射流与转轮的相对位置

五、水轮机型号

水轮机型号包括三部分,用代号表示,具体代号含义见表 2-1。

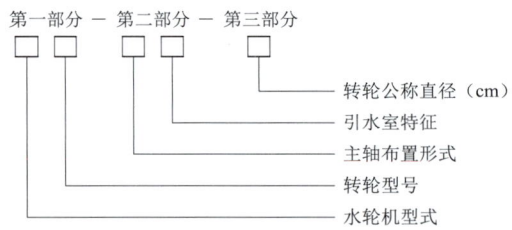

表 2-1　小型水轮机型式、主轴布置形式、引水室特征及其代号

水轮机型式		代号	主轴布置形式	代号	引水室特征	代号
型式			形式		特征	
混流式		HL	立式	L	金属蜗壳	J
轴流式	轴流定桨式	ZD			有压明槽式	MY
	轴流转桨式	ZZ			灯泡式	P
贯流式	贯流转桨式	GZ	卧式	W	轴伸式	Z
	贯流定桨式	GD			竖井式	S
水斗式		CJ			罐式	G
斜击式		XJ				

对于各类水轮机转轮(叶轮)公称直径 D_1 的规定(图 2-8)如下:①混流式水轮机,公称直径 D_1 是指叶片进水边与下环相交处的直径,如图 2-8(a)所示;②轴流和贯流式水轮机,公称直径 D_1 是指与叶片轴线相交处的转轮室内径,如图 2-8(b)所示;③水斗式水轮机,公称直径 D_1 是指转轮节圆直径,如图 2-8(c)所示。

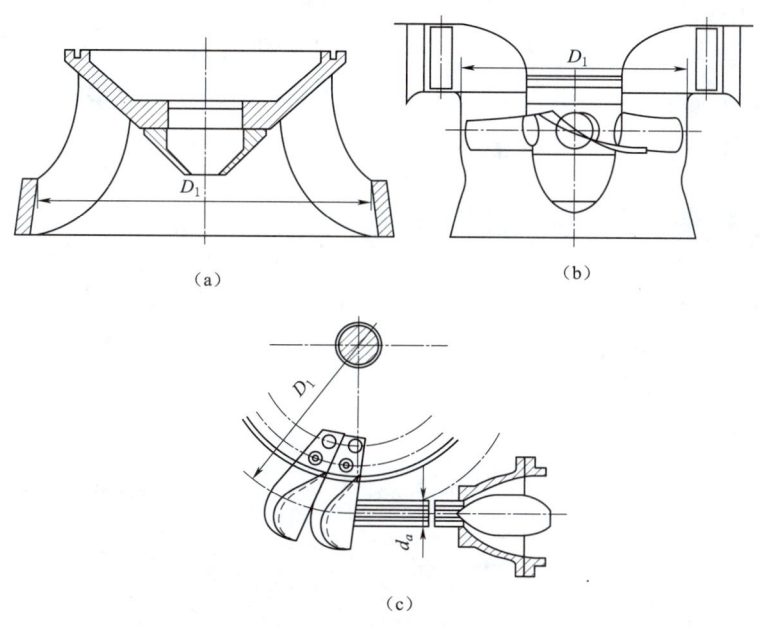

图 2-8 各类水轮机转轮（叶轮）公称直径 D_1 示意图
(a) 混流式转轮；(b) 轴流式转轮；(c) 冲击式转轮

水轮机型号编写举例：

(1) HL160/D46-LJ-100：混流式水轮机，转轮型号为 160（比转速）/D46（转轮开发单位代号和序号），立轴，金属蜗壳，转轮公称直径为 100cm。

(2) HL110-WJ-60：混流式水轮机，转轮型号为 110（比转速），卧轴，金属蜗壳，转轮公称直径为 60cm。

(3) CJ22-W-100/(1×10)：水斗式水轮机，转轮型号为 22（比转速），卧轴，转轮公称直径为 100cm，单喷嘴，喷嘴射流直径为 10cm。

第二节 水轮机运行特性

一、水轮机最优工况

为了有效利用水头，充分地进行能量转换，提高水轮机运行效率，应使转轮在最优工况运行。水流切向进口和法向出口是保证转轮最优工况运行的条件。

(1) 切向进口。水流进口的相对速度方向与转轮叶片进水口相切，也就是相对速度方向与转轮叶片相重合。这时水流流动与转轮叶片形状一致,不产生撞击、脱流等现象,水力损失最小,转换成有效能量大,所以是最优的进口。

(2)法向出口。从转轮叶片流出的水流绝对速度的方向是法向,即垂直于圆周速度方向。这样绝对速度最小,所引起的出口动能损失也就最小。

二、水轮机综合特性曲线

水轮机综合特性曲线是表示在某一转轮直径和额定转速下,原型水轮机的性能(如效率、吸出高度、输出功率限制线等)的一组等值曲线,如图 2-9 所示。

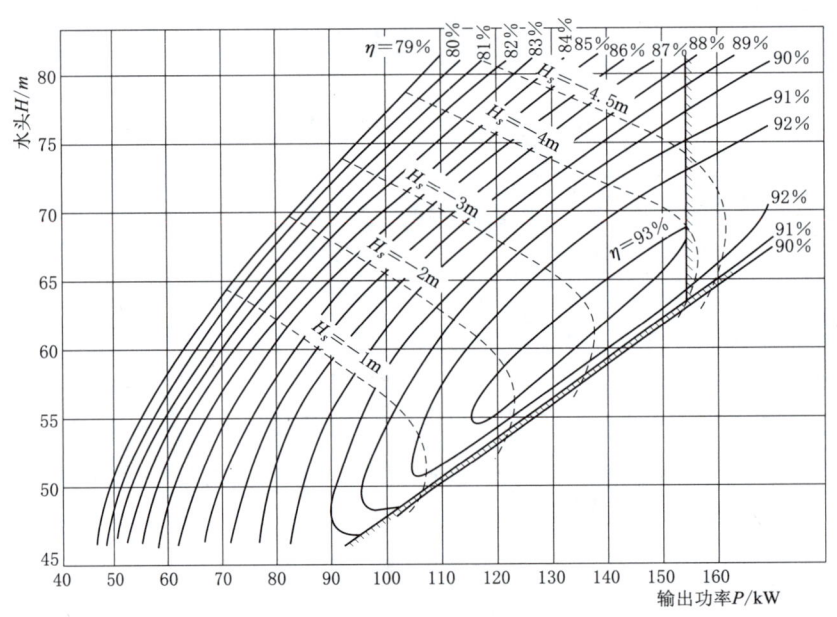

图 2-9 水轮机综合特性曲线

图 2-9 中的功率限制线由垂直线和斜线两部分组成。斜线段是水轮机功率限制线,垂直线段是发电机功率限制线。两线交点的纵横坐标分别为水轮机额定水头和额定功率。这两条线表示水轮发电机组的最大功率与水头的关系。水轮机功率限制线是根据模型水轮机综合特性曲线上的功率限制线,经换算后在运转特性曲线上绘制出的。

运转特性曲线上的等效率线反映水轮机效率与工作水头、输出功率的关系,可供运行人员用来优化水轮机运行。运行人员可根据当时的工作水头和输出功率就能直接从运转特性曲线上了解到水轮机的效率和空蚀情况，从而作为优化水轮机运行的理论依据。

三、水轮机空蚀

（一）空蚀产生原因及发展过程

反击式水轮机装上尾水管后，转轮出口处就会产生真空度，从而能多利用一部分水头，收回一部分水流的动能。但真空度过大，超过一定数值时，就会产生危害水轮机运转的空蚀问题。

有的电站在检修水轮机时会发现水轮机转轮叶片出水边表面（通常是背面）、轴流式水轮机转轮室，甚至尾水管进水口的内壁，有一些麻点蜂窝状的孔洞，这就是空蚀造成的。空蚀严重的反击式水轮机在运行过程中，会发生振动和撞击响声，同时伴随效率下降。如不及时处理，将会导致叶片破坏，效率急剧下降。

空蚀产生的原因复杂，一般认为：空蚀是由于水轮机内部局部水流压力降低到水汽化临界压力时，水中气核成长为气泡，在气泡生成、聚积、流动、分裂和溃灭过程中，表面材料遭受损坏。当水轮机中某一局部区域的水流压力降低到饱和蒸汽压力时，水就发生汽化，出现大量的气泡，在气泡的不断产生和凝结的过程中，高速度的水流质点，就像锐利的尖刀一样，周期性猛烈冲击叶片表面，使其受到剥蚀的机械破坏作用。造成水轮机空蚀损坏的因素还有化学作用和电化作用。

空蚀破坏开始时，金属表面失去光泽而变暗，接着变毛糙发展成麻点，一般呈针孔状，深度在 1～2mm；再进一步使金属表面疏松呈海绵状或呈蜂窝状，深度为 3mm 到几十毫米；当发展到严重时，转轮叶片出水边会穿孔，甚至部分脱落。在水电站中，通常用空蚀的面积、深度和失重量，来评定水轮机的空蚀程度。

（二）水轮机空蚀的类型及影响

根据空蚀在水轮机中发生的部位不同，一般将它分为翼型空蚀、空腔空蚀、间隙空蚀和局部空蚀四类。

1. 翼型空蚀

翼型空蚀一般指出现在转轮上的空蚀。水轮机在进行能量转换时，每个叶片的正面受正压力，而背面一般为负压力，这就造成了产生空蚀的条件。当在背面压力降到汽化压力以下时，便产生空蚀。这种空蚀通常发生在叶片背面出水边的靠下环处及靠近上冠处，严重时也会在叶片的其他部位发生，如图 2-10（a）所示。翼型空蚀的影响主要是使叶片形成蜂窝状孔洞而最后导致叶片破坏，并引起水轮机效率降低。

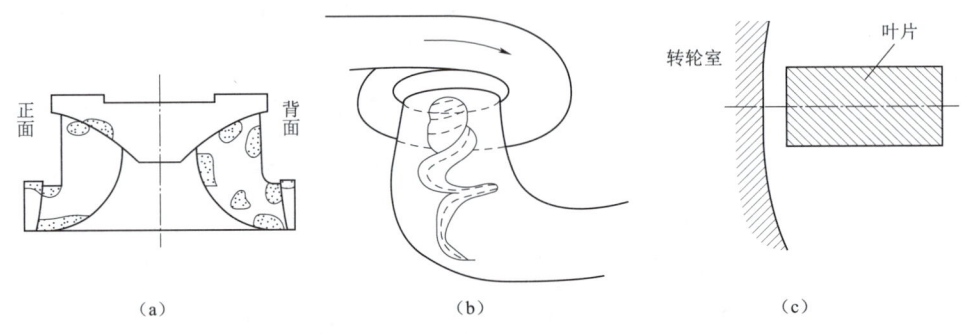

图 2-10 水轮机空蚀示意图
(a) 翼型空蚀；(b) 空腔空蚀；(c) 间隙空蚀

2. 空腔空蚀

空腔空蚀一般指由于尾水管内的水流旋转使中心空腔处形成真空而造成的空蚀，如图 2-10（b）所示。产生这种空蚀的主要原因是由于水轮机在非设计工况下运行，破坏了水轮机的法向出水，产生了脱流和漩涡，在转轮出口和尾水管的进口处形成了旋转的水流（称为涡带），涡带中心产生深度真空而发生空蚀。空腔空蚀会造成尾水管壁的空蚀破坏；且产生周期性的压力脉动，引起机组振动，并有强烈的噪声。

3. 间隙空蚀

间隙空蚀一般指在水轮机的间隙处产生的空蚀，如图 2-10（c）所示。这种空蚀通常是在水流通过某些间隙或较小的通道时，因局部流速升高，压力降低到汽化压力时产生的。常常发生在导水叶间隙处、转轮止漏环间隙处、轴流式水轮机叶片与转轮室间隙处、冲击式水轮机的喷嘴处。在间隙空蚀的作用下，转轮室、叶片周缘、喷嘴等局部将发生破坏。

4. 局部空蚀

局部空蚀指水流过某些局部凹凸不平的表面绕流时由于局部压力降低而发生的空蚀。这种空蚀与水轮机的工作原理没有联系，取决于水轮机过流部分结构上是否存在问题，易发生在转轮室连接部位不平滑有台阶处、凹入或凸出的叶片固定螺钉或密封螺钉处、由于螺钉脱落后形成的孔眼处的后侧和其他局部凹陷处的后方。

（三）空蚀的防止和消除

对空蚀的防止和消除，主要采取有以下四方面措施。

1. 改善水轮机的水力设计

转轮叶片翼型对空蚀性能有显著影响，合理的叶片翼型设计可以减小空蚀系数，提高抗空蚀性能。另外，改进尾水管及转轮上冠设计，能有效减缓空腔空蚀。改善泄水锥设计，也能有效控制防止空腔空蚀。

2. 提高加工工艺水平，采用抗空蚀性能好的材料

提高制造精度和叶片表面的光洁度等加工工艺水平，减小制造误差，选用抗空蚀性能好的材料，可有效地减少空蚀的发生。

3. 改善运行条件并采用适当的运行措施

根据机型特点及电站运行条件，合理拟定水电厂运行方式，尽量不要在低水头和低负荷下运行，避免转轮中心下部出现强大的真空带而发生空腔空蚀。补气是减缓空蚀的重要措施。补气能破坏真空，降低真空度，从而有效防护表面空蚀破坏。补气可以采用主轴中心自然补气与尾水管补气，后者用得较多。

4. 采用零空蚀检修工艺与方法

（1）缩短检修周期，采用以小修为主的检修方法，在空蚀初生期及时检查、处理，避免空蚀凹坑。

（2）对于已破坏区，先完全削去腐败物，然后采用抗蚀材料堆焊结合局部翼型修整，严格打磨，做到光滑平整。

（3）采用抗空蚀材料作表面防护。目前抗空蚀效果较好的表面防护涂层材料有聚氨酯（软涂层）、碳化钨（硬涂层）和碳化硅环氧复合涂层。

（4）采用金属喷焊技术覆盖母材表面。采用阴极保护即电化学保护，改善间隙形态，减缓间隙空蚀。

四、水轮机振动

(一) 振动的危害和振动标准

《水轮发电机组安装技术规范》(GB/T 8564—2003) 对水轮发电机组各部位振动允许值的规定见表 2-2。超出允许范围的振动会影响机组的稳定运行，缩短检修周期和使用寿命，严重的还会引起引水管道和整个厂房的振动，以至被迫停机。

表 2-2　　　　　　　　　水轮发电机组各部位振动允许值 (mm)

机组型式		项 目	额定转速/(r/min)			
			$n<100$	$100\leqslant n<250$	$250\leqslant n<375$	$375\leqslant n<750$
立轴机组	水轮机	顶盖水平振动	0.09	0.07	0.05	0.03
		顶盖垂直振动	0.11	0.09	0.06	0.03
	发电机	推力轴承支架垂直振动	0.08	0.07	0.05	0.04
		导轴承支架的水平振动	0.11	0.09	0.07	0.05
		定子铁芯部位机座水平振动	0.04	0.03	0.02	0.02
		定子铁芯振动 (100Hz 双振幅值)	0.03	0.03	0.03	0.03
卧轴机组		各部轴承垂直振动值	0.14	0.12	0.1	0.07

注　振动值指机组在除过速运行以外的各种稳定运行工况下的双振幅值。

(二) 振动原因

引起水轮发电机组振动有水力、机械和电气等方面的原因。在水力方面的主要原因如下。

1. 尾水管涡带

涡带是混流式、定桨式水轮机在部分负荷（约在导叶开度 40%～60% 或最优流量的 30%～70%）时，尾水管中产生一种不稳定流现象。此时涡带呈螺旋状，使尾水管内的水流产生较大幅度的低频压力脉动，影响机组的稳定运行。

2. 卡门涡

当水流绕流叶片，由出口边流出时，便会在出口边处产生涡列，从叶片的正面和背面交替的出现，形成对叶片的交变冲击而产生振动。当振动频率与厂房结构的固有振动频率相近时，会产生强烈的噪声，甚至使叶片产生疲劳裂纹以致破坏。

3. 水力不平衡

当流入转轮的水流失去轴对称时，就会出现不平衡的横向力，结果将造成转轮振动。引起的主要原因是过水通道不对称，例如：导叶开度不均匀，引起转轮压力分布不均；在流道中塞有外物；转轮止漏环偏心；转轮叶片不均匀；空蚀破坏等。

4. 机械方面引起振动

其原因：旋转部件不平衡、轴线不直、主轴刚度不够、推力瓦不平整、导轴承有缺陷等。

（三）减振措施

要想消除或减轻机组振动，必须要找出振动的原因，根据不同情况，采取相应的措施。一般方法有：

（1）向水压脉动区补气，有强制补气和自然补气两种。

（2）水栅防振。

（3）加支撑筋消振。

（4）调整止漏环间隙。

（5）避开振动区运行。

（6）如属机械原因引起的振动，应查明原因后，分别通过动平衡、调整轴线或调整轴瓦间隙等办法解决。

第三节　不同类型水轮机结构及布置

一、反击式水轮机

（一）结构

反击式水轮机一般由引水部件、导水部件、转轮、泄水部件及非过流部件（包括轴承、主轴、密封、飞轮等）等组成。图 2-11 所示为立轴混流式水轮机、轴流式水轮机结构示意图。

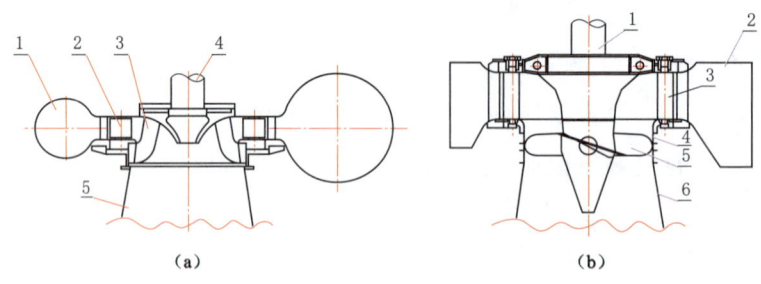

图 2-11 水轮机结构示意图
(a) 立轴混流式水轮机；(b) 轴流式水轮机
(a)：1—引水部件（蜗壳）；2—导水部件（导叶）；3—转轮；4—主轴；5—泄水部件（尾水管）
(b)：1—主轴；2—引水部件（蜗壳）；3—导水部件（导叶）；4—转轮室；5—转轮；
6—泄水部件（尾水管）

（二）引水部件的作用

引水部件亦称为引水室，其主要作用是：保证把来自渠道或压力水管的水流以较小的水流损失，均匀、轴对称地引入导水机构，使转轮四周受水流的作用力均匀，使水流产生一定的旋转量（环量）以满足转轮的需要。

1. 导水部件（导水机构）

导水部件也称导水机构，其作用是：将来自引水室的水流，以一定的速度和方向引入转轮，保证水轮机具有良好的水力特性；当外界负荷发生变化时，调节进入转轮的流量，以改变机组输出功率；在正常停机与事故停机时截住水流。

2. 转轮

转轮是水轮机的核心部件，其作用就是进行能量转换，即把水能转换成了旋转的机械能。转轮的性能对水轮机的性能起着决定性的作用。转轮有两个重要的指标，即效率指标和空蚀指标。一个好的转轮应该是效率高、空蚀系数小。

3. 主轴和主轴密封

主轴与转轮连成一体，构成水轮机的转动部分。主轴的作用是将水轮机转轮所获得的转矩（机械能）传递给发电机；对于立轴机组，同时还承受轴向水推力和转动部分的重量。对于两支点的卧轴机组，水轮机与发电机共用一根主轴。

在主轴上设置止漏密封装置，简称主轴密封，分为两种：①机组正常运行时，防止水轮机导轴承下部漏水的主轴工作密封；②当停机检修导轴承或主轴工作密封时，防止尾水从顶盖涌出的检修密封。

4. 导轴承

导轴承用以引导主轴正常旋转并承受由主轴传来的径向力,并固定机组轴线位置,防止主轴的振动和摆动。导轴承类型按机组轴承结构分有三种。

(1) 滚动轴承:承载能力小,多用油脂润滑,也可用机油润滑。常用在 500kW 以下的低压机组中。

(2) 滑动轴承:受力为面接触,承载能力大,用透平油润滑。用在容量较大的机组中。传统轴承瓦面为巴氏合金;现代为氟塑料,使得摩擦系数大大减小。

(3) 水润滑橡胶导轴承:按轴承受力分为径向轴承和推力轴承两种。

1) 径向轴承:承受转动系统质量分布不均匀产生的径向不平衡力、发电机三相电流不平衡的电磁不平衡力、水力作用不平衡力。在卧式机组中,还需承受机组转动系统的重力。

2) 推力轴承:承受水轮机轴向水推力。在立式机组中,还需承受机组转动系统的重力。推力轴承总是与一个径向轴承装在同一只油箱中,在结构上称径向推力轴承。

5. 尾水管

尾水管为反击式水轮机的泄水部件,是水轮机过流部件的最后一部分,它的性能好坏对水轮机的效率和空蚀特性有明显影响。尾水管的作用主要有:

(1) 将转轮出口的水流平稳地引向下游。

(2) 可使转轮安装在下游水位之上,并在转轮出口处形成静力真空,从而利用了转轮高出下游水面的(相当于吸出高度 H_s)水头,使水轮机多利用一部分位置水头。

(3) 由于尾水管出口截面变大,降低了出口流速,减少水轮机出口动能损失,使转轮出口的动能恢复为动力真空,使水轮机多利用一部分水流动能,从而提高了水轮机的效率。

二、冲击式水轮机

1. 结构

冲击式水轮机没有尾水管、蜗壳和复杂的导水机构,结构较反击式水轮机简单,其主要结构部件由转轮、喷嘴和机壳等组成。水流通过喷嘴形成一股高速的射流冲击转轮叶片,转轮将水流具有的能量转换成旋转的机械能。冲击式水轮机常分为水斗式、斜击式和双击式三种。

水斗式和斜击式水轮机的部件组成基本相同,它们的工作特点都是:来自压力水管的水通过喷嘴,以高速喷射在转轮的斗叶(叶片)上,推动转轮旋转做功,然后跌落在机壳下面的尾水渠中。尾水渠的水面为自由水面(大气压力)。水斗式和斜击式水轮机的部件由转轮、喷嘴、喷针及其操作机构、机壳、折向器等组成,所不同的是转轮的结构形状和水流方向。

2. 喷管

喷管由喷嘴、喷嘴体、导水栅、针杆和控制机构等组成,结构如图2-12和图2-13所示。喷嘴是将压能转变成动能的部件,由喷嘴口1、喷嘴头2和喷针头3组成,断面逐渐缩小,水流逐渐加速,到喷嘴处,以最高速度喷出,形成密实的水柱射击水斗。喷射流量的调节是由调速器操纵喷针操作机构8,使喷针头3前后移动,改变喷嘴孔口1的过流面积来实现的。当喷针左移动时流量变小,当移到极限位置时流量为零;当喷针向右移动时,流量增大。喷嘴和喷管体4相连,在喷管体内装有导水叶栅5。导水叶栅的作用有二:一方面作为喷针杆的支座,安装轴瓦,用来固定喷针杆轴线位置;另一方面引导水流沿喷针轴线方向移动,消除水流在引水管道中因转弯而引起旋转。

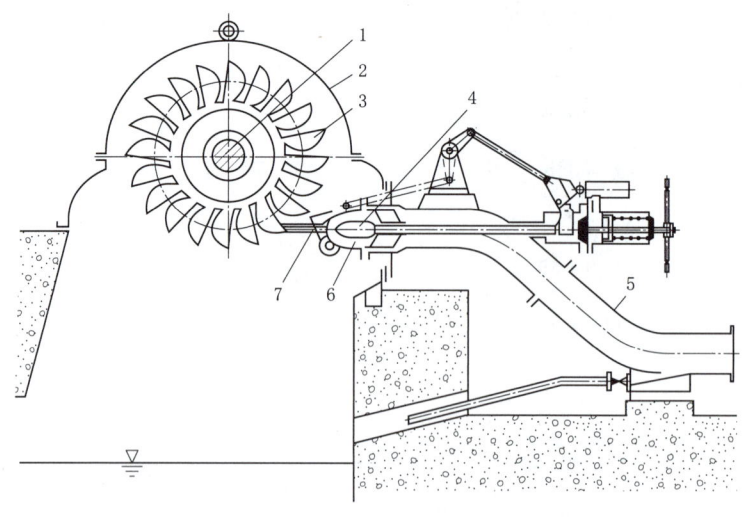

图2-12 卧轴水斗式水轮机喷管结构

1—主轴;2—机壳;3—转轮;4—喷针;5—压力钢管;6—喷嘴;7—折向器

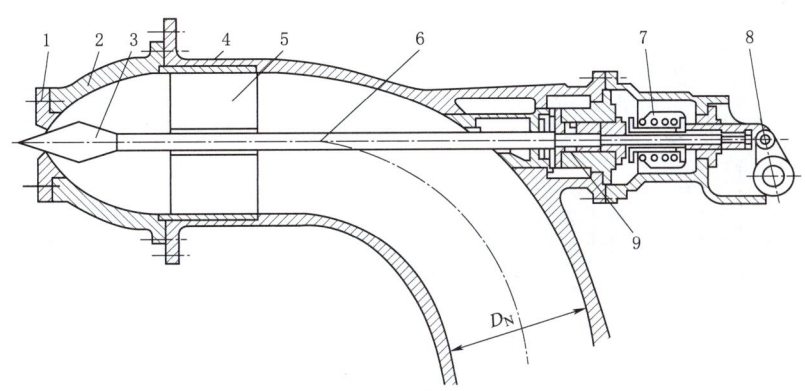

图 2-13 卧轴水斗式水轮机喷管结构
1—喷嘴口；2—喷嘴头；3—喷针头；4—喷管体；5—导水叶栅；6—喷针杆；
7—平衡弹簧；8—操作机构；9—密封装置

折向器又称偏流器，用于机组突然甩负荷时，使射流折向离开斗叶，以防止机组飞车和水锤压力上升过大。

3. 飞轮

水轮机装设飞轮的目的是增大机组转动部分的惯量，使机组转速的变化过程延长，当机组负荷波动时，能起到稳定机组运行转速的目的。装设飞轮，便于安装机组刹车装置，实现机组制动功能。当机组突然甩负荷时，飞轮还能降低转速上升速率，是防止机组转速上升过快和过高的有利措施；同时，稳定转速有利于机组的并网操作。

三、水轮发电机组布置形式

水轮发电机组按机组转动系统轴线布置的不同分立式和卧式两种形式。

（一）立式机组

立式机组布置的优点是轴承受力好，机组占地面积小，运行平稳；缺点是厂房分发电机层和水轮机层，厂房高度尺寸大，上下两层机组安装检修不方便，厂房投资大。立式机组适用于发电机径向尺寸较大的大中型机组。立式机组又分为悬挂式机组、伞式机组，如图 2-14 所示。

1. 悬挂式机组

悬挂式机组如图 2-14（a）所示，推力轴承布置在发电机转子上部的上机

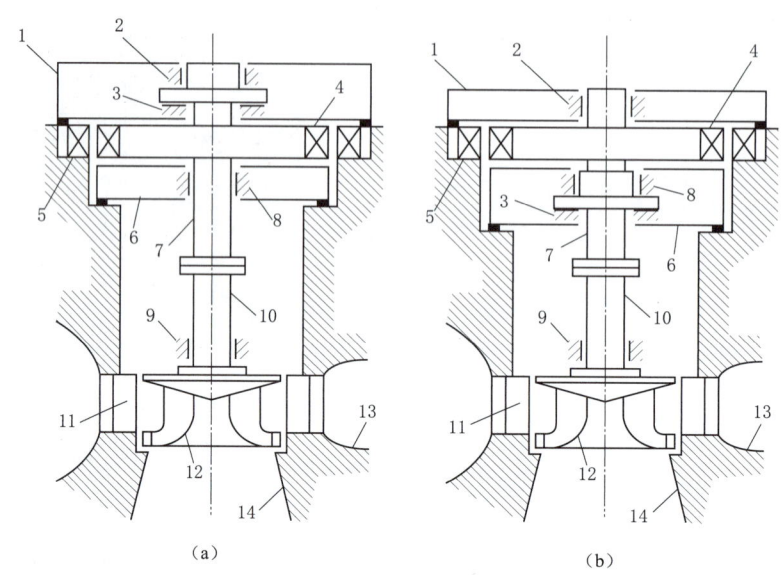

图 2-14 立式机组布置形式
(a) 悬挂式机组；(b) 伞式机组
1—上机架；2—上导轴承；3—推力轴承；4—发电机转子；5—发电机定子；6—下机架；7—发电机主轴；8—下导轴承；9—水导轴承；10—水轮机主轴；11—活动导叶；12—转轮；13—金属蜗壳引水室；14—尾水管

架中，与上导径向轴承布置在同一只油箱中。上机架为负荷机架，支臂截面比下机架大，它要承受机组转动部分的全部重量、水轮机轴向水推力、机架自重及作用在机架上的其他负荷。

2. 伞式机组

伞式机组如图 2-14 (b) 所示，推力轴承布置在发电机转子下部的下机架中，与下导径向轴承布置在同一只油箱中。大容量水轮发电机组多采用伞式结构，推力轴承位于发电机转子下方的下机架内，下机架为负荷机架。

(二) 卧式机组

卧式机组转动系统有一个推力轴承、若干个径向轴承。一般推力轴承与最靠近水轮机的水导轴承装在同一只油箱中。卧式机组布置的优缺点：发电机和水轮机在同一厂房平面上，安装、检修和运行维护方便，厂房投资省。但是径向轴承受力不好，发电机径向尺寸不能太大，否则容易引起机组振动。机组占地面积较大，水轮机、发电机的噪声对运行人员干扰大，夏天室温高。适用发电机径向尺寸较小的中小型机组。卧式机组可分为四支点机组、三支点机组、二支点机组，如图 2-15 所示。

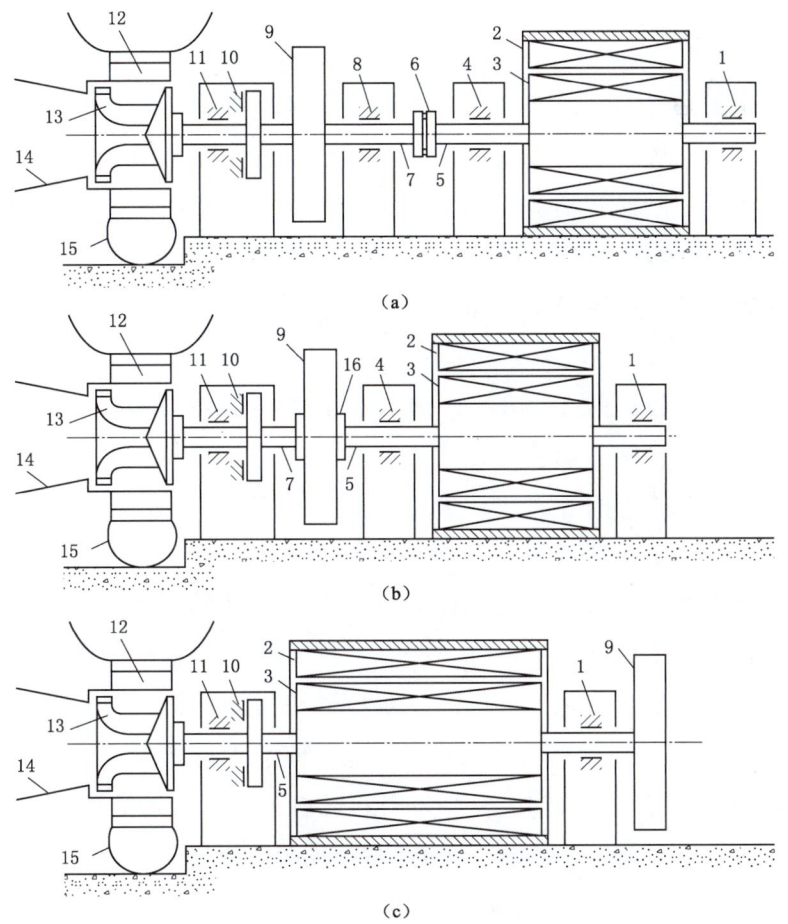

图 2-15　卧式机组布置形式
（a）四支点机组；（b）三支点机组；（c）二支点机组
1—发电机后导轴承；2—发电机定子；3—发电机转子；4—发电机前导轴承；5—发电机主轴；6—弹性联轴器；7—水轮机主轴；8—水轮机后导轴承；9—飞轮；10—推力轴承；11—水导轴承；12—活动导叶；13—转轮；14—尾水管；15—金属蜗壳引水室；16—刚性联轴器

1. 四支点机组

四支点机组布置如图 2-15（a）所示。此机组有四个径向轴承，水轮机主轴上布置水导径向轴承和水轮机后导轴承；发电机主轴上布置发电机前导轴承和发电机后导轴承。推力轴承布置在最靠近水轮机的水导径向轴承同一只油箱中。水轮机主轴与发电机主轴用弹性联轴器连接。飞轮轴孔配合键连接安装在水轮机主轴中部。其特点：对两轴的同心度要求不高，安装检修方便。由于弹性联轴器允许传递功率较小，故适用于500kW及以下机组。

2. 三支点机组

三支点机组布置如图2-15（b）所示。此机组有三个径向轴承，水轮机主轴上布置一个水导径向轴承；发电机主轴上布置两个，分别为前导轴承和后导轴承。推力轴承布置在最靠近水轮机的水导径向轴承同一只油箱中。水轮机主轴与发电机主轴用刚性联轴器连接。飞轮夹装在水轮机法兰盘与发电机法兰盘中间。其特点：对两轴的同心度要求高，安装检修不方便。由于刚性联轴器允许传递功率较大，故适用于500kW以上机组。

3. 二支点机组

二支点机组布置如图2-15（c）所示。此机组有两个径向轴承，但没有水轮机主轴。发电机主轴一端装转轮，另一端装飞轮，中间装转子。发电机主轴上布置两个径向轴承：前导（或称水导）轴承和后导轴承。推力轴承布置在最靠近水轮机的水导径向轴承同一只油箱中。有的机组为了缩短转轮在主轴上的悬臂长度，将推力轴承布置在后导径向轴承同一只油箱中。其优缺点：大大简化了机组结构，由于只有一根主轴、两个轴承，装配过程中省去了轴线找正和轴瓦的受力调整等复杂工艺，机组的安装检修很方便；但二支点卧式机组只能应用在高水头高转速机组中，因为转速过低，使得发电机磁极对数增加，发电机径向尺寸增大，转子重量加大，容易引起机组振动。具体适用于400kW以下小容量低压机组或高转速（1000r/min）大容量高压机组。

图2-16～图2-19为卧式机组实体图片。

图2-16 四支点混流式机组实物

图2-17 三支点混流式机组实物

图 2-18 二支点混流式机组实物

图 2-19 四支点贯流轴伸式机组实物

第四节 水轮机正常运行

一、水轮机正常运行要求

水轮机正常运行应满足下列要求：

（1）水轮机应按设计的相关参数长期连续运行。

（2）水轮机轴承的油温低于5℃时不允许启动，油温低于10℃时应停止供给冷却水。

（3）水轮机轴承的瓦温，宜不超过60℃，最高不得超过70℃。当轴承瓦温达到65℃时，应发出故障信号；当瓦温超过70℃时，应发出机组事故跳闸信号，并跳闸。弹性金属塑料推力轴瓦瓦温宜不超过55℃。

（4）轴承冷却水工作正常，无漏水、漏油，无异常响声；冷却水温度应为5~30℃，冷却水压力宜为0.15~0.3MPa。

（5）停机时各轴承油面高度应在油位标准线附近，油质应符合标准。

（6）导叶、导叶拐臂、剪断销工作正常。

（7）主轴密封及导叶轴套无严重漏水。

（8）油、气、水管路无渗漏及阻塞情况。

（9）真空补气阀运行正常。

（10）机组各部件摆度及振动值应在允许范围内。

（11）调速器宜在自动控制状态下运行，如遇调速系统工作不稳定、失灵等特殊情况，可采用手动控制。

（12）在下列情况时，应禁止运行：①上、下游水位不能保证机组正常运转或尾水管压力脉动过大；②机组部件振动、摆度过大；③油压装置油压降至事故低油压规定值。

（13）检修后或停机时间较长的机组，应按实际情况投入试运行。

（14）大修后的机组投入运行，宜进行甩负荷试验。

（15）采用调压阀的机组，调压阀与调速器联动应工作正常。

（16）各表计指示正确。

（17）每隔 1h 对机组运行工况做一次检查和记录。

二、水轮机正常开机要求

1. 反击式水轮机正常开机要求

（1）导叶应能开关正常，蜗壳排气阀能正常工作。

（2）导叶漏水应不妨碍机组正常停机。

（3）转桨式水轮机的桨叶应能正常调节。转桨式水轮机的桨叶开启和关闭应符合桨叶和导叶的协联关系。

2. 冲击式水轮机正常开机要求

（1）在全关位置时，喷针不漏水。有喷管排气阀的水轮机，开机时喷管排气阀工作正常。

（2）折向器工作正常，位置准确。

（3）制动副喷嘴工作正常。

三、机组启动条件

（1）进水主阀在全开位置，调压阀在全关位置，并保证全压状态。

（2）调速器处于全关位置，锁锭投入；油压正常，油泵电源投入。

（3）机组各轴承油位正常，油色合格并无漏油。

（4）交直流操作电源投入正常。

（5）电气部分正常，可随时投入运行。

（6）机组制动装置工作正常，且在复归位置。

（7）热备用机组应与运行机组一样，定时进行巡视检查，不得进行无关的操作。

四、机组新装或大修后投入运行要求

投入运行前应确认机组内无人工作,收回全部工作票,具体检查以下部位:

(1) 压力钢管、蜗壳等流道及补气管中无杂物。

(2) 制动装置工作正常且处于复归位置。

(3) 导水机构正常,剪断销无松动和导叶无损坏。

(4) 发电机内部无杂物或遗留工具;集电环碳刷弹簧压力正常,并无卡阻、松动等现象。

(5) 机组自动化装置正常。

(6) 水轮机各密封装置良好。

(7) 水轮机进水主阀和调压阀的操作机构及行程开关工作正常。

(8) 油、气、水系统正常。

(9) 调速器工作正常。

(10) 机组四周无妨碍工作的杂物。

(11) 机组顶转子工作已完成。

(12) 电气各项试验、机组过速及甩负荷试验合格。

(13) 新装机组连续72h满负荷试运行合格。受电站水头和电力系统条件限制,机组不能带额定负荷时,可按当时条件在尽可能大的负荷下进行72h连续运行。

五、水轮机正常运行操作

1. 正常开机操作

(1) 开机前准备:①蜗壳充水前,必须对调速器做全面检查和动作试验(打开总油阀,用油压操作机组,操作开度到5%,检查调速器有无漏油现象);②对水轮机蜗壳进行充水、放气,使蜗壳内充满水;③将所有电源开关和油、气、水阀门,投入正常运行位置;④立式机组应顶转子。

(2) 开启机组,当机组转速达额定转速时,再对机组各转动部分做一次全面检查,具体包括:①起励、升压、并列;②并入系统后,根据负荷需要,确定开度位置;③改变油、气、水模拟图,记好运行日志。

2. 正常停机操作

(1) 停机后,锁定投入关闭调速器总油阀。

(2) 关闭轴承冷却水。

(3) 改变油、气、水模拟图，做好停机运行记录。

(4) 对机组进行一次全面检查。

(5) 长时间停机、主汛期应关闭主阀。

六、水轮机运行监视

水轮机运行监视应每隔1~2h对各机组运行参数进行检查记录，监视包括：

(1) 机组运转声正常，无异常振动、摆动和气味。

(2) 导叶、导叶拐臂、剪断销正常无破损。

(3) 主轴及导叶套筒、工作密封无严重漏水。

(4) 油、气、水管路无滴、冒、漏及阻塞现象。

(5) 真空补气阀运行良好。

(6) 各表计指示正确（如机房压力表、真空表、转速表等）。

(7) 各轴承温度及测量装置的监视：①各轴承的油位应在标准油位线附近，油质应良好、无渗漏现象；②轴承冷却水畅通，流量正常；③轴承内无杂音；④各轴承温度一般不超过60℃，若高于70℃应立即停机检查。

第五节　水轮机故障处理与检修

一、水轮机定期检查维护

1. 水轮机定期检查

(1) 测量记录水轮机主轴摆度和机组轴电压、轴电流。

(2) 切换附属设备和辅助系统的主备用系统。

(3) 按各轴承和润滑部位用油情况，加注或更换润滑油和润滑脂。

(4) 检查调整主轴密封间隙使之适中，检查密封用水的水质。

(5) 技术供水滤水器清扫排污。

(6) 各气水分离器放水排污。

(7) 检测导叶开度是否均匀，立面和端面间隙是否合格。

(8) 检测水轮机迷宫间隙是否合格。

(9) 新机停运 24h、投运 3 个月至 1 年的机组停运 72h、投运 1 年以上的机组停运 10 天后，再次启动前应顶转子一次。对采用弹性金属塑料瓦的推力轴承允许不采用高压油顶起而启动水轮发电机，允许机组停机后立即进行热启动。

(10) 定期对设备外表进行保洁。

2. 运行中水轮机的维护与处理

(1) 水轮机运转声音异常，经处理无效，应停机检查。

(2) 机组过速时，应立即关闭导叶，查明原因，进行相应维护处理。

(3) 导叶剪断销剪断时，应停机并关主阀，更换剪断销。

(4) 轴承温度不正常上升时，应检查各部件有无漏油、油面和油色是否正常、轴承冷却水供给是否正常、机组振动和摆度有无增大、轴承内部有无异常声响，并加强轴承温度监视。若无法消除，应请示停机处理。

(5) 轴瓦温度超过 65℃，经处理无效，且继续上升，应停机检查。

(6) 轴承油面下降时，应立即停机，进行相应处理。

(7) 轴承冷却器漏水时，应立即停机后更换或修复冷却器，并进行 1.5 倍工作压力耐压试验。

(8) 轴承冷却水受阻或中断时，应停机检查。

(9) 机组振动、摆度超过允许值时，应避开该负荷运行；若一时无法处理，应停机检查原因。

(10) 没有制动装置的机组，应进行改造，不应采用木垫块或木棍等人工方式制动。

(11) 应消除危及人身、设备安全的其他故障。

二、水轮机大修

水轮机大修周期以前一般为 3～5 年，现在一般运行 18000～30000h 后进行大修。大修周期因各电站机组质量、安装质量、运行条件、运行管理和日常维护水平不同而有所不同。

水轮机大修的主要内容包括转轮维修、轴承维修和导水机构维修。具体内容应根据电站实际情况而定。为了保证机组长期安全、稳定运行，检修工作应坚持"该修必修，修必修好"原则，做到有目的、有计划和有组织地进行。

1. 转轮维修

(1) 处理空蚀，一般采用补焊方法。

(2) 密封环磨损可进行补焊修复或更换。密封环磨损一般是因为安装的原因，密封环间隙不宜过大。

(3) 叶片因硬物碰撞而变形，应校正恢复至原来的曲面形状。

2. 轴承维修

小型水轮机的滚动轴承，发生轴承壳磨损或轴承内圈与轴松动而轴已磨损的情况比较多，可导致轴承温度升高，机组振动加剧。处理方法如下。

(1) 轴承壳磨损：使轴承外圆走动，可进行加垫处理。

(2) 轴承内圈与轴松动而轴已磨损：处理大轴。

(3) 间隙过大，轴承磨损：更换同型号的新轴承。对于滑动轴承：水轮机轴承径向瓦、推力瓦的巴氏合金，运行磨损以后可以重新研刮，安装间隙要符合设计值。间隙超过设计值时，卧式机组抽垫调整、加工或更换新的轴瓦。立式机组调整抗重螺钉。更换时必须重新研刮接触面，调整间隙。

3. 主轴水平度和垂直度校核

水轮机主轴一端由水轮机间隙控制，另一端由发电机间隙控制。立式机组是底环，卧式机组是进水弯管，由机组安装时决定。

(1) 卧式机组：主轴不会发生弯曲但它有挠度，主轴水平度调整时应把握好各导瓦轴颈处的水平度。有的机组因振动引起轴承座下沉位移，使主轴的水平度、垂直度偏离设计要求，致使轴温升高。大修时，可在轴承座下抽或垫薄紫铜皮来调整。

(2) 立式水轮机：转轮上下端间隙、发电机气隙、机组标高符合设计或规范要求。用百分表在发电机上导、法兰和水导轴颈处分别设3个测量点，转动主轴，测出各点读数，通过对绝缘垫和联轴器的调整使轴线摆度符合规范要求。

4. 导水机构维修

(1) 压紧行程在规定值（不带盘根导叶为2～4mm，带盘根导叶为3～5mm）。

(2) 调整端面间隙及立面间隙均在规定值范围内。

(3) 分别在50％、100％的情况下测量全部导叶开度，开度最大偏差不大于±3％。

第六节 辅助设备运行维护

一、调速系统

1. 正常运行要求

(1) 调速器运行稳定，指示正常，且无异常的摆动和卡阻。

(2) 常规控制调速器的主配压阀和辅助接力器应无异常抖动，控制柜内各杠杆、销轴无松动、脱落。

(3) 调速器各油管、接头处无漏油。

(4) 定期清洗调速器滤油器，检查调速器的油位、油色等。

(5) 调速器油泵运行正常，电气回路工作正常，能在规定油压范围内启动和停止。

(6) 安全阀和逆止阀动作可靠。

(7) 压力油罐各表计应该显示运行正常，过滤器压力表显示调速器液压控制回路的操作压力正常。

(8) 用于控制油泵启动、停止的压力表工作正常。

(9) 油泵电动机工作正常。

(10) 压力油罐及回油箱油位正常。

(11) 油压装置上的可视油位计完好。

(12) 带中间补气罐的油压装置应补气到正常压力，并满足油气比要求。

(13) 油泵的安全阀压力整定值合格。

(14) 高油压调速器单向阀运行正常，在停泵时，电机不能出现反转。

2. 液压系统和调速器运行要求

(1) 工作时接力器锁锭应拔出。

(2) 机手动和电手动运行时，接力器动作正常，不能出现接力器抽动、振动等现象。

(3) 液压阀四周无渗油，阀块密封圈无缺陷。

(4) 调速器关闭时间应整定合格，并防止调整机构松动变位。

(5) 负载运行时接力器人工死区设置合理，确保机组安全运行。

（6）接力器的电气反馈装置正常，不能出现"反馈断线"故障。

（7）机组停机后，应投入接力器锁锭，防止接力器自动开启。

（8）机组控制参数设置合理的空载开度，防止发生开机时间过长。

（9）对配置调压阀的机组，调速器与调压阀联动应正常。

3. 故障及处理

调速系统出现下列故障应退出运行：

（1）用于控制油泵停止的电接点压力表故障。

（2）油泵故障。

（3）安全阀故障。

（4）电动机缺相运行。

（5）压力油罐上的可视液位计故障。

（6）调速器关机时间调节故障。

（7）反馈断线。

（8）机频故障。

（9）液压阀四周渗油。

4. 检修维护

调速系统检修维护应按相关规定的要求执行，检修维护项目包括下列内容：

（1）检查油压装置部件，包括电接点压力表、油泵、油泵电动机、安全阀、紧急停机电磁阀及紧急停机时间调整机构、压力油罐的可视液位计、回油箱的可视液位计、主油阀、油泵控制箱。

（2）检查液压控制部件，包括滤油器中滤芯、滤油器压力表、液压阀块的渗油。

（3）定期给调速器销轴注油。

（4）经常检查调速器压力油罐油气比是否合格。

（5）观察调速器电气部件、元件的运行状况。

（6）检查外部操作回路。

（7）检查外观。

二、主阀

1. 开启与关闭

（1）进水主阀铭牌应在明显位置，开启前应符合下列要求：①蜗壳排水阀应全关；②调速器应在全关位置；③进水主阀机械锁锭应在投入位置；④阀前阀后水压应基本平衡。

（2）关闭进水主阀应符合下列要求：①进水主阀控制回路应工作正常；②进水主阀应有后备保护功能；③机组停机后，宜关闭进水主阀；④导水机构故障无法全关时，进水主阀应能在5min之内动水关闭，液压操作的闸阀、蝴蝶阀和电（手）动操作的蝴蝶阀、闸阀在失电后应在5min内动水关闭；⑤阀门确认关闭后，应投入机械锁锭。

2. 运行与维护要求

（1）应定期检查阀门及其控制装置，并确保其处于良好的工作状态。

（2）检查进水阀与延伸段、伸缩节、连接法兰处有无漏水。

（3）检查各压力开关、压力表等表计指示是否正常，外表有无损坏。

（4）检查旁通阀管道阀门位置是否正确，动作是否正常。

（5）检查空气阀工作是否正常。

（6）检查进水阀开启、关闭声音是否正常。

（7）检查阀门是否能在规定的时间内动水关闭。

（8）检查行程开关工作是否正常，开度指示器位置是否正确。

（9）检查各讯号装置工作是否正常，表计外壳、电缆有无破损。

（10）检查操作电源和电控装置工作是否正常。

（11）传动机构应定期加注润滑油和润滑脂。

液压操作的进水主阀运行维护还应符合下列要求：

（1）油压装置的油位不应低于油标底线以上的1/3。液压系统第一次投入使用3个月后，应将液压油过滤1次，并应清洗油箱，定期检查。

（2）定期检查蓄能器内充气压力。当充气压力低于设定值时，应及时充装氮气至设定值。

（3）检查油路、水路连接是否完好，有无松动，接头有无漏油、漏水。

（4）检查进水阀操作接力器位置是否正确，接头有无漏油。

（5）检查压力油泵及循环油泵运行时有无异常，手动油泵是否能正常开启阀门。

（6）检查进水阀操作接力器位置是否正确，接头有无漏油、漏水。

（7）检查锁锭装置工作是否正常。

三、起重机

1. 正常运行要求

（1）起重机的移动机构及电动行车小车的移动机构失去电源时，自动刹车装置应能正常工作。

（2）桥式起重机的微量调节控制系统应可靠。

（3）金属结构以及所有电气设备的外壳，应保证接地可靠。

（4）电缆绝缘应可靠。

（5）灭火器材应能正常使用，驾驶室内橡胶绝缘垫应有效。

（6）平衡荷重物，不得搬运或任意增减。

（7）在工作中一旦断电，应将启动器恢复至原来静止的位置，再将电源开关拉开；设有制动装置的可将其刹紧。

（8）轨道的终端缓冲器应可靠。

2. 检修维护要求

（1）起重机应每年年检1次，电动滑轮可2~6年维修1次。

（2）在轨道上检修时，检修地点两端应用钢轨夹具固定，其他起重机不得驶入该检修区域。

（3）停止工作时，应切断电源并安装好轨道夹。

（4）新装或大修后起重机投入使用前，应按有关规定进行静、动负荷试验。

四、水系统

1. 供水系统正常运行要求

（1）供水系统流量、压力应满足要求。

（2）减压阀后压力应在设计值范围内。

（3）滤水器工作应正常。

（4）滤水器清污时，供水不应中断。供水系统沉沙、排沙设施应可靠运行。

（5）轴承润滑水、主轴密封用水的水质应满足设计要求。

（6）电磁阀或电动阀应正常动作，无卡阻。

（7）供水泵工作应正常，备用泵可随时启动。

2. 供水系统故障处理

供水系统设备出现下列故障时应退出运行：

(1) 减压阀阀后压力出现异常，或停水时阀后压力高于设计值。

(2) 自动滤水器无法正常清污。

(3) 电磁阀或电动阀出现卡阻。

(4) 压力变送器无法正常使用。

3. 供水系统检修维护要求

(1) 减压阀阀后压力不稳定，检修后仍达不到要求的应更换。

(2) 滤水器堵塞严重，拆卸后应检修或更换滤芯。

(3) 电磁阀卡阻，应更换，或换成电动阀。

(4) 压力变送器无法正常传送数据，应更换。

(5) 供水泵和电动机宜每年更换润滑油一次。

(6) 供水泵锈蚀严重、故障频发，应更换。

(7) 供水管锈蚀严重，应更换。

(8) 管路标色应涂刷完整、颜色鲜明。

4. 排水系统正常运行要求

(1) 排水系统管道应无泄漏。

(2) 水泵启动运行正常，无异常声音。

(3) 集水井水位测量装置工作正常。

(4) 排水管路止回阀正常。

5. 排水系统故障处理

排水系统设备出现下列故障应退出运行：

(1) 排水泵严重故障。

(2) 集水井液位信号器故障。

(3) 示流信号器故障。

6. 排水系统检修维护要求

(1) 排水泵和电动机宜每年更换润滑油1次。

(2) 排水泵工作异常，应检修或更换。

(3) 液位信号计有不正常显示，应更换或修理。

(4) 排水明管锈蚀严重，应更换。

(5) 管路颜色应完整鲜明。

五、油系统

1. 正常运行要求

(1) 油系统设备、管路应按设计要求单独设立。

(2) 油系统的储存量应满足系统中最大用油设备110%用油量的要求。

(3) 应设置合适的油过滤机并放置在合适的位置。

(4) 消防设施满足设计要求。

2. 设备故障处理

油系统设备在油系统管路锈蚀或堵塞、消防设施不满足要求情况应退出运行。

3. 检修维护要求

(1) 油系统管路锈蚀或堵塞,应更换。

(2) 油系统储存量少于系统中最大用油设备110%用油量时,应补足储备用油。

(3) 应定期检查维护消防设施。

(4) 管路标色应涂刷完整,颜色鲜明。

六、气系统

1. 正常运行要求

(1) 主用、备用的空压机应能相互自动切换,始终保持正常工作状态。

(2) 应有一定的备品备件。

(3) 储气罐(包括安全阀、排污阀)应检验合格,工作正常。

2. 设备故障处理

气系统设备在下列故障下应退出运行:

(1) 空压机压力输出异常。

(2) 储气罐漏气。

(3) 储气罐排污口堵塞、安全阀故障。

(4) 油水分离器无法正常工作。

3. 检修维护要求

(1) 空压机压力输出异常时,可启用备用空压机,对故障设备进行检修。

(2) 空压机及储气罐的安全阀应每年检验、鉴定1次。

(3) 应经常检查储气罐有无漏气，检查记录空压机的启动次数。应适时打开储气罐排污口排污。

(4) 管路标色应涂刷完整，颜色鲜明。

七、压力钢管

1. 正常运行要求

(1) 压力钢管内壁防腐涂层应均匀、无脱离。

(2) 压力钢管应无明显变形，无裂纹和渗水。

(3) 应保证压力钢管在支墩滑道轴线上自由滑动。

(4) 钢管进人孔和钢管伸缩节止漏盘根压缩应均匀，无漏水。

(5) 压力钢管，应定期进行安全检查。

(6) 压力钢管镇墩、支墩的基础及结构应完整稳固，无开裂、破损、明显位移和沉降等现象。

2. 维护要求

(1) 压力钢管表面应定期进行防腐处理。

(2) 出现锈蚀、裂缝或失稳等病害应修复或更换。

(3) 联合承载的埋管与混凝土及岩石之间缝隙增大时，可采取接缝灌浆等措施处理。

(4) 明管振动时应采取减振措施。

八、闸门及闸门启闭机

1. 闸门正常使用要求

(1) 闸门应无变形、锈蚀，止水完好、滑轮滚动灵活，所有轴承、衬套、钢丝绳应按时涂润滑油。

(2) 闸门的面板、主梁及边梁、弧形闸门支臂等主要构件发生锈蚀的，应及时进行结构检测，并应复核强度、刚度，及时采取补救措施。

(3) 闸门应整体坚固可靠，整扇闸门需要更换的构件达到30%及以上的应予以报废更换。

(4) 应定期对闸门埋件进行检查维护，闸门轨道严重磨损或接头错位超过2mm不能修复的，或闸门埋件严重腐蚀、锈损或空蚀的，应予以更换。

2. 闸门启闭机正常使用要求

（1）启闭机应有可靠的备用电源。

（2）启闭机的操作电气装置及附属设施应安全可靠。

（3）露天启闭机应安装罩壳等保护措施，操作电气装置应上锁。

（4）卷扬式启闭机钢丝绳不应有扭结、压扁、弯折、笼状畸变、断股、波浪形，钢丝或绳股、绳芯不应有挤出、损坏，并保持钢丝绳润滑。

（5）卷扬机运行应安全可靠。

（6）液压式启闭机运行噪声不应超过85dB（A）。

（7）电动螺杆式启闭机应有可靠的电气和机械过载安全保护装置。

（8）手动/电动两用或手动螺杆启闭机应装设安全把手；手动/电动两用的启闭机在手动机构与机器连通时，应有断开全部电路的安全措施。

3. 闸门维护要求

（1）及时清理闸门和门槽上的水生物、杂草、污物等附着物。

（2）保持闸门转动部件润滑良好。

（3）紧固件连接应可靠、无脱落。

（4）寒冷地区冬季结冰时，应采取措施避免或减少闸门承受冰冻压力。

（5）及时更换老化、磨损、撕裂的止水。

（6）轴承/衬套应定期润滑及更换。

4. 启闭机维护要求

（1）启闭机电气设备完好。

（2）定期清洁减速器和齿轮，定期过滤、更换液压油。

（3）制动轮和制动瓦表面应保持洁净，闸瓦间隙正常。制动瓦磨损严重的应及时更换。

（4）变量泵、溢流阀、压力表等的整定值异常时应重新整定。

（5）钢丝绳和滑轮组应经常涂油防锈。

（6）高度指示器和负荷限制器等应定期校验、整定。

九、拦污栅

进水口拦污设施应安全可靠；应及时除锈，无破损、变形；应保证有足够的过水面积；有淤沙、污物堵塞应及时清除，特别是下雨天。

第三章 水轮发电机运行维护

第一节 水轮发电机概述

水轮发电机是以水轮机为原动机,根据电磁感应的原理,将水轮机传递过来的旋转机械能转换成电能的机器。

一、水轮发电机的类型

水轮发电机可分为同步水轮发电机和异步水轮发电机。在我国的中小型水电站中,基本上都采用是同步水轮发电机,只有很小的微型水电站有采用异步水轮发电机的。因此没有特别指明时,平常所说的水轮发电机都是指同步发电机。水轮发电机还可按其轴线方向分为卧轴发电机和立轴发电机两大类。

1. 卧轴水轮发电机

卧轴水轮发电机的主轴是水平布置的,主要用于与冲击式、贯流式和小型混流式水轮机配套使用。图3-1为某小水电站卧轴水轮发电机。

2. 立轴水轮发电机

立轴水轮发电机的主轴为竖直方向布置,主要用于轴流式和规模较大的混流式、冲击式水轮机配套使用。根据推力轴承的位置不同,立轴水轮发电机分为悬式结构和伞式结构。伞式结构又可以分为普通伞式、半伞式和全伞式三种。立轴小型水轮发电机一般采

图3-1 某小水电站卧轴水轮发电机

用悬式结构。图3-2为某小水电站立轴水轮发电机。

二、水轮发电机型号

现行水轮发电机型号采用汉语拼音加数字表示方法，由两大部分组成，中间用"-"隔开，第一部分用汉语拼音的第一个字母表示发电机的型式，数字表示发电机的容量，单位为kW；第二部分用数字表示发电机的磁数和定子铁芯外径，通常用分数表示，分子表示磁极数，分母表示定子铁芯外径，单位为cm。

图3-2 某小水电站立轴水轮发电机

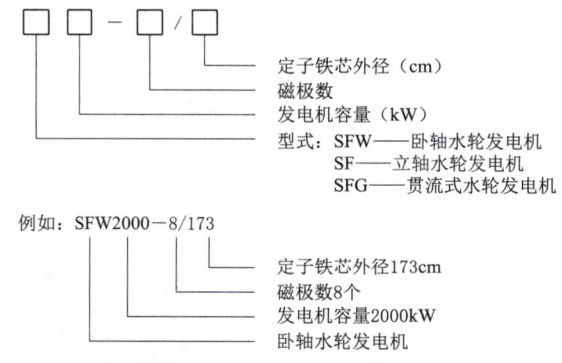

三、水轮发电机主要参数

水轮发电机主要参数有容量、额定电压、额定电流、功率因数、转速和频率、效率以及电抗、短路比、转动惯量、励磁电压和励磁电流等。

1. 容量

容量有两种表示方法，一种用kV·A表示视在功率S，另一种用kW表示有功功率P。两者的关系为

$$P = S\cos\varphi = \sqrt{3}UI\cos\varphi \tag{3-1}$$

式中 U——发电机端点的额定电压（线电压），kV；

I——发电机额定电流,A;

$\cos\varphi$——功率因数。

小型水轮发电机系列的容量等级有:40kW、55kW、75kW、100kW、125kW、200kW、250kW、320kW、400kW、500kW、630kW、800kW、1000kW、1250kW、1600kW、2000kW、2500kW、3200kW、4000kW、5000kW、6300kW、8000kW、10000kW。

2. 额定电压

额定电压指发电机在设计情况下运行时出线端的电压,单位为 V 或 kV。容量在 630kW 及以下的发电机的额定电压一般采用 400V,容量在 800kW 及以上的发电机的额定电压一般采用 6300V;少数容量为 500kW、630kW 的发电机也有采用 6300V 的,个别容量为 800kW 的发电机也有额定电压采用 400V 的。

3. 额定电流

额定电流指发电机在额定电压情况下输出额定功率时,流过发电机定子绕组的电流,单位为安(A)。

4. 功率因数($\cos\varphi$)

功率因数指发电机的额定有功功率 P(kW)与额定视在功率 S(kVA)的比值。小型水轮发电机的额定功率因数一般为 0.8,容量较大的水轮发电机有的采用 0.85 或 0.9,在额定容量一定的条件下,提高功率因数可以提高输出的有功功率。

5. 转速和频率

我国的交流电标准频率为 50Hz,因此发电机的同步转速(即额定转速)为 $n=6000/p$,p 为磁极个数。小型水轮发电机的磁极个数 p 与同步转速 n 的对应关系见表 3-1。

表 3-1　　　　　　　水轮发电机磁极个数与转速关系表

p/个	4	6	8	10	12	16
n/(r/min)	1500	1000	750	600	500	375
p/个	20	24	28	32	36	40
n/(r/min)	300	250	214.3	187.5	166.7	150

6. 效率

发电机效率为发电机输出功率与输入功率之比。

7. 电抗

发电机有 3 个主要电抗：纵轴同步电抗 X_d、暂态电抗 X'_d、次暂态电抗 X''_d，常用标么值表示。

8. 短路比

短路比指发电机在空载时维持空载电势为额定值的激磁电流与在短路时维持短路电流为额定值的激磁电流之比，其值一般不小于 0.9。增大短路比，可提高发电机在系统运行的静态稳定，但也会增加发电机的造价。对并网运行的小机组，随着快速励磁方式和系统稳定措施的发展，短路比可有所降低，以降低成本。

9. 转动惯量 GD^2

发电机的转动惯量 GD^2 又称飞轮力矩，是发电机转动部分的重量与其惯性直径平方的乘积。立轴机组的 GD^2 主要分布在发电机的转子上，而卧轴机组的 GD^2 主要通过飞轮来满足。

转动惯量 GD^2 是水电站调节保证计算中的一个重要参数，它直接影响到机组在甩负荷时转速上升率和系统负荷突变时发电机运行稳定性。

10. 励磁

励磁的主要作用是给同步发电机的转子提供励磁电流，维持机端电压和无功功率在给定的水平；当发生突然短路或突加负荷、甩负荷时，对发电机进行强行励磁或强行减磁，以提高系统运行稳定性和可靠性；当发电机内部出现短路时，对发电机进行灭磁，以避免事故扩大。目前，小型水轮发电机的励磁方式主要有双绕组电抗分流励磁、无刷励磁、静止可控硅励磁等方式。

四、水轮发电机结构

水轮发电机由定子、转子、机架、推力轴承、导轴承、冷却器、制动器等主要部件组成。

1. 定子

水轮发电机定子主要由机座、铁芯和三相绕组线圈等组成，铁芯固定在机座上，三相绕组线圈嵌装在铁芯的齿槽内。发电机定子机座、铁芯和三相绕组统一体统称为发电机的定子，也称为电枢。图 3-3 为某小水电站水轮发电机定子。

(1) 机座。发电机定子机座一般呈圆形,小容量水轮发电机多采用铸铁整圆机座,或采用钢板焊接的箱形结构;容量较大的水轮发电机的机座由钢板制成的壁、环、立筋及合缝板等零件焊接组装而成。立轴机组的机座要承受轴向荷重,定子自重及电磁扭矩并传递给基础。机座应有足够的刚度,同时还应能适应铁芯的热变形。

(2) 铁芯。发电机定子铁芯是定子的一个重要部件,由扇形冲片、通风槽片、定位筋、齿压板、拉紧螺杆及固定片等零部件装压而成,其中扇形冲片为最主要的部件,一般由 0.5mm 厚的硅钢片冲压而成,如图 3-4 所示。为了减小涡流损耗,硅钢片之间用漆绝缘。国产的硅钢片有热轧和冷轧两类,其中冷轧的硅钢片损耗较低。发电机扇形冲片宜采用低损耗、无取向、优质冷轧薄硅钢片。

图 3-3 水轮发电机定子

图 3-4 发电机定子铁芯

定子铁芯的作用是:作为磁路的主要组成部分,为发电机提供磁阻很小的磁路,以通过发电机所需要的磁通,并用以固定绕组。在发电机运行时,定子铁芯要受到机械力、热应力及电磁力的综合作用。

(3) 绕组。三相绕组由绝缘导线绕制而成,均匀地分布于铁芯内圆齿槽中。三相绕组接成 Y 型,它的作用是当转子磁极旋转时,定子绕组切割磁力线而感应出电势。

2. 转子

水轮发电机转子是转换能量和传递扭矩的主要部件,一般由主轴、磁极、磁轭、转子支架等部件组成,如图 3-5 所示。

(1) 主轴。主轴的作用是用来传递扭矩,一般采用 35 号、40 号、45 号或 20SiMn 等钢整锻而成。小容量水轮发电机一般采用整锻实心轴;大、中型容量的发电机采用整锻空心轴。

(2) 磁极。磁极是提供励磁磁场的磁感应部件,由磁极铁芯,线圈,上、下托板,极身绝缘、阻尼绕组及钢垫板等零部件组成。

磁极铁芯分实心和叠片两种结构。中、小容量高转速水轮发电机的转子,为满足机械强度的要求和改善发电机的特性,常采用实心磁极结构,由整体锻造

图 3-5 水轮发电机转子

或铸造而成。对于转速在 750r/min 及以上的小型水轮发电机,常采用磁极铁芯连同转子的磁轭与主轴整体锻造加工。叠片磁极铁芯由冲片、磁极压板、拉紧螺杆(或铆钉)等零件组成。小容量水轮发电机的冲片面积小,铁芯短,多采用铆钉固紧结构。

磁极上装有励磁线圈,励磁线圈多是由扁铜线绕成,包上绝缘材料。线圈绕好后经浸胶热压处理,使其成为一个坚固的整体。磁极上还装有阻尼绕组,可以减小运行时转子振荡的幅值。

磁极固定方式,通常采用螺钉、T 尾、鸽尾结构。

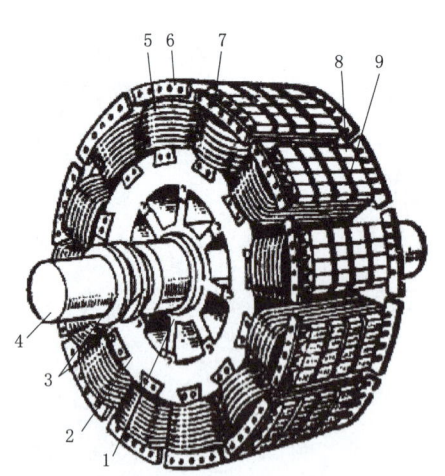

图 3-6 凸极同步电机转子的典型结构
1—转子支架;2—转子磁轭;3—滑环;4—轴;
5—励磁线圈;6—阻尼绕组端环片;7—阻尼
绕组铜条;8—磁极铁芯;9—磁极通风沟

(3) 磁轭与转子支架。磁轭的作用是构成磁路,并固定磁极。转子支架的作用是固定磁轭。对于定子铁芯外径小于 325cm 的中小容量的水轮发电机,磁轭可用铸钢或整圆的厚钢板制成,不需要专门的转子支架,通过键或热套等方式与主轴连成一个整体。对定子铁芯外径较大的水轮发电机,磁轭则通过转子支架和主轴连成一体。这种结构的磁轭由扇形冲片交错叠成并用拉紧螺杆固紧。

磁轭的外缘加工有 T 尾、鸽尾槽或螺孔,用以固定磁极。图 3-6 为凸极同步电机转子的典型结构。

3. 机架

机架是立轴水轮发电机安置推力轴承、导轴承、制动器及水轮机受油器的支撑部件，是水轮发电机较为重要的结构件。机架由中心体和支臂组成，一般采用钢板焊接结构，中心体为圆盘形式，支臂大多为工字梁形式。

机架按其所处的位置分为上机架和下机架；按承载性质分为负荷机架和非负荷机架，安置推力轴承的机架称为负荷机架。对于悬式水轮发电机来说，上机架为负荷机架，下机架为非负荷机架；对于伞式水轮发电机来说，上机架为非负荷机架，下机架为负荷机架。中小型立轴水轮发电机组一般为悬式机组，推力轴承位于上机架内。

负荷机架要承受机组转动部分的全部重量、水轮机轴向水推力、机架和轴承的自重、导轴承传递的径向力及作用在机架上的其他负荷。非负荷机架主要用来安置导轴承，要承受的径向力有：转子径向机械不平衡力和因定子、转子气隙不均匀而产生的单边磁拉力；要承受的轴向负荷有：导轴承及油槽自重、制动器传递的力或上盖板、转桨式水轮机的受油器。

4. 推力轴承

推力轴承是应用液体润滑承载原理的机械结构部件，主要由轴承座及支承、轴瓦、镜板、推力头、油槽及冷却装置等部件组成。主要作用是承受立轴水轮发电机组转动部分全部重量及水推力等负荷，并将这些负荷传给负荷机架。图3-7为上机架上导推力轴承。

图3-7 上机架上导推力轴承

推力轴承支承结构方式主要有弹性垫支承式、刚性支柱螺钉支承式、弹性油箱支承和平衡块支承式四种。其中弹性垫支承式只用于小容量的立轴发电机，弹性油箱支承和平衡块支承式用于大中型发电机，中小型水轮发电机的推力轴承一般采用刚性支柱螺钉支承方式。

5. 导轴承

导轴承是用来承受水轮发电机组转动部分的径向机械不平衡力和电磁不平衡力，并约束轴线径向位移和防止轴的摆动，使机组轴线在规定数值范围内旋转。

第二节　水轮发电机继电保护

水轮发电机作为水电站最主要的设备，保证其正常、安全运行是水电站工作的首要任务之一。为了防止在故障情况下损坏发电机，需要对发电机配置完善的保护。

一、发电机的故障和异常运行情况

农村水电站发电机的单机容量通常不超过 12.5MW。根据发电机出线电压的高、低分为低压水轮发电机组和高压小容量水轮发电机组。

（一）发电机的故障类型

同步发电机在运行过程中可能发生的故障主要有以下几种类型。

1. 发电机的定子绕组相间短路

定子绕组及其引出线的相间短路产生的短路电流很大，故其对发电机的危害极大。短路电流产生的强大的电动力和热效应，不仅会破坏发电机的绝缘，还可能损坏铁芯和绕组，甚至可能引起火灾。图 3-8 为某水电站发电机定子绕组端部短路后现象。

图 3-8　某水电站发电机定子绕组端部短路后现象

2. 发电机的定子绕组匝间短路

定子绕组匝间短路产生的短路电流会使短路处局部温度升高，从而导致绝缘损坏而发展成相间短路或单相接地。但由于这种故障发生的概率不高，小容量水轮发电机一般不设置专门的反映匝间短路故障的继电保护。

3. 发电机的定子绕组单相接地

定子绕组单相接地是发电机常见的故障。对于小容量高压发电机来说，其中性点通常采用非直接接地方式，当发生单相接地时，接地相的对地电压下降（直接接地时对地电压为0V），非接地两相的对地电压升高。单相接地故障产生的电容电流流过铁芯，可能引起电弧和烧坏铁芯，如图3-9所示。

4. 发电机的转子绕组接地

发电机转子绕组发生一点接地故障时，由于没有构成短路电流的通路，不会产生短路电流，对发电机的危害并不严重，发电机可以继续运行。

若转子绕组一点接地故障得不到及时处理，当转子绕组再次发生接地时，就转化为转子绕组两点接地故障，形成

图3-9 某电站发电机定子绕组单相接地事故

短路电流通路，短路电流不仅可能损坏转子绕组和铁芯，还可能因为转子磁通的对称性被破坏而引起机组的强烈振动。

5. 发电机失磁

同步发电机在运行过程中，可能会因为励磁回路开路（如转子绕组断线，灭磁开关误跳闸等）导致全部失磁，也可能因为转子绕组短路或励磁机发生故障而导致部分失磁。

同步发电机失磁后，会从系统吸收大量的无功功率，引起系统电压下降、发电机定子电流增大等，威胁电力系统和发电机的安全运行。

（二）发电机的异常运行情况

同步发电机在运行过程中可能发生的异常情况主要有以下几种。

1. 发电机过负荷

发电机超过额定容量运行的情况称为发电机的过负荷。短时间的过负荷是允许的，但长时间的过负荷运行会使发电机的绝缘加速老化，进而发展成其他故障。

2. 发电机过电压

发电机在运行过程中,可能因甩负荷等原因使定子电压升高。当定子电压升高到一定程度时,会导致发电机定子绕组绝缘击穿。

3. 发电机过电流

发电机过电流通常由外部故障引起。当外部短路或电力系统振荡时,会引起发电机定子过电流。发电机定子过电流会使发电机温度升高,加速绝缘老化,缩短发电机使用寿命。

二、发电机的保护配置

根据发电机的容量、类型,结合小型水轮发电机的特点,针对不同的故障和异常运行状态,下面介绍水电站发电机常见的保护配置情况。

1. 定子绕组相间短路的保护配置

定子绕组相间短路是发电机最严重的故障,故针对定子绕组相间短路的保护配置要求较高,不仅需要设置主保护,还需要设置当主保护拒动时动作的后备保护。

(1) 主保护。它用于反映发电机定子绕组及其引出线的相间短路故障,作用于发电机断路器和灭磁开关瞬时跳闸,并作用于机组事故停机。

水电站发电机定子绕组及其引出线的相间短路常用的主保护有电流速断保护和纵联差动保护两种。电流速断保护仅用于容量为800kW以下的水轮发电机;纵联差动保护用于容量为800kW及以上的水轮发电机。当800kW以下的水轮发电机采用电流速断保护灵敏度不能满足要求时,需要采用纵联差动保护。

(2) 后备保护。它用于反映发电机定子绕组及其引出线的相间短路故障,作用于发电机断路器和灭磁开关延时跳闸,并作用于机组事故停机。作为后备保护,只有当主保护拒动时才能动作,因此,后备保护的动作时间比主保护延时一个时间级差。

水电站发电机定子绕组及其引出线的相间短路常用的后备保护有过电流保护、低电压启动过电流保护和复合电压启动过电流保护三种。首先可考虑采用过电流保护,当过电流保护灵敏度不能满足要求时,应考虑采用低电压启动过电流保护或复合电压启动过电流保护。

发电机定子绕组及其引出线相间短路故障的后备保护和发电机过电流保护

常采用同一套保护。

2. 定子绕组匝间短路的保护配置

发电机定子绕组匝间短路一般采用横联差动保护。由于水电站发电机发生定子绕组匝间短路的概率不高，通常不专门设反映发电机定子绕组匝间短路故障的保护，而是由电气值班人员根据三相电流的不平衡度来间接作出判断。

3. 定子绕组单相接地的保护配置

高压小容量水轮发电机通常采用中性点非直接接地方式，定子绕组发生单相接地时不需要停机。为了防止单相接地演化为其他故障，需要及时提醒电气值班人员采取措施。

定子绕组单相接地保护一般由接在发电机出口电压互感器的开口三角形绕组上的过电压继电器实现，保护延时动作于信号。

4. 转子绕组接地的保护配置

转子绕组接地保护分为一点接地保护和两点接地保护两种。一点接地保护作用于发信号；两点接地保护作用于发电机断路器和灭磁开关跳闸，并作用于机组事故停机。

1000kW以下的水轮发电机可采用定期检查装置来检查转子一点接地；1000kW及以上的水轮发电机采用转子一点接地信号装置，保护动作于发信号。

5. 发电机失磁的保护配置

失磁保护作用于发电机断路器和灭磁开关跳闸。

6. 发电机过负荷的保护配置

过负荷保护作用于延时发信号。为避免外部故障时误动作，其动作时间应比发电机过电流保护的动作时间至少大一个时间级差。

过负荷通常是三相对称的，因此，过负荷保护一般采用单相式。

7. 发电机过电压的保护配置

过电压保护作用于发电机断路器和灭磁开关延时跳闸，并作用于机组事故停机。

8. 发电机过电流的保护配置

发电机过电流一般是由外部故障引起的。发电机过电流保护通常和反映发电机定子绕组及其引出线的相间短路故障的后备保护采用同一套保护。

过电流保护作用于发电机断路器和灭磁开关延时跳闸，并作用于机组事故停机。

当采用过电流保护的灵敏度不能满足要求时,应采用低电压启动过电流保护或复合电压启动过电流保护。

三、发电机纵联差动保护

纵联差动保护,简称差动保护,是发电机定子绕组及其引出线相间短路的主保护。

发电机纵联差动保护的工作原理是利用发电机中性点侧电流与相同相的发电机出线端的电流之差 ΔI,在发电机正常运行时、保护范围外发生相间短路故障时与保护范围内发生相间短路故障时的不同来实现的。图 3-10 为发电机差动保护工作原理示意图。

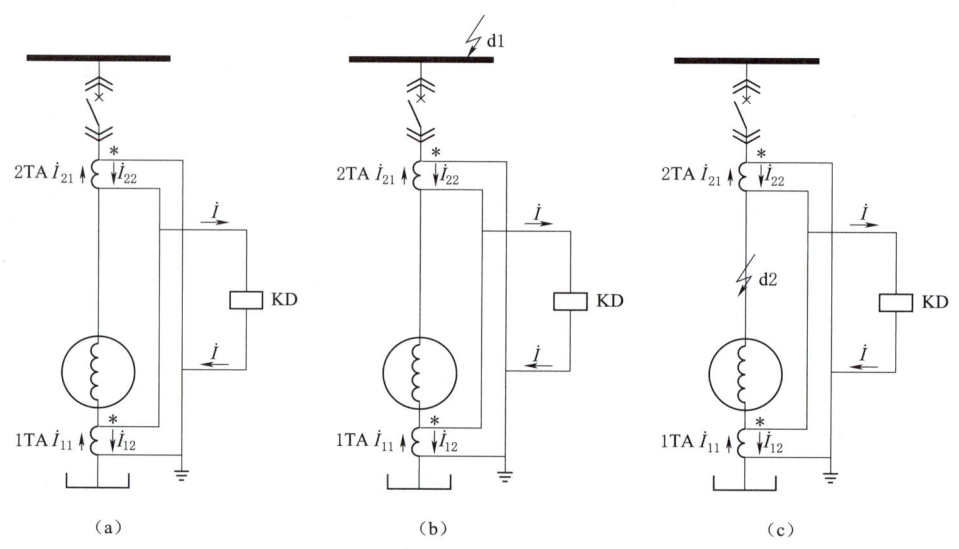

图 3-10　发电机差动保护工作原理图
(a) 正常运行时；(b) 外部短路时；(c) 内部短路时

1. 发电机正常运行时

如图 3-10 (a) 所示,当发电机正常运行时,流过发电机中性点侧电流互感器 1TA 一次线圈的电流 $\dot{I}_{11}$ 与流过其相同相的出线端电流互感器 2TA 一次线圈的电流 $\dot{I}_{21}$ 时刻保持大小相等且相位相同。当两侧电流互感器变比等各项参数完全相同,且假设为理想电流互感器时,电流互感器 1TA 和 2TA 二次线圈所产生的感应电流 $\dot{I}_{12}$ 和 $\dot{I}_{22}$ 也时刻保持大小相等且相位相同。此时,流过差动继

电器 KD 的电流为

$$i = i_{22} - i_{12} = 0 \quad (3-2)$$

差动继电器 KD 不动作，即差动保护不动作。

2. 发电机外部发生短路故障时

如图 3-10（b）所示，当发电机外部发生短路故障（如 d1 点短路）时，流过发电机中性点侧电流互感器 1TA 一次线圈的电流 i_{11} 与流过其相同相的出线端电流互感器 2TA 一次线圈的电流 i_{21} 虽然比正常运行时大大增加，但仍时刻保持大小相等且相位相同。当两侧电流互感器变比等各项参数完全相同，且假设为理想电流互感器时，电流互感器 1TA 和 2TA 二次线圈所产生的感应电流 i_{12} 和 i_{22} 仍然时刻保持大小相等且相位相同。此时，流过差动继电器 KD 的电流为

$$i = i_{22} - i_{12} = 0 \quad (3-3)$$

差动继电器 KD 不动作，即差动保护不动作。

3. 发电机内部发生短路故障时

如图 3-10（c）所示，当发电机内部发生短路故障（如 d2 点短路）时，流过发电机中性点侧电流互感器 1TA 一次线圈的电流 i_{11} 与流过其相同相的出线端电流互感器 2TA 一次线圈的电流 i_{21} 不仅大小不再相等，而且相位也不再相同。此时，电流互感器 1TA 和 2TA 二次线圈所产生的感应电流 i_{12} 和 i_{22} 大小也不再相等，且相位也不再相同。此时，流过差动继电器 KD 的电流为

$$i = i_{22} - i_{12} \neq 0 \quad (3-4)$$

差动继电器 KD 动作，即差动保护动作。

上述分析是假设在理想情况下进行的。实际上由于两侧电流互感器不可能完全一样，也不可能是理想的电流互感器，因此，即使在流过两侧电流互感器一次线圈电流完全一致的情况下，在它们的二次线圈产生的感应电流也不可能完全一样。在差动保护实际整定计算中要考虑由各种原因引起的误动作。

差动保护的保护范围：用于差动保护的两组电流互感器之间的范围。如图 3-10 中 1TA 与 2TA 之间的范围。

差动保护的动作结果：作用于发电机断路器和灭磁开关瞬时跳闸，并宜动作于停机。

四、发电机过电流保护

在发电机差动保护范围外发生故障而故障设备的保护或断路器拒绝动作，或发电机电压母线（小水电站一般不设置专门的母线保护）发生故障时，将会引起发电机过电流。为此，发电机通常设置有过电流保护。过电流保护既作为发电机外部故障的保护，也作为差动保护的后备保护。

过电流保护可进一步分为：一般过电流保护、低电压启动过电流保护和复合电压启动过电流保护等。

1. 一般过电流保护

一般过电流保护通常称为过电流保护，用于单机容量 800kW 以下的小型水轮发电机。其工作原理是根据发电机定子电流的变化来实现的。具体地说，当发电机电流小于某一设定值时，过电流保护不动作；而当发电机电流大于等于过电流的整定值时，过电流保护动作。

为了防止发电机过负荷时过电流保护误动作，过电流保护的动作值必须躲过发电机最大负荷电流。

过电流保护的动作结果：带时限动作于发电机断路器跳闸和灭磁开关跳闸，并宜动作于停机。当发电机电压母线上设有分段断路器时，该保护宜带有两段时限，第一段时限动作于母线分段断路器跳闸，第二段时限动作于停机。

2. 低电压启动过电流保护

低电压启动过电流保护（过去亦称为低电压闭锁过电流保护）一般用于单机容量 800～3000kW 的水轮发电机。其工作原理：当发电机既发生低电压，同时又发生过电流时，保护才动作。发电机只发生过电流，但电压正常时；或者发电机只发生低电压，但电流正常时，保护都不动作。

由于发电机过负荷时，电压仍然正常，而当发生短路时，通常都伴随着低电压。因此，低电压启动过电流保护电流动作值只需躲过发电机额定电流即可。由于低电压启动过电流保护的电流动作值比普通的过电流保护小，因此，其保护动作的灵敏度高于普通的过电流保护。

低电压启动过电流保护的动作结果：带时限动作于发电机断路器跳闸和灭磁开关跳闸，并宜动作于停机。当发电机电压母线上设有分段断路器时，该保护宜带有两段时限，第一段时限动作于母线分段断路器跳闸，第二段时限动作于停机。

3. 复合电压启动过电流保护

复合电压启动过电流保护（过去亦称为复合电压闭锁过电流保护）一般用于单机容量 3000kW 以上的水轮发电机。复合电压是指两种或两种以上电压共同作用，通常包含负序电压和低电压。当电压中负序电压分量达到一定值，或者发生了低电压，再或者两种情况都发生，则复合电压启动回路启动。

复合电压启动过电流保护的工作原理：只有在复合电压启动回路启动的同时发生过电流，保护才动作。发电机只发生过电流，但电压正常（既没有负序电压分量或负序电压分量小于一定值，又没有发生低电压）时，保护不动作；另外，复合电压启动回路启动，但电流正常时，保护也不动作。

同低电压启动过电流保护一样，复合电压启动过电流保护中电流的动作值只需躲过发电机额定电流即可，因此，其保护动作的灵敏度高于普通的过电流保护。

第三节 发电机的正常运行维护

一、发电机正常运行要求

（1）发电机按照制造厂铭牌规定可长期连续运行。

（2）自然空气冷却的发电机，周围空气应清洁、干燥、无酸性气体，避免灰尘进入，并保有足够的冷却风量。周围冷却空气应不低于 0℃，不能超过 40℃。

（3）定子绕组、转子绕组和铁芯的最高允许温升及温度，不应超出制造厂规定。如制造厂家无明确规定，则按定转子实际绝缘级别考虑，具体见表 3-2。铁芯温度不得高于绕组温度。

表 3-2　　绕组绝缘等级、最高允许温度及允许温升

绝缘等级	Y	A	E	B	F	H	C
最高允许温度/℃	90	105	120	120	155	180	＞180
允许温升/℃	50	65	80	80	115	140	＞140

(4) 输出功率不变时电压的波动为额定值的±5%以内,最高不得超过额定值的±10%,此时励磁电流不得超过额定值。最低运行电压根据系统稳定要求确定,宜不低于额定值的90%,此时定子电流仍不应超过额定值的105%。

(5) 频率波动不超过±0.5Hz时,发电机可按额定容量运行。当频率低于49.5Hz时,应注意转子电流不得超过额定值。严禁机组在低转速下运行。

(6) 发电机严禁缺相运行。在事故条件下允许短时过电流,定子绕组过电流倍数与相应的允许持续时间按《水轮发电机基本技术条件》(GB/T 7894—2009)要求确定,达到允许持续时间的过电流次数每年不超过2次。

(7) 在运行中应保证功率因数为0.8或其他设计值,不应超过迟相的0.95,在运行中应根据机组的进相能力在调度的要求下运行,并注意监测转子电流及定子电流均不应高于允许值。

(8) 制动装置应正常,对于气制动方式机组,制动气压应为0.5~0.7MPa,当机组在额定转速的20%~35%时开始制动,制动时间宜为2min。应避免机组在低转速下长期运行。水斗式水轮机组采用副喷嘴反向冲水制动时,制动时间最长应不超过5min,制动冲水投入和切除的监控装置工作应正常。

二、发电机的正常操作条件

发电机的正常启动、并列、增荷和停机等操作应符合下列条件:

(1) 正常开停机操作应在接到调度命令后,由值班长组织进行。

(2) 备用中的发电机及其附属设备应处于完好状态,保证随时能立即启动。

(3) 机组在大修或小修后,经验收合格方能投入运行。

(4) 当发电机的转速达到额定转速的50%左右时,应检查集电环上电刷振动和接触情况及机组各部件声响是否正常,如不正常,应查清原因并加以消除。

(5) 当机组转速基本达到额定值以后,励磁系统应投入,开始建压。

(6) 发电机在升压过程中应注意:

1) 可控硅励磁的发电机,调节励磁的电位器圈数要适当,圈数过低起励不成功,圈数过高会产生空载过电压。

2) 三相定子电流应等于0,如果定子回路有电流,应立即跳开灭磁开关并停机检查定子回路有否短路,接地线是否拆除等。

3) 检查三相定子电压是否平衡。

4)检查发电机转子回路绝缘电阻。

5)在空载额定电压下,转子电压、电流是否超过空载额定值。若超过,应立即停机检查励磁主回路故障。

(7)如有下列情况之一者,禁止并列合闸,以防非同期并列:

1)同期表回转过快,不易控制时间。

2)指针接近同期标线停止不动。

3)指针有跳动现象。

4)同期表失灵。

5)操作者情绪紧张,四肢抖动。

(8)发电机的解列停机操作应符合下列要求:

1)接到停机命令之后,转移机组的有功、无功负荷,使其接近于0。

2)当有功、无功负荷都接近于零时,跳开发电机断路器。

3)对于可控硅励磁的发电机将手动/自动转换开关置于截止位置,进行续流灭磁。

4)拉开隔离开关。

5)如准备较长时间停机,应测量转子回路、定子回路绝缘电阻,并做好记录。

6)取下操作、信号、合闸回路熔丝。

三、机组检修后的运行要求

机组在大修或小修后,应验收合格后,方能投入运行。验收应符合下列要求:

(1)拆除临时接地线、标识牌、遮栏等,相关设备上无人工作,无杂物及工具遗漏。

(2)定子绕组、转子回路的绝缘电阻应满足要求。

(3)发电机一次、二次回路情况正常。

(4)励磁回路正常,励磁手动、自动切换开关应在截止位置。

(5)发电机隔离开关、断路器、灭磁开关应在断开位置。

(6)立式机组顶转子工作已完成。

四、发电机正常监视和维护要求

发电机正常监视和维护应满足下列要求:

（1）监视集控台、电气盘柜上各表计的变动情况，应每小时记录 1 次。

（2）定子绕组、定子铁芯、空冷器出水、进出口风、轴承等温度，应每小时记录 1 次。

（3）转子绕组温度可由电流、电压法测得，单机容量为 25MW 以上的电站，每月应测量 1 次，单机容量为 25MW 及以下的电站，每月宜测量 1 次。

（4）励磁回路的绝缘电阻，单机容量为 25MW 以上的电站，每班应测量 1 次，单机容量为 25MW 及以下的电站，每班宜测量 1 次。

（5）电气仪表读数应每小时记录 1 次，并应对转子的绝缘和定子三相电压平衡情况进行检查。

（6）微机监控的电站，宜做好每小时记录。

（7）监视发电机、励磁系统等转动部分的声响、振动、气味等，发现异常情况应及时处理并汇报。

（8）检查一次回路、二次回路各连接处有无发热、变色，电压、电流互感器有无异常声响，油断路器的油位、油色是否正常等。

（9）发电机及其附属设备应定期检查，每班至少进行 1 次。

（10）发电机应定期进行预防性试验，试验周期及项目按《电力设备预防性试验规程》（DL/T 596—1996）规定进行。

五、发电机绝缘电阻测定和干燥要求

发电机绝缘电阻测定和干燥应满足下列要求：

（1）按电站实际环境气候情况，对停机 3～10 天以上的发电机，在启动前应测量定子回路、转子回路的绝缘电阻。

（2）发电机出线电压为 6.3kV 及以上的高压机组，定子回路的绝缘电阻用 2500V 的兆欧表测量，为便于比较，应将测量数据转化成 75℃时的数据；测量定子绕组绝缘电阻时，可包括电力电缆；若为发电机—变压器组接线时，可包括变压器的低压绕组。

（3）发电机出线电压为 400V 的机组，定子、转子回路的绝缘电阻可用 500V 兆欧表测量，其绝缘电阻值应在 0.5MΩ 以上。

（4）全部励磁系统的绝缘电阻，用 500V 兆欧表测量，其绝缘电阻值应在 0.5MΩ 以上。

(5) 因受潮引起的绝缘电阻不符合要求时，必须对发电机进行干燥，干燥方法包括：①自然空转风冷法或通热风干燥法；②直流电干燥法；③灯泡干燥法；④电炉烤烘法；⑤短路干燥法。

发电机短路干燥时应注意：

1) 短路烘干时，加热温度不得过快，同时定子绕组温度不得超过 90℃，铁芯表面温度不得超过 60℃。绕组和铁芯不应有局部过热、焦味和冒烟等异常现象。

2) 干燥过程中经常检查定子绕组的温度。

3) 定时测量绝缘电阻，当绝缘电阻和吸收比在 3h 以上保持不变时，绝缘电阻达到规定的要求，可认为发电机已烘干。

六、发电机短时间过负荷

发电机在正常情况下，不允许过负荷运行；在事故情况下，允许发电机短时间过负荷，其过负荷允许持续时间应符合表 3-3 的要求。

表 3-3　　　　　　　　发电机短时间过负荷允许持续时间

过负荷电流/额定电流	1.1	1.12	1.15	1.20	1.25	1.5
允许持续时间/min	60	30	15	6	5	2

当发电机定子电流超过允许值时，应检查发电机的功率因数、电压、电流超过允许值的时间。通过降低励磁电流使发电机定子电流不超过最大允许值。降低励磁电流不能满足要求时，应报告调度，要求降低有功负荷，直至达到电流许可值。1.5 倍过负荷电流每年不允许超过 2 次。

七、励磁系统正常运行要求

(1) 屏柜整洁，无积灰。

(2) 接线整齐，线路无异常老化，电缆接头牢固。

(3) 元器件无损坏。

(4) 风机运行正常。

(5) 碳刷完整、良好、不跳动、不过热。

(6) 励磁调节器各项限制功能正常并投入。

八、励磁系统检修维护要求

励磁系统检修维护应按相关规定的要求执行，同时要求：

（1）屏柜及整流元件积尘清扫。

（2）检查励磁系统操作回路。

（3）检查各开关机构。

（4）励磁系统过电压保护、限制及其他辅助功能单元检查。

（5）励磁调节器输入、输出整体性能及移相范围检查。

（6）运行缺陷处理。

第四节 发电机异常运行及事故处理

理论上，设备事故是指工业企业设备因非正常损坏造成停产或效能降低，直接经济损失超过规定限额的行为或事件。实际上，故障和事故的分界线并不是很清晰，从字面上来讲，事故应该比故障更严重一点，场面更猛烈一点，后果更严重一点。在水电站经常发生的事故有机组过速、突然甩负荷、过负荷、异步运行以及电刷严重冒火等。

一、事故处理基本原则

（1）处理事故的主要任务是尽量限制事故的扩大，首先解除对人身和设备的危险；其次，坚持设备继续运行，力求维持整个电力系统的相对稳定。

（2）厂用电是电厂正常生产的先决条件，在全系统崩溃时，运行人员应首先恢复厂用电源。

（3）凡危及人身伤亡和重要设备损坏的事故发生时，运行人员不需要请示调度和厂（站）领导同意，首先进行紧急事故处理，解危后再将有关情况向领导汇报。

（4）处理事故时，值班员应迅速、沉着，不要惊慌失措，集中精力，尽力保持设备的正常运行，并应迅速执行值班长的命令。坚守自己的工作岗位，只有在接到直接领导（班长）的命令或出现对人身和设备安全有明显危害的情况时，方可停止设备运行和离开危险区。

（5）处理事故后，负责人应向电力调度及厂（站）领导汇报事故的详细经过，并作好事故的登记工作。而后应组织有关人员进行事故分析，总结经验，吸取教训，提高运行水平和反事故能力。

（6）事故处理的领导为值班长。值班长必须掌握事故的全面情况。凡不参加处理事故的人员，禁止到事故地点，以免影响事故的处理。

（7）在交接班时发生事故，而交接班工作尚未结束时，由交班者负责处理，接班者在交班者的要求下可协助处理。待恢复正常运行后，方可进行交接班。若事故一时处理不了，在接班者许可时，交班者可离开现场，由接班者继续处理。

（8）事故发生时，值班员必须根据下列顺序消除事故：

1）根据表计的指示和设备的外部征象，判断事故的全面情况。

2）如果对人身和设备有威胁时，应立即解列，必要时停止设备运行。如对人身、设备无威胁时，应尽量保持和恢复设备的正常运行，必要时开启备用机组。

3）正确、迅速地判明故障的性质、地点和范围。

4）对所有未受损失设备，应保持正常运行。

5）在判明故障性质以后，值班员应立即进行抢救。值班员一时不能处理时，应尽快通知检修人员进行抢修。但在检修人员未到之前，应事先做好一切准备工作。

6）事故后应及时、真实地向厂（站）领导汇报。

7）将事故情况、抢修情况详细记入运行日志。

二、发电机异常运行及事故处理

1. 发电机异常运行及事故处理内容

（1）发电机过负荷时，应与调度联系减少无功负荷；若减少励磁电流不能使定子电流降到额定值，则必须降低发电机有功负荷；如发生电力系统事故，则要遵守发电机事故过负荷规定，并严格监视定子线圈温度。

（2）励磁系统一点接地时，应停机处理。

（3）发电机温度不正常时，应检查测温装置和所测部件是否正常。

（4）电压互感器回路故障时，应检查二次回路熔丝；如处理二次熔丝不能消除故障，应申请停机处理。

（5）发电机操作电源消失时，应检查发电机操作电源熔丝是否熔断；操作回路监视继电器是否断线；接线端子是否松动；发电机断路器跳闸、合闸线圈是否断线，辅助触点是否接触不良。如故障无法排除，应停机处理。

（6）发电机断路器自动跳闸时，应检查是否为定子绕组短路或接地短路；发电机出线、母线或线路短路；继电保护装置及断路器操动机构误动作或值班人员误碰触。应立即断开发电机灭磁开关，以防过电压，并将手动/自动励磁控制开关转至截止位置。查明原因，并处理。

（7）低压过流保护动作，发电机断路器跳闸，同时主变断路器、线路断路器也因过流而同时跳闸，则说明是由于线路事故而引起。运行人员可不经检查将机组启动升压，维持空载位置，等调度命令送电。

（8）差动保护动作，应立即停机灭磁，检查故障指示、差动回路、继电保护动作是否正确；检查发电机是否有内部绝缘击穿而引起的弧光、冒烟、着火等现象；检查差动保护范围内的设备如电压互感器、电流互感器、定子出线、电缆头等的短路、接地情况；用2500V兆欧表测量发电机线圈绕组相间及相对地的绝缘电阻。经检查未发现故障点，则说明绝缘电阻良好，可报告调度，从零起升压，在零起升压过程中应特别注意，发现异常立即停机；差动跳闸在未找出原因时，绝对不能开机强送。

（9）过电压保护动作时，查明过电压跳闸原因，除特别严重的飞车事故要检查机组绝缘外，可立即升压、并列。

（10）发电机断路器误动作，应立即调整发电机励磁及转速至空载位置，并检查误动作原因，确认系误碰、误操作，可立即并入系统运行。

（11）发电机的非同期并列，应测量发电机定子绕组的绝缘电阻，检查发电机端部绕组有无变形，查明原因，如发电机机电部分正常，再启动、升压、并列。

（12）发电机无法升压，应检查励磁系统电源和励磁回路接触情况。

（13）双绕组电抗分流励磁装置故障，应停机，逐项检查，消除故障。

（14）出现下列情况，应停机处理：

1）无刷励磁系统不能建压。

2）可控硅自励系统不能建压。

3) 发电机失去励磁。

4) 发电机定子、转子冒烟、着火或有焦臭味。

5) 滑环碳刷有强烈火花并经过处理无效。

6) 电气部分及线路发生故障不能恢复。

7) 金属性物件等异物掉入发电机内。

（15）当发电机发生振荡时，应尽快增加发电机励磁电流来创造恢复同期条件，适当降低负荷，以尽快恢复同期。整个电厂与系统失去同步时，除了设法增加各机组的励磁电流外，在无法恢复同步时，经 2min 后，将电厂与系统解列。

（16）当定子或转子的测量仪表指示突然消失时，应按其他测量仪表的指示，检查是否由于仪表或二次回路导线损坏而不通，宜不改变发电机的运行方式，采取措施以消除故障。

（17）当发电机着火时，应立即将发电机断路器跳闸；关小导叶开度，但不能制动停机，如确认发电机内部绝缘烧坏，应停机，采取消防措施减轻危害。值班人员应按《电业安全工作规程（发电厂和变电所电气部分）》（DL 408—91）规定用不导电的灭火器进行灭火；如确定电源已经切断，可用水灭火装置进行灭火。

2. 励磁系统故障处理

励磁系统出现下列故障时应退出运行：

（1）装置或设备的温度明显升高，采取措施后仍然超过允许值。

（2）系统绝缘下降，不能维持正常运行。

（3）灭磁开关、磁场断路器或其他交直流开关触头过热。

（4）整流功率柜故障不能保证发电机带额定负荷和额定功率因数连续运行。

（5）冷却系统故障，短时不能恢复。

（6）励磁调节器自动单元故障，手动单元不能投入。

（7）自动通道长期不能正常运行。

3. 部分故障原因分析及处理办法

（1）水轮发电机组过速。

可能原因：机组出现突然甩负荷或调速器失灵现象，机组有高速转动的声音，调速器频率表指示偏高，控制屏上相关表计指示异常。

处理办法：监视机组保护动作及自动情况，若自动保护功能失效应尽快手动干预，调速器自动操作失效，应立即手动关闭导叶。油槽油位过低，应设法恢复，若不可恢复，必须关闭主阀停机。

（2）水轮发电机组突然甩负荷。可能原因：系统事故导致紧急停机电磁阀动作；本机故障或事故机组保护动作，使紧急停机电磁阀动作；调速器失灵现象。

处理办法：如因系统故障导致全厂机组解列，应监视各机组的自动保护功能，并维护厂用电不中断，待系统事故消除后并网，如因本机故障或事故时，应迅速查明故障或事故原因所在并尽快消除，检查调速器失灵原因并检修。

（3）水轮发电机异步运行。水轮发电机异步运行通常由系统发生严重短路事故或者发生发电机突然减少励磁等因素引起，异步运行的同步发电机会出现以下现象：

1）电压表指针剧烈摆动。

2）功率表指针上下全盘摆动。

3）三相定子电流指针来回剧烈摆动，摆动数值比较大。

4）励磁电流表指针处于正常值附近摆动。

5）发电机发出有节奏的鸣声，并与各个仪表的摆动合拍。

发电机出现异步运行后，值班人员应该采取以下措施：

1）有自动励磁调整的发电机，应该立即并尽可能地增加励磁电流，相应地减少负荷，为恢复同期创造有利条件。

2）无自动励磁调整的发电机应该立即减少有功负荷，并减少磁场变阻器的阻值，增加励磁电流。

3）当采取了以上两种措施后，如果不能恢复同期的，则根据现场规程规定，经一定时间后，将发电机同系统解列。

（4）电刷严重冒火。

原因分析：①电刷接触面积太小、弹簧压力不足或接触不良；②电刷位置不正确，电刷中心线外移；③电刷牌号不符或尺寸不适合；④电刷接触不良，这多数是滑环表面有严重积垢或刷迹，以及电刷太短或破裂等情况引起；⑤转子励磁绕组存在短路；⑥发电机振动严重。

处理办法：①处理好电刷接触面并调整弹簧压力；②可采用感应法调整

电刷中心线位置；③立即更换合格的电刷；④积垢或刷迹可用酒精或工业用汽油擦拭，更换新电刷时应将新电刷底部磨得和换向器或滑环的弧度相符；⑤迅速查明绕组的短路点，并将故障消除；⑥处理办法见前述振动处理方法。

第四章 变压器运行维护

第一节 变压器概述

电力变压器是一种静止的电器，它利用电磁感应原理工作。通过线圈间的电磁感应作用，把一种电压的电能转换为同频率的另一种电压的电能，将电能电压升高或降低，故称变压器。实际上，它在变压的同时还能改变电流，以利于电能的合理输送、分配和使用。

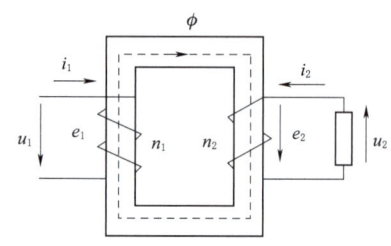

图4-1 单相变压器工作原理

电力变压器按相数分，有单相和三相两大类。变压器的主要部件是一个铁芯和套在铁芯上的两个绕组。图4-1为最简单的单相变压器工作原理。其铁芯是一个闭合的磁路，接电源的一个线圈称为原绕组（又称一次绕组或初绕组），另一个线圈接负载称为副绕组（又称二次绕组或次绕组）。若在副绕组两端接上一个灯泡作为它的负载，当一次侧绕组与交流电源接通时灯泡就会发光。这就是互感现象，变压器即按此理论制作。

变压器在改变电压高低、电流大小的同时也传递了能量。若忽略变压器内部损耗，可认为变压器输出功率与输入功率相等。简言之，变压器的主要作用是变换电压、传送电能。图4-2为某水电站主变压器。

一、变压器结构

变压器基本结构包括铁芯和绕组两大部分。水电站常用三相油浸式变压器，如图4-3所示。三相油浸式变压器将铁芯和绕组浸在盛满绝缘油的变压器油箱中，油箱侧壁有冷却用的管子（散热器或冷却器）；有各种绝缘材料，如绝缘油、绝缘纸、环氧制品、绝缘漆、电瓷、布带、黄蜡管、黄蜡绸、木材等组成变压器的绝缘；设有由储油柜、油位计、吸湿器等构成的油保护装置，由安全气道、压力释放阀、瓦斯气体继电器等组成安全保护装置；温度计或温度信号器具安装在油箱盖上测温孔内测量变压器顶层油

图4-2　某水电站主变压器

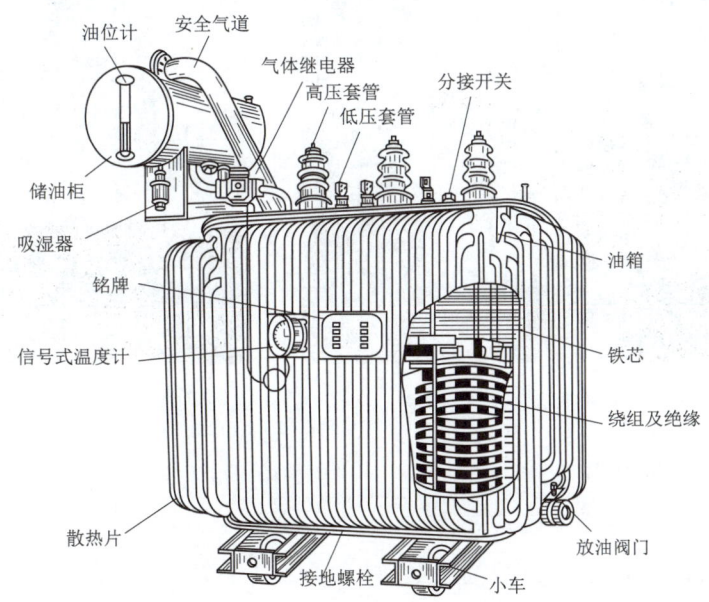

图4-3　三相油浸式变压器结构示意图

温；中小型变压器（容量在8000kVA及以下）一般采用油浸自冷方式冷却；当变压器容量超过10000kVA时采用油浸风冷或强迫油循环水冷却方式，并在变压器外面另装冷却风扇或油泵和水泵等冷却装置。

1. 铁芯

铁芯是变压器的磁路部分，为了提高导磁性能，减少铁损，一般用0.35～0.5mm厚的表面涂有绝缘漆的硅钢片叠制而成，基本形式有心式和壳式等。

2. 绕组

变压器的绕组，一般用绝缘扁线或圆铜线绕成，分高压绕组和低压绕组。根据高压、低压绕组的相对位置，绕组可分为同心式和交叠式两种类型。图4-4为某电站主变压器返厂维修中的铁芯和线圈。

3. 油箱

铁芯、绕组和分接开关放置在油箱内，并注满变压器油，变压器油起着绝缘和传热的作用。油箱有两种基本形式：桶式油箱的箱沿位于油箱上部，箱盖是平的；钟罩式油箱的箱沿位于油箱下部，箱盖像钟罩。图4-5为钟罩式油箱。

图4-4 变压器的铁芯和线圈

图4-5 钟罩式油箱

4. 散热器或冷却器

变压器运行时会产生热量，为防止温升过高，必须把绕组损耗和铁芯损耗产生的热量散出。较小容量的油浸式变压器，其油箱壁压成瓦楞型或在油箱外面加焊扁管以增加散热面积；较大容量的油浸式变压器，其油箱外面装设有几组空气自冷的散热器；容量更大的油浸式变压器可在散热器上加风扇（油浸风冷）或用油泵使变压器油加速循环（强迫油循环风冷）。

5. 储油柜、吸湿器

储油柜（又名油枕）的作用是为变压器油提供一个热胀冷缩的空间，减小油面与空气的接触面积，以防油受潮和氧化。

吸湿器是一个玻璃圆筒，内装硅胶或氯化钙等吸湿物质，有小管通油枕上部空间，下部与大气相通，油枕是经过吸湿器（也称呼吸器）与外界空气连通的，空气必须经过吸湿器吸除水汽后进入油枕。图4-6为某变压器吸湿器。

6. 套管

变压器绕组引出线由变压器套管引出至油箱的外面，套管使引出线与油箱盖之间绝缘。

7. 分接开关

变压器按电压调节方式分为有载调压（即带电切换分接开关）和无载调压（即不带电切换分接开关）两种。

变压器高压绕组一般设有分接头（又名抽头），通过改变分接头的位置，可改变高压绕组的有效匝数，从而改变变压器变比，以调节变压器输出电压。图4-7为小型油浸式变压器无载调压示意图。

图4-6 吸湿器

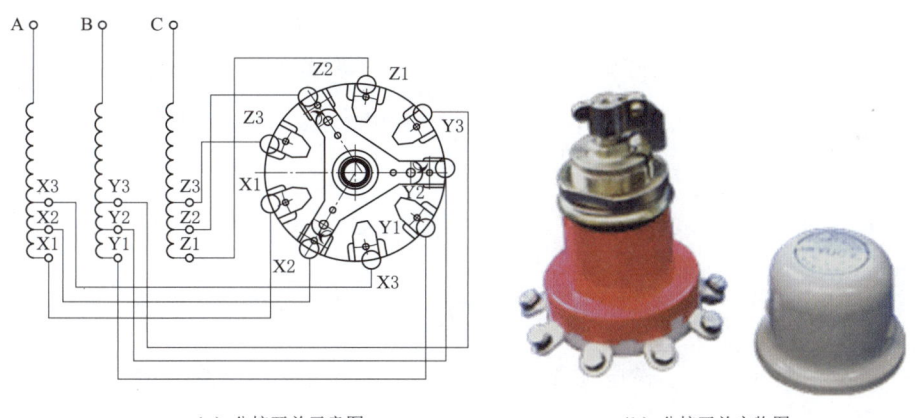

（a）分接开关示意图　　　　　　（b）分接开关实物图

图4-7 小型油浸式变压器无载调压示意图
（a）分接开关示意图；（b）分接开关实物图

对Yy或Dd接线的变压器，变压比等于绕组的匝数比；对Dy或Yd接线的变压器，变压比不等于绕组的匝数比。

8. 气体继电器、防爆管

气体继电器（又称瓦斯继电器），位于储油柜与箱盖的联管之间，作为变压器内部故障的保护装置，其安装如图4-8所示。变压器内部发生故障时（如绝

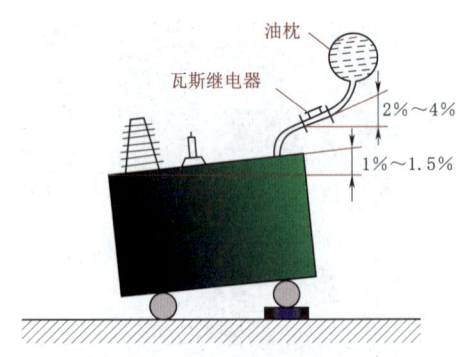

图 4-8 瓦斯继电器安装示意图

缘击穿、匝间短路、铁芯事故等），高温使油箱中的变压器油分解成气体，进入瓦斯继电器上部，若故障轻微则产生气体少，仅使瓦斯继电器上触点闭合称为轻瓦斯动作，发出预警信号；故障严重时，产生大量气体，瓦斯继电器下触点也闭合（称为重瓦斯动作），发出事故信号，并跳开变压器各侧断路器。

防爆管（又名安全气道），位于变压器的顶盖上，其出口用玻璃防爆膜封住，下部与油箱连通。当变压器内部发生严重故障，油箱内部的气体便冲破防爆膜从安全气道喷出，保护变压器不受严重损害。

二、变压器技术参数

变压器在规定的使用环境和运行条件下，主要技术数据一般都标注在变压器的铭牌上，主要包括：额定容量、额定电压、额定频率、绕组连接组以及额定性能数据（阻抗电压、空载电流、空载损耗和负载损耗）和总重。

1. 额定容量 S_N （kVA）

额定容量指铭牌规定的额定电压、额定电流下连续运行时能输送的容量（视在功率）。

2. 额定电压 U_{1N}、U_{2N} （kV）

原绕组额定电压 U_{1N} 指电源加到原绕组上的额定电压。副绕组额定电压 U_{2N} 指变压器原绕组加上额定电压 U_{1N} 后，副绕组空载时两端的电压。在三相变压器中 U_{1N}、U_{2N} 指的均是线电压。变压器的额定电压指变压器长期工作所能承受的最大电压（kV），是指变压器的线电压。

3. 额定电流 I_{1N}、I_{2N} （A）

一次绕组额定电流 I_{1N} 是根据变压器额定容量和额定电压确定的，在设计时还必须考虑变压器长期工作和容许温升而规定最大电流值；二次绕组额定电流 I_{2N} 是指二次绕组在长期工作和容许温升下允许通过的最大电流值；I_{1N}、I_{2N} 均指线电流。

4. 空载损耗（kW）

当以额定频率的额定电压施加在一个绕组的端子上，其余绕组开路时变压器所吸取的有功功率称为空载损耗。其与铁芯硅钢片性能、制造工艺及施加的电压有关。空载损耗近似等于铁损，占额定容量的 0.2%～1%，而且随变压器容量的增大而下降。为减少空载损耗，改进设计结构的方向是采用优质铁磁材料，如优质硅钢片、激光化硅钢片或应用非晶态合金等。

5. 空载电流 I_0

当变压器在额定电压下二次侧空载时，一次绕组中通过的电流称为空载电流。空载电流大小与电源电压和频率、线圈匝数、磁路材质及几何尺寸有关，一般以额定电流的百分数表示：

$$I_0(\%) = \frac{I_0}{I_N} \times 100\% \qquad (4-1)$$

6. 负载损耗（kW）

把变压器的二次绕组短路，在一次绕组额定分接位置上通入额定电流，此时变压器所消耗的功率称为负载损耗。

7. 阻抗电压

当变压器二次侧短路，一次侧施加电压使其电流达到额定值时，此时所施加的电压称为阻抗电压（U_k），也叫短路电压，变压器从电源吸取的功率称为短路损耗。一般以额定电压的百分数表示。

8. 相数和频率、温升

变压器型号 S 开头表示三相，D 开头表示单相。我国标准频率 f 为 50Hz。

变压器绕组或上层油温与变压器周围环境的温度之差，称为绕组或上层油面的温升。

9. 绝缘水平

由绝缘等级标准、绝缘水平的表示方法举例如下：高压额定电压为 35kV 级、低压额定电压为 10kV 级的变压器绝缘水平表示为 LI200AC85/LI75AC35，其中 LI200 表示该变压器高压雷电冲击耐受电压为 200kV，工频耐受电压为 85kV，低压雷电冲击耐受电压为 75kV，工频耐受电压为 35kV。

10. 联结组标号

根据变压器一次、二次绕组的相位关系，把变压器绕组联结成各种不同的组合，称为绕组的联结组。高低压绕组分别可以采用星形和三角形联结方法，

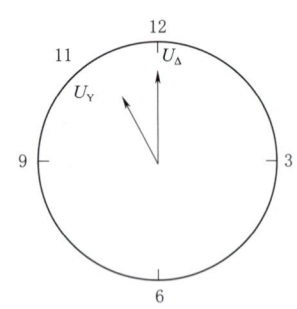

图 4-9 变压器联结组标号时钟表示法

分别用 Y（y）和 D（d）表示。Y 接有中性线的用 Yn（yn）表示。

为了区别不同的联结组，常采用时钟表示法，即把高压侧线电压的相量作为时钟的长针，固定在 12 点上，低压侧线电压的相量作为时钟的短针，看短针指在哪一个数字上，就作为该联结组的标号。如 Dyn11 表示一次绕组是三角形联结，二次绕组是带有中性点的星形联结，组号为 11 点。如图 4-9 所示，表示 y 侧线电压相位超前 D 侧线电压相位 30°。

三相变压器组别种类繁多，在我国，为统一标准，规定只生产五种标准组，即 Yn0、Yd11、Ynd11、Yny0、Yy0，其中前三种最常用。

第二节 变压器继电保护

变压器是重要的电气设备，虽然无旋转部件，运行可靠性较高，但它是一种较为复杂的元件，涉及电场磁场的转换、功率等级、电压等级、谐波含量等不同要素。变压器在运行中遇到的问题复杂多样，系统故障、内部故障及不正常运行状态都可能使它受到损坏，所以必须对变压器装设相应的继电保护装置。瓦斯保护用来反映变压器油箱内部的短路故障以及油面降低；差动保护用于反映电力变压器绕组、套管及引出线发生的短路故障；复合电压闭锁电流保护当变压器主保护或有出线保护拒动时，后备保护将动作；零序保护主变压器中性点接地时零序过电流投入运行，用于反映变压器高（中）压侧，以及外部元件的接地短路；零序电压和间隙电流保护是在主变压器中性点不接地时为防止主变压器过电压而设置的；过负荷保护报出告警信号，提醒值班员注意。

变压器保护装置应满足可靠性、选择性、灵敏性和速动性的要求。

一、变压器的故障类型

电站的变压器分为主变压器和厂用变压器两种。小型水电站主变压器电压等级通常在 110kV 及以下，一般采用三相油浸式电力变压器。油浸式电力变压器的故障通常分为油箱内部故障和油箱外部故障两大类。

1. 变压器油箱内部故障

变压器油箱内部的故障主要有：绕组的相间短路、绕组匝间短路、单相接地和铁芯故障等。严重的内部短路故障点的高温电弧不仅会烧毁变压器的绝缘和铁芯，而且可能还会由于绝缘材料和变压器在高温电弧作用下强烈气化引起油箱爆炸。

变压器内部发生严重故障时，应瞬时停止变压器运行；内部发生轻微故障（如铁芯局部硅钢片片间绝缘损坏，内部轻微放电等）时应发出报警信号。图4-10为某变压器油箱内部绕组故障，事故发生时轻瓦斯发出报警信号。

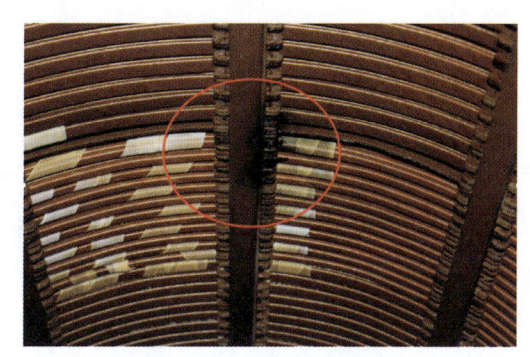

图4-10 变压器绕组故障

2. 变压器油箱外部故障

变压器油箱外部的故障主要有：变压器引出线间的相间短路、单相接地和变压器绝缘套管闪络、破碎等。此外，因相邻设备发生短路引起的变压器过电流，在变压器保护配置时也应列入变压器油箱外部故障类型来考虑。

二、变压器异常运行

油浸式电力变压器的异常运行情况主要有以下几种。

1. 变压器过负荷

变压器超过额定容量运行的情况称为变压器的过负荷。短时间的过负荷是允许的，但长时间的过负荷运行会使变压器的绝缘加速老化，进而发展成其他故障。

2. 变压器油位下降

油浸式电力变压器内部充满了变压器油，变压器油作为变压器内部的绝缘介质和冷却介质。变压器在运行过程中，可能由于漏油等原因引起油位下降。当变压器油位下降到一定程度时，绕组和铁芯就可能裸露在空气中。

3. 变压器温度升高

变压器因通风不畅、长时间过负荷或冷却系统故障等原因可能引起温度升高。温度升高会导致绝缘材料加速老化，进而发展成其他故障。

三、变压器保护配置

对于上述故障和异常工作状态及容量等级和重要程度，须配置相应的保护。下面介绍主变压器常见的保护配置情况。

（一）油箱内部故障的保护配置

针对变压器内部故障的程度和故障类型的不同应配置合适的保护。当变压器内部发生严重故障时，保护应瞬时停止变压器运行；当内部发生轻微故障时，保护应发出报警信号。反应绕组相间短路等需要立即停止变压器运行的严重故障，不仅需要设置主保护，还需要设置当主保护拒动时动作的后备保护。

1. 内部严重故障保护配置

（1）主保护。反应变压器内部严重故障的主保护通常有：反应变压器内部产生气体的速度和油流速度的重瓦斯保护和反应电流变化的电流速断保护或差动保护。

主保护用于反应变压器内部的绕组相间短路、严重的匝间短路、单相接地短路和铁芯严重损坏等故障。主保护作用于变压器各侧断路器瞬时跳闸。对于容量 800kVA 及以上的油浸式变压器和户内 400kVA 及以上的变压器，应装设瓦斯保护。容量为 2000kVA 及以上的变压器，反映电流变化的主保护一般采用差动保护；容量为 2000kVA 以下的小型变压器，反映电流变化的主保护一般采用电流速断保护，但当灵敏度不能满足要求时，应采用差动保护。

（2）后备保护。为反应外部相间短路引起的过电流和作为气体、差动保护（或电流速断保护）的后备保护，应装设过电流保护（普通的过电流保护或复合电压启动过电流保护）。后备保护作用于变压器各侧断路器延时跳闸。作为后备保护，只有当主保护拒动时才应动作，因此，后备保护的动作时间比主保护延时一个时间级差。

2. 内部轻微故障保护配置

变压器内部发生的轻微故障，如铁芯局部硅钢片片间绝缘损坏、绕组轻微的匝间短路和变压器内部轻微放电等，对于容量为 800kVA 及以上的油浸式电力变压器，一般都设置有瓦斯继电器，这种情况下，由根据变压器内部的气体数量决定是否动作的轻瓦斯保护来反映。保护动作于发信号。

（二）变压器油箱外故障的保护配置

针对变压器引出线间的相间短路、变压器接于中性点直接接地电网中的单相接地短路等需要停止变压器运行的故障，一般也要设置主保护和后备保护。

（1）主保护。反应变压器油箱外部严重故障的主保护一般采用电流速断保护或差动保护。主保护作用于变压器各侧断路器瞬时跳闸。反应变压器油箱外部故障的主保护与通过电流变化来反映变压器内部故障的主保护共用同一套保护。

（2）后备保护。反应变压器外部严重故障的后备保护一般采用过电流保护（普通的过电流保护或复合电压启动过电流保护）。后备保护作用于变压器各侧断路器延时跳闸。油箱外部严重故障和油箱内部严重故障的后备保护采用同一套保护。该保护也作为相邻设备主保护的后备保护。

对于变压器绝缘套管闪络、破碎等外部故障，一般不设置专门的保护，由电气值班人员通过巡视检查发现。但当绝缘套管闪络、破碎等导致引出线相间短路或接地短路时，上述保护会动作。

（三）过负荷保护配置

变压器过负荷保护作用于延时发信号。过负荷通常是三相对称的，因此，过负荷保护一般采用单相式接线方式。

（四）油位下降保护配置

变压器内部油位下降由根据变压器内部的气体数量决定是否动作的轻瓦斯保护来反应。保护动作于发信号。

（五）温度高的保护配置

变压器在运行中，由于过负荷、冷却系统故障等原因会导致温度升高。一般由设置在变压器本体的带有触点的温度计来反映变压器的温度。当温度升高到一定程度时，温度计内的触点闭合，接通相关的报警系统。

四、变压器差动保护

差动保护能正确区分被保护元件保护区内、外故障，并能瞬时切除保护区内的故障。变压器差动保护用来反应变压器绕组、引出线及套管上各种短路故障，是变压器的主保护。差动保护是一种反映电气量的保护，而同样作为变压器内部故障主保护的瓦斯保护，是一种反映非电气量的保护。差动保护的动作结果：作用于变压器各侧断路器瞬时跳闸。

变压器差动保护的工作原理与发电机差动保护基本一样。变压器差动保护是根据变压器各侧相同相的电流之差 ΔI，在变压器正常运行时和保护范围外发生相间短路故障时与保护范围内发生相间短路故障时的不同来实现的。

由于变压器存在励磁涌流，以及各侧一次电流大小不等、相位不同等原因，变压器纵差保护的不平衡电流远大于发电机等其他一次设备的纵差保护，在考虑接线方式和整定计算时要特别注意。

五、瓦斯保护（气体保护）

变压器差动保护虽然能保护变压内部和外部故障，动作迅速，灵敏系数高，但接线复杂，多用于大容量重要的变压器，作为主保护。它并不能保护所有内部故障，如变压器油面降低、匝间短路等，因为匝间短路电流常小于动作电流，因此，常采用气体保护作为主保护，对变压器内部故障进行全面保护。瓦斯保护，也称为气体保护，瓦斯保护是变压器内部故障的主保护。

变压器瓦斯保护是根据变压器内部气体数量的变化情况实现的。当变压器内部无任何故障或异常情况时，变压器内部产生的气体几乎为 0，瓦斯保护不动作；而当变压器内部发生绕组短路、放电和铁芯损坏等故障时，变压器油和其他绝缘材料分解出气体，这些气体由油箱向油枕上部，故障越严重，产生气体越多，流向油枕的气流速度越快，利用这种气体实现的保护称为气体保护，也称瓦斯保护动作。

根据反映变压器内部故障或异常的严重程度，瓦斯保护分为重瓦斯保护和轻瓦斯保护两种。

1. 轻瓦斯保护

轻瓦斯保护是根据变压器内部气体数量的多少决定是否动作的。当变压器内部发生局部放电或铁芯局部发热等轻微故障时,产生气体的速度较慢。但只要故障存在,气体就会不断地产生,慢慢积累,当变压器内部的气体含量达到一定值(轻瓦斯保护的动作值)时,轻瓦斯保护动作。此外,变压器因漏油等原因引起油位下降,变压器内部虽不会产生气体,但随着油位的下降,外部空气进入变压器内部,同样会使变压器内部的气体含量增加。当油位下降到一定程度时,轻瓦斯保护动作。轻瓦斯保护的动作结果:瞬时发出预告信号。

2. 重瓦斯保护

重瓦斯保护是根据变压器内部产生气体的速度决定是否动作的。当变压器内部发生相间短路等严重故障时,短路所产生的高温电弧使周围的变压器油快速分解成各种气体。大量的油气混合物常沿着油箱与油枕间的连接管(瓦斯继电器安装在该连接管的中间位置),从油箱向油枕流动,当流速达到一定程度时,重瓦斯保护动作。重瓦斯保护的动作结果:瞬时作用于变压器各侧断路器跳闸。图 4-11 所示为瓦斯继电器基本结构。

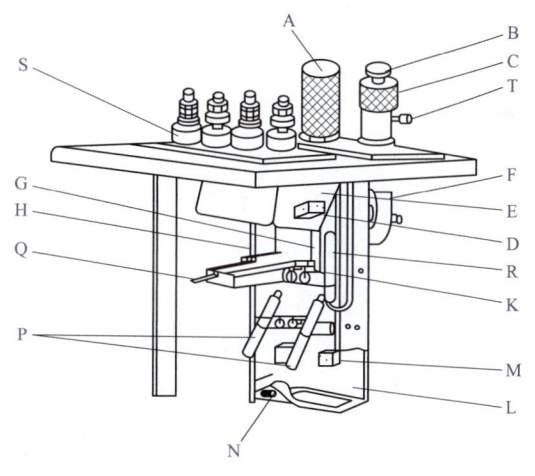

图 4-11 瓦斯继电器基本结构
A—罩;B—顶针;C—气塞;D—磁铁;E—开口杯;
F—重锤;G—探针;H—支架;K—弹簧;L—挡板;
M—磁铁;N—螺杆;P—干簧接点(跳闸用);
Q—调节杆;R—干簧节点(信号用);
S—套管;T—嘴子

六、变压器电流速断保护

对于容量较小的变压器,可在电源侧装设电流速断保护。它与气体保护互相配合,可以保护变压器内部和电源侧套管及引出线上全部故障。

七、变压器相间短路的后备保护

在变压器主保护范围外发生故障而故障设备的保护或断路器拒绝动作时,将会引起变压器过电流。为此,变压器通常设置有过电流保护,它是变压器主保护的后备保护,又是相邻母线或线路的后备保护。

根据变压器容量和用途等的不同,变压器过电流保护分为:一般过电流保护、低电压启动过电流保护和复合电压启动过电流保护等。

变压器过电流保护作用于各侧断路器延时跳闸。

八、变压器异常运行的保护

变压器的异常运行情况主要有:过负荷、变压器内部温度高和油箱内油位下降等。

1. 变压器过负荷保护

变压器短时间的过负荷是允许的,但长时间的过负荷会使其绝缘加速老化,缩短其使用寿命。由于变压器过负荷通常都是三相对称的。因此,过负荷保护采用单相式接线,保护作用于延时发出"变压器过负荷"的预告信号。

2. 变压器温度保护

变压器运行时内部温度升高,会使变压器的绝缘加速老化,缩短变压器的使用寿命。变压器温度保护作用于瞬时发出"变压器温度高"的预告信号。

3. 变压器油箱内油位下降的保护

变压器油箱内油位下降,会使空气进入变压器内部,从而使变压器内部绝缘下降。油位下降到一定程度时,绕组和铁芯会裸露在空气中,有可能引起相间短路等其他故障。

变压器油箱内油位下降的保护由轻瓦斯保护承担,保护作用于瞬时发出"轻瓦斯"的预告信号。

第三节 变压器的正常运行维护

变压器与其他电气设备相比,由于没有转动部分,故障概率比较小。但是变压器一旦发生故障,则会中断对部分用户的供电,且修复时间较长,造成严重的经济损失。为了确保变压器的安全稳定运行,运行人员要加强巡视检查,做好日常维护工作,及时发现设备隐患,将事故消灭在萌芽状态。

一、变压器本体投入运行前有关规定

1. 变压器投运前检查

变压器投入运行之前,应检查变压器保护装置是否在良好状态,是否具备

带电运行条件。具体检查如下几项：

（1）检查变压器各侧送电范围内确无接地短路线。

（2）变压器外壳接地应良好，各部清洁，无工具杂物等遗留在设备上。

（3）变压器本体应无缺陷。各部及阀门无渗、漏油现象；各阀门开闭正确；瓷瓶无裂纹、破损；各连接部位连接紧固，无松动现象；防爆膜完好无损等。

（4）电压分接头位置正确。

（5）冷却装置完整且启动、停止正常。

（6）油位计及套管油位处于正常范围内。

（7）温度计及其他测量装置应完整，无异常。

（8）硅胶干燥无变色。

（9）保护及自动装置应完整且动作正确。

2. 备用变压器

运用中的备用变压器应随时可以投入运行。长期停运者应定期充电，同时投入冷却装置。

3. 其他相关规定

（1）在110kV及以上中性点有效接地系统中，投运或停运变压器前，必须先将中性点接地。投入变压器后再根据系统需要决定是否拉开变压器中性点接地开关。

（2）变压器检修及长期停用（半个月以上）后，在投入运行前，应测量各线圈之间和线圈与外壳之间的绝缘电阻。绝缘电阻降低至原来的50%以下时，应测量变压器的$\tan\delta$和吸收比（$R_{60''}/R_{15''}$）并取油样试验。

（3）新装、大修、事故检修或换油后的变压器，在施加电压前静止时间应符合以下规定：110kV及以下变压器，静止时间大于24h；220kV变压器，静止时间大于48h；500kV变压器，静止时间大于72h。

二、变压器日常巡视类型及内容

1. 例行巡视

例行巡视是指对站内设备及设施外观、异常声响、设备渗漏、监控系统、二次装置及辅助设施异常告警、消防安防系统完好性、电站运行环境、缺陷和隐患跟踪检查等方面的常规性巡查，具体巡视项目按照现场运行规程执行。

(1) 油温是否正常,有无渗油、漏油,储油柜油位与温度是否对应。

(2) 套管外部是否清洁、油位正常,有无破损裂纹、放电现象。

(3) 变压器声音是否均匀、有无异常响声。

(4) 主导流触点有无发热现象。

(5) 散热器温度是否均匀,温度计指示是否正确。

(6) 风扇电动机运转是否正常。

(7) 防爆管隔膜是否完整,呼吸器是否堵塞,干燥剂是否失效(变色不超过 2/3)。

(8) 气体继电器内是否充满油,无气体存在。

(9) 接地装置是否良好。

(10) 各控制箱和二次端子箱、机构箱是否关严,有无受潮,温控装置工作是否正常。

2. 全面巡视

全面巡视是指在例行巡视项目基础上,对站内设备开启箱门检查,记录设备运行数据,检查设备污秽情况,检查防火、防小动物、防误闭锁等有无漏洞,检查接地网及引线是否完好,检查电站设备厂房等方面的详细巡查。

变压器的全面巡视应在例行巡视的基础上增加以下内容:

(1) 变压器室的门、窗、照明是否完好,房屋是否漏水,温度是否正常。

(2) 外壳及箱体有无异常发热。

(3) 各种标识是否齐全、清晰。

(4) 消防设施是否完好。

(5) 储油池和排油设施是否完好。

(6) 在线监测装置运行有无异常。

3. 特殊巡视

特殊巡视是指因设备运行环境、方式变化而开展的巡视。在下列情况下应对变压器进行特殊巡视检查。

(1) 新设备或经过检修、改造的变压器在投运 72h 内。

(2) 有严重缺陷时。

(3) 变压器轻瓦斯动作、油温过高、油位异常、过负荷、冷却装置故障等告警信息出现时。

(4)大风时,检查引线有无剧烈摆动或松动,变压器本体上有无杂物飞落;雷雨后,检查变压器各侧避雷器动作情况,套管有无放电闪络,基础是否下沉;大雾时,检查瓷质部分有无闪络放电。

(5)气候冷热变化过大时,应及时察看油位计油面变化情况,有无渗漏油。

(6)高温季节、高峰负载期间,重点检查接触发热情况和加强监视变压器负荷、温度、油位变化。记录过负荷的时间和倍数,冷却系统应运行正常。

三、变压器瓦斯保护运行维护

(1)运行中的变压器瓦斯保护,当进行下列工作时,重瓦斯保护应由"跳闸"位置改接到"信号"位置:

1)变压器进行注油或滤油时。

2)变压器的呼吸器进行畅通工作或更换硅胶时。

3)在气体继电器及其二次回路上工作时。

4)变压器除取油样或在气体继电器上部放气阀放气以外,在所有其他地方打开放气,放油和进油阀门时。

5)开闭气体继电器连接管上的阀门时。

(2)变压器注油、滤油,更换硅胶及处理呼吸器时,在上述工作完毕后,经 2h 试运行后,测量瓦斯保护跳闸连接片输入端对地确无电压后,汇报调度,方可投入瓦斯保护跳闸。

(3)新安装和检修后的变压器,在投入运行时,应将重瓦斯投入跳闸。

(4)运行中的变压器瓦斯保护与差动保护不能同时退出运行。

四、变压器压力释放器运行维护

(1)当变压器内部产生非常压力时,压力释放器自动释放,油箱压力正常后,压力释放器的阀盖应能自动地封闭。

(2)压力释放器动作,阀盖就把指示杆顶起给运行值班人员发"压力释放"信号,信号不能自动复归。须用手动压下复位,此时微动开关动作,也必须手动去扳动扳手使其机械复位,以备下次动作时发信号。

第四节　变压器异常运行及事故处理

一、变压器异常现象及分析

变压器是电力系统中重要且关键的主设备，其稳定性直接关系到电力系统的安全运行。变压器与其他电气设备相比，其故障率相对较低，但是一旦发生故障将会带来极大的危害。

1. 变压器运行声音异常分析

（1）运行时，正常现象是发出连续均匀的"嗡嗡"声，这是由于绕组在铁芯里产生交变磁通。

（2）当变压器过负荷时，会发出沉重电磁的"嗡嗡"声，音量大。在大动力负荷启动时瞬间发出"哇哇"或"咯咯"间歇声。

（3）一般情况下，变压器绕组匝间短路，短路的匝数处油受热，沸腾时能听到变压器发出"咕噜咕噜"的声音，此时，轻瓦斯频繁动作发出信号，最后发展到重瓦斯保护动作，使主变压器高压、低压侧断路器跳闸。

（4）变压器有水沸腾声且温度急剧上升，油位升高，则应判断为变压器绕组发生短路故障或分接开关因接触不良引起严重过热，这时应立即停用变压器。

（5）变压器声音比正常增大且有明显杂音，可能是由于内部夹件或压紧铁芯的螺钉松动，使硅钢片振动增大所致。某些部件因铁芯振动而造成机械接触时，会产生连续的有规律的撞击或摩擦声。

（6）变压器高压套管脏污，或有裂纹时，可听到"咝咝"的连续放电声。

（7）变压器内部放电或接触不良，会发出"吱吱"或"噼啪"声，此时应将变压器停用，检查处理。

2. 油温、油位、油色异常分析

变压器在运行中，运行人员一定要加强对变压器油温、油位的监视。因为，油位过高，容易溢油，造成浪费；油位过低，当低于变压器上盖时，会使变压器引线部分暴露在空气中，降低绝缘强度，有可能造成内部闪络，同时由于增大了油与空气的接触面积，油的绝缘强度迅速降低。

变压器绕组的极限温度规定为105℃，也就是上层油温不应超过85℃，但由于每台变压器的负荷轻重及冷却条件不同，所以油温也不相同，变压器的上层油温应根据变压器现场运行规定具体确定。当处于同一条件下，变压器的温度比平常高出 10℃，或负荷不变情况下，温度持续上升则可判断变压器内部异常。

温度过高的原因有以下几点：

(1) 变压器冷却器循环系统故障。

(2) 变压器室的进出风口阻塞或积尘严重。

(3) 变压器缺油或散热管内堵塞。众所周知，变压器油是变压器内部的主绝缘，起绝缘、散热、灭弧的作用，一旦缺油会使变压器绕组绝缘受潮发生事故，缺油或散热管内阻塞，油的循环散热功能下降，导致变压器运行中温度升高。

(4) 分接开关接触不良。变压器在运行中分接开关往往由于弹簧压力不够，接点接触面积小，有油膜、污秽等原因造成接点接触电阻增大，接点过热。

(5) 铁芯硅钢片间短路。变压器在运行中由于绝缘老化或外力损伤以及穿芯螺丝绝缘老化，绝缘损坏使硅钢片间绝缘，涡流增大，造成局部发热；轻者一般观察不出变压器油温上升；严重时使铁芯过热、油温上升，轻瓦斯保护频繁动作。

(6) 绕组匝间短路，短路电流产生高热使变压器温度升高。

油位异常的原因有以下几点：

(1) 运行中油位计损坏，比如油位计堵塞、呼吸器堵塞、防暴管堵塞等原因会出现假油位。

(2) 变压器严重渗漏或多次检修放油后没有补充；渗漏油的现象比较常见，比如密封不良、胶垫老化都会引起油位异常。

(3) 环境温度较低，油枕容积偏小等会导致油面过低。

由变压器的油色变化分析可得：不同的气体性质一般对应不同的原因，见表 4-1。

表 4-1　　　　　　　　变压器的油色分析

气 体 性 质	原　　因
淡灰带强烈臭味、可燃气体	绝缘纸板损坏
黄色不易燃的气体	木质损坏
黑色或灰色易燃的气体	绝缘油闪络分解
无色、无味、不易燃的气体	变压器内部进入空气

3. 过负荷及处理

变压器正常过负荷控制在规定范围内对变压器危害较小，而事故过负荷将严重减少变压器寿命。在下列情况下不允许变压器过负荷运行：

(1) 持续处于满载运行的变压器。

(2) 变压器冷却系统不正常。

(3) 发生严重渗漏油、内部存在异常或缺陷。

运行人员在运行中如果发现变压器过负荷时，应立即检查各侧电流值是否超过规定值，变压器的油位、油温是否正常，同时将冷却器全部投入运行，并将检查情况汇报给值班调度员。运行人员应向调度申请调整运行方式、调整负荷分配情况。如果属于正常负荷，可根据正常过负荷的倍数确定允许运行时间，并加强监视油位、油温，不得超过允许值，如果超过时间，则应立即减少负荷。如果属于事故过负荷，则过负荷的允许倍数和允许运行时间应依据制造厂的规定执行，如果过负荷的允许倍数和允许运行时间超过允许值，应按规定减少变压器的负荷。并且应对变压器及其相关系统进行全面检查，如果发现异常，应汇报处理。

4. 变压器轻瓦斯保护

变压器轻瓦斯保护动作原因有以下几点：

(1) 变压器内部有轻微故障产生气体。

(2) 变压器内部进入空气，如变压器加油、滤油、更换呼吸器内的硅胶、检修散热器或潜油泵等工作后，都有可能进入空气；变压器新安装或大修时进入空气，修后未完全排出；运行中可能由于密封不严进入空气。

(3) 油位严重降低至气体继电器以下，使气体继电器动作。

(4) 外部发生穿越性短路故障。

(5) 直流多点接地、二次回路短路。

变压器轻瓦斯保护动作处理方法有以下几点：

(1) 当轻瓦斯动作后，此时运行人员应立即汇报调度及有关人员。

(2) 对变压器进行外部检查，进行外部检查前，应检查记录保护动作信号。外部检查的主要内容有电压、电流表指示情况；直流系统绝缘情况；有无其他保护动作信号；同时检查主变压器油温，油位及声音和二次线路检查。具体处理方法有以下 3 点：

1）若外部检查发现有故障和明显迹象，气体继电器内有气体。如果声音、油色异常，上层油温异常升高，变压器有明显故障的，将故障变压器停电检查，取气分析；故障变压器不经检查试验合格，不能投入运行。

2）外部检查无故障现象和异常，取气分析时，气体无色、无味、不可燃，为变压器内部进入空气，变压器可继续运行，但应检查并消除进入空气的根源。

3）外部检查无故障现象和异常，气体继电器内无气体，确定为误动作时，应汇报调控值班人员和有关上级，查明误动的原因并消除之。

二、变压器故障及异常处理

值班人员在变压器运行中发现不正常现象时，应设法尽快消除，并报告上级和做好记录。

（1）变压器出现下列情况之一者，应立即停止运行：

1）变压器内部响声很大，很不均匀或有爆裂声。

2）在正常运行条件下，变压器上层油温异常升高，且不断上升。

3）油枕、防爆管、压力释放阀向外喷油。

4）本体或套管严重漏油，确认油面已急剧下降，致使低于油标的指示限度。

5）线夹松动并严重发热放电。

6）套管发现有严重破损和放电现象。

7）变压器油色变黑，油内出现炭质等。

（2）当发生危及变压器安全的故障，而变压器的有关保护装置拒动时，值班人员应立即将变压器停运。

（3）当变压器附近的设备着火、爆炸或发生其他情况，对变压器构成严重威胁时，值班人员应立即将变压器停运。

（4）变压器油温升高超过制造厂规定的限值时，值班人员应按以下步骤检查处理：

1）检查变压器负载和冷却介质的温度，并与在同一负载和冷却介质温度下正常的温度核对。

2）确定测温装置本身有无问题。

3）冷却装置是否正常，各散热器温度是否一致。

4）检查变压器的负荷和环境温度，并与同条件下的油温核对。若条件相同，而变压器温度比以往高出 10℃时，或负荷不变，而变压器温度不断升高，冷却器和温度计均没有问题，则认为变压器已发生内部故障，此时应立即将变压器停下检修。

（5）当发现变压器的油面较当时油温所应有的油位显著降低时，应查明原因。变压器油位因温度上升有可能高出油位指示极限，经查明不是假油位所致时，则应放油，使油位降至与当时油温相对应的高度，以免溢油。

（6）铁芯多点接地而接地电流较大时，应安排检修处理。在缺陷消除前，可采取措施将电流限制在 100mA 左右，并加强监视。

（7）变压器差动保护动作后按下列要求进行处理：

1）详细检查差动保护范围内的主变压器、断路器、电流互感器、母线、电力电缆、绝缘子等，有无短路或接地情况。

2）用绝缘电阻表测量变压器及所连接设备的绝缘电阻，符合规定的可对变压器作充电合闸试验。

3）充电合闸试验时，如断路器重新跳闸，应查明原因。

（8）变压器重瓦斯继电器动作，若不是由于继电保护或二次回路误动作而引起的，在未查明原因之前，变压器不允许投入运行。

第五章　配电装置运行维护

第一节　配电装置概述

水电站配电装置就是根据水电站电气主接线的连接方式，由开关设备（断路器、隔离开关、负荷开关等）、保护设备（熔断器、避雷器等）、测量设备（电流互感器、电压互感器等）、母线以及必要的辅助设备组成的用以接收和分配电能的装置，是电站电气主接线的具体实现。水电站配电装置的具体布置应满足电力系统正常运行要求，便于检修，不危及人身及周围设备的安全。

一、电能生产特点及电力系统运行要求

1. 电能生产特点

电能生产与其他工农业生产相比，有非常明显的特点：

(1) 与国民经济、人民生活、社会的安全稳定密切相关。

(2) 电能的生产、输送、分配、使用是同时进行的。

(3) 电能以光速传播，过渡过程非常短促。

(4) 自动化程度要求高。

2. 对电力系统运行的基本要求

(1) 保证供电的可靠性。

(2) 保证良好的电能质量。电压、频率和波形是3个主要的电能质量指标。①我国规定额定频率为50Hz，允许的频率偏差为：装机容量300万kW及以上系统为±0.2Hz，300万kW以下系统为±0.5Hz。②用户受电端的供电电压允许的偏差是：35kV及以上，电压偏差不超过额定值的±5%；10kV及以下三相供电的，不超过额定值的±7%；220V单相供电的，不超过额定值的+7%～

－10％。③波形要求是正弦波。

（3）保证电力系统运行的经济性。经济指标有发电厂能源消耗和厂用电率、电力网的线损。

（4）保护生态环境。

二、电气主接线

将所有的电气一次设备按生产顺序连接起来，并用国家统一的图形和文字符号表示的电路，称为电气主接线，又称电气一次接线图。一般在研究电气主接线方案和运行方式时，为了清晰和方便，通常将三相电路图描绘成单线图。在绘制电气主接线全图时，常将互感器、避雷器、电容器、中性点设备等也表示出来。

1. 水电站电气一次和二次电气设备

电气一次设备是直接生产、输送、变换电能的设备。水电站中，除了水轮发电机组和变压器外，断路器、隔离开关、互感器和母线等，均为电气一次设备。

电气二次设备是对电气一次设备和系统的运行状况进行测量、控制、保护和监察、调节的设备。

由电气二次设备按照一定的顺序，通过导体连接起来，构成对电气一次设备进行测量、监视、控制、保护等的电气回路，称为二次回路或二次接线。按功能分类，二次回路包括控制回路、信号回路、测量监察回路、继电保护与自动装置回路、调节回路、同期回路和操作电源等。

2. 对电气主接线的基本要求

水电站发电机、变压器、母线、断路器、隔离刀闸、线路等的连接方式对供电可靠性、运行灵活性及经济合理性等起着决定性作用。对一个电站而言，电气主接线在电站设计时就根据机组容量、规模及电站在电力系统中的地位等，从供电的可靠性、运行的灵活性和方便性、经济性、发展和扩建的可能性等方面，经综合比较后确定。它的接线方式能反映正常运行和事故情况下的供送电情况。

（三）小水电站电气主接线类型

1. 单母线接线

所有电源进线和引出线都连接于同一组母线上。汇流主母线 W 只有一条，在各支路中都装有断路器和隔离开关，正常运行时全部断路器和隔离开关均投入，如图 5-1 所示。

2. 分段单母线接线

分段的单母线接线，包括用隔离开关分段和用断路器分段，如图 5-2 所示。

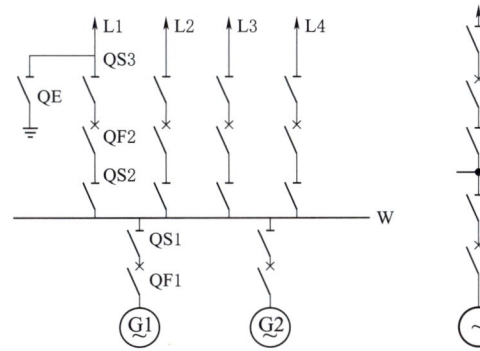
图 5-1　单母线接线方式示意图

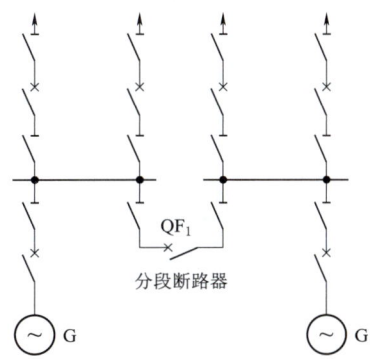
图 5-2　分段单母线接线方式示意图

3. 单元接线

各元件只有纵向联系无任何横向联系的接线称为单元接线，它包括发电机—变压器单元接线、扩大单元接线等，图 5-3 为单元接线方式示意图。

四、配电装置分类

配电装置按其设置的场所不同，可分为户内配电装置和户外配电装置；按其电压等级不同，可分为高压配电装置和低压配电装置；按其结构形式不同，又可分为成套配电装置（开关柜）和装配式。

1. 户外配电装置

屋外配电装置通常适用于 35kV 及以上的电压等级，其结构形式与电气主接线的形式、电压等级、主变容量、重要程度、母线和构架的型式、断路器和隔离开关型式等有着密切关系。

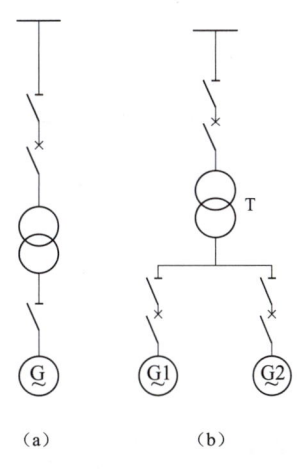
图 5-3　单元接线方式示意图
（a）单元接线；（b）扩大单元接线

2. 户内配电装置

屋内配电装置通常运用于35kV及以下的电压等级，但在繁华城市或污秽严重地区，也有用于110kV电压等级以上的全屋内配电装置。

3. 成套配电装置

成套配电装置是由制造厂按照电气主接线设计要求将同一电路的开关电器、测量仪表、保护电器和辅助设备装在封闭或半封闭柜中，在工厂组装好成套供应的。成套配电装置按用途可分为低压配电屏、高压开关柜和SF_6全封闭组合电器等。

第二节 配电装置正常运行方式

为保证发电厂和电力系统的正常运行，配电装置的正常运行与否关系十分重大。为使配电装置正常运行，必须对配电装置进行定时的维护和管理。配电装置正常运行应符合下列要求：

（1）配电装置外观完好。操作机构性能符合相关要求，无卡阻。

（2）同一电气回路的配电装置相序应一致，并应有明显的色别，A、B、C三相分别标色黄色、绿色、红色。配电装置外壳应接地可靠。

（3）运行中的隔离开关、断路器、母排以及一次系统的其他设备，每班应检查2次。高温、高负荷及存在缺陷的设备应加强巡回检查，如发现危及人身和设备安全时应立即停电检查。

一、断路器的运行与维护

在电力系统的变电、配电设备中，绝大多数情况是由断路器来接通或开断电路的。高压断路器是一种具有灭弧机构的电气设备，可以切断或闭合高压电气回路中的空载电流和负荷电流，在系统发生故障时，可切断故障电流。高压断路器按灭弧介质可分为油断路器、SF_6断路器、真空断路器等，按照操动机构可分为弹簧机构、液压机构、气动机构、电磁操动机构。另外，用断路器与隔离开关相互配合，可进行改变运行方式的操作，达到安全运行的目的。

1. 断路器的操作规定

（1）断路器操作前应检查断路器控制回路、保护回路电源正常，检查断路器操作机构运行正常。

（2）断路器合闸送电或跳闸后试送时，其他人员应尽量远离现场，避免因带故障合闸造成断路器损坏，发生意外。

（3）断路器的就地操作要迅速果断。无自由脱扣机构的断路器，不允许就地操作。

（4）就地操作断路器的方式适用于断路器无运行负荷时，如有条件应该做好防止断路器出现故障而威胁人身安全的有关措施。

（5）禁止手动慢分、慢合断路器的就地操作。

（6）油断路器油位、油色应正常，SF_6断路器气体压力正常，空气断路器储气罐压力在正常范围内。

（7）断路器检修工作结束后，在送电前必须检查断路器两侧接地线确已拆除，送电范围内确无接地短路线。断路器送电前必须投入相关继电保护和自动装置。

（8）断路器合闸后应检查合闸位置指示正确，检查断路器机械拐臂位置正确，弹簧已拉紧。检查断路器操作机构运行正常，检查断路器内部无异常气味。

（9）断路器分闸后，应检查断路器指示正确。要到断路器所在的现场检查操动机构分、合指示器在"分闸"位置。还应检查电流表指示为0。

2. 断路器正常运行巡视项目

（1）分、合指示器指示正确，应与当时实际运行工况相符。

（2）开关操动机构完好。

（3）壳体整洁无锈蚀，外壳接地良好。

（4）套管清洁，无破损裂纹及闪络放电现象。

（5）内部无异声（漏气、振动、放电声），无异味。

（6）真空断路器的透明真空泡内应无辉光放电现象，SF_6断路器压力正常无漏气现象；油断路器无异常。

（7）可观察部位的连接螺栓无松动，轴销无脱落或变形。

（8）引线接触部位或有示温蜡片部位无过热现象，引线弛度适中。

3. 断路器全面巡视

断路器的全面巡视应在例行巡视的基础上增加以下内容：

（1）机构箱电源完好，加热器（除潮器）按规定投退，加热正常。

(2）行程开关无卡滞、变形。

(3）储能指示器指示正常，储能电动机运转正常。

(4）液压操动机构压力正常无渗漏现象，弹簧操动机构断路器储能电源开关位置正确，弹簧储能状态完好。

二、隔离开关运行与维护

在电力系统的变电、配电设备中，隔离开关数量最多。隔离开关与断路器不同，是一种没有灭弧装置的开关设备，使检修设备与系统有一个明显的断开点，主要由导电部分、支撑绝缘部分、传动元件、基座和操动机构等组成，另外，用隔离开关与断路器相互配合，可进行改变运行方式的操作，达到安全运行的目的。

1. 隔离开关的操作及注意事项

（1）严禁用隔离开关拉、合负荷电流和故障电流。若隔离开关所在的回路中有断路器、接触器等具有灭弧性能的开关电器或启动器等，那么就绝对不允许用隔离开关来拉、合电路，可以利用隔离开关来拉、合电压互感器及小容量变压器等一些设备。

（2）隔离开关合闸操作及注意事项：在隔离开关合闸时，应先拔出联锁销子后再进行合闸，如系手动操作，应遵循"先慢后快"的原则，开始要缓慢，当刀片接近刀嘴时要迅速合上，以防止发生弧光。当合闸开始时如发生电弧（即误合隔离开关时），则应将隔离开关迅速合上，禁止将隔离开关再往回拉，因往回拉将使弧光扩大，会造成设备的更大损坏。进行隔离开关合闸操作时必须迅速果断，但合闸终了时用力不可过猛，防止冲击过大损坏隔离开关及其附件。合闸后应检查是否已合到位，动、静触头是否接触良好等。

（3）隔离开关拉闸操作及注意事项：在进行隔离开关拉闸操作前，应首先检查其机械闭锁装置，确认无闭锁后再进行拉闸操作。如系手动操作，在拉闸操作的开始期间，要缓慢而又谨慎，当刀片刚刚离开静触头时注意有无电弧产生。若无电弧产生等异常情况，则迅速果断地拉开，以利于迅速灭弧。在拉闸终了时要缓慢，这是为了防止冲击力对支持瓷瓶和操作机构的损坏，隔离开关拉闸后应检查是否已拉到位。

如果在隔离开关刀片刚刚离开静触头瞬间有电弧产生（即误拉隔离开关

时），应果断地将隔离开关重新合上，停止操作，待查明原因并处理完毕后再行进行合闸操作。如果在隔离开关刀片刚刚离开静触头瞬间有电弧产生，仍强行拉开隔离开关的话，可能造成带负荷拉隔离开关的严重事故。但在切断小负荷电流和充电电流时，拉开隔离开关将有电弧产生，此时应迅速将隔离开关断开，以便顺利消弧。

（4）隔离开关与断路器、接地开关的操作顺序及注意事项如下：

1）拉开、合上隔离开关前，必须检查断路器在断开位置，防止带负荷拉、合隔离开关。在隔离开关与断路器配合操作时，隔离开关必须在断路器处于断开（分闸）位置时才能进行操作。

2）单电源线路停电顺序：应先拉开线路断路器，检查线路断路器确已拉开后，再拉开线路负荷侧隔离开关，最后拉开线路电源侧隔离开关。

3）单电源线路送电顺序：应先检查线路断路器确已拉开，先合上线路电源侧隔离开关，再合上线路负荷侧隔离开关，最后合上线路断路器。

4）装有接地开关的隔离开关，必须在隔离开关完全分闸后方可合上接地开关；反之，当接地开关完全分闸后，方可进行隔离开关的合闸操作。

5）隔离开关操作时，应在现场逐相检查其分、合位置，同期情况，触点接触深度等项目，确保隔离开关动作正确。

（5）变压器中性点接地开关运行原则：

1）投入或停运 110kV 及以上中性点直接接地电网的空载变压器时，应先合上变压器中性点接地开关，防止拉开、合上变压器各侧断路器时，因断路器三相不同期而产生操作过电压损坏变压器绝缘。待变压器送电运行后，再根据电网情况和调度值班员命令是否拉开变压器中性点接地开关。

2）在倒换两台变压器时，应先合上中性点不接地的变压器中性点接地开关，然后再拉开中性点接地变压器的接地开关，在运行值班人员的操作过程中两台变压器的两个中性点接地点的并列时间越短越好。

隔离开关与断路器配合操作时的操作顺序：断开电路时，先拉开断路器，再拉开隔离开关；送电时，先合隔离开关，再合断路器。总之，在隔离开关与断路器配合操作时，隔离开关必须在断路器处于断开（分闸）位置时才能进行操作。

2. 隔离开关正常运行巡视项目

（1）隔离开关触头接触应紧密，无发热变形及烧损现象。

(2) 各部导电连接桩头接触良好，无松动、发热现象。

(3) 隔离开关及引线支持绝缘子、穿墙套管应清洁，无裂纹及闪络痕迹。

(4) 隔离开关操作连杆、构架应无锈蚀。

(5) 隔离开关构架的接地引下线良好。

(6) 设备名称编号标识牌字迹清晰。

(7) 防误闭锁装置闭锁良好。

三、互感器运行与维护

互感器分为电压互感器和电流互感器两大类。是一种利用电磁感应原理，将一次侧大电压（大电流）转换为供给控制、测量、保护使用的二次侧标准电压（电流）的电气设备。电压互感器按照变换原理可分为电磁式（TV）电压互感器、电容式（CVT）电压互感器。电流互感器按外绝缘材质分为硅橡胶绝缘电流互感器和瓷绝缘电流互感器，按内绝缘介质分为SF_6电流互感器和油浸式电流互感器、浇注式电流互感器。

1. 互感器运行中的技术要求

(1) 互感器的各个二次绕组均必须有可靠的保护接地，且只允许有一个接地点。

(2) 互感器应有明显的接地符号标识，接地端子应与设备底座可靠连接。引下线截面应满足安装地点短路电流的要求。

(3) 电压互感器的二次侧严禁短路，电流互感器的二次侧严禁开路，备用的二次绕组也应接地。

(4) 电压互感器二次回路主回路中装设的熔断器熔断电流一般为最大负荷电流的 1.5 倍。各级熔断器熔断电流应逐级配合。

2. 互感器正常运行巡视项目

(1) 套管清洁、无破损及闪络痕迹。

(2) 内部无放电声或其他异常声响。

(3) 一次侧引线压接良好，无发热现象。

(4) 二次侧接线端子接触紧密，无松动发热现象。

(5) 金属外壳无严重锈蚀现象。

(6) 检查油浸式电压互感器的油位、油色正常，无渗漏油现象。

四、电力电缆运行与维护

电力电缆在电力系统的主干线路中用以传输和分配大功率电能。电力电缆的基本结构由线芯（导体）、绝缘层、屏蔽层和保护层等部分组成。电力电缆按绝缘材料可分为油浸纸绝缘电力电缆、塑料绝缘电力电缆、橡皮绝缘电力电缆等。电力电缆正常运行巡视项目有以下 3 个：

（1）电缆头绝缘瓷套应完整、清洁，无裂纹和闪络痕迹，支架牢固，无松动锈蚀，接地良好。

（2）电缆接头应无发热、变色、放电和烧熔现象，无异味和渗漏油现象。

（3）外皮无损伤、过热，无漏油、漏胶现象。

第三节　配电装置异常运行及故障处理

一、断路器

1. 断路器故障及异常情况

（1）断路器运行中发现漏油、渗油、油位指示器油位过低，分、合闸位置指示不正确等不正常现象时，应及时予以消除，不能及时消除的报告上级领导。

（2）断路器运行中，SF_6 断路器气体压力异常，发出闭锁信号，应立即断开故障断路器的控制电源。发现设备有威胁电网安全运行且不停电难以消除的缺陷时，应向值班调控人员汇报，及时申请停电处理，并报告上级领导。

（3）当断路器出现下列情况之一时，应立即将断路器停运：

1）油断路器冒烟、起火。

2）断路器的瓷套管爆炸、破碎，套管有放电现象和严重放电痕迹。

3）断路器内部有放电声或内部有异音。

4）油断路器出现漏油、严重渗油、油位降低很快的现象。

5）真空断路器真空泡损坏。

6）SF_6 断路器漏气或发出操作闭锁信号。

7）断路器液压、气动机构严重泄漏，压力下降到发出闭锁操作回路的信号，断路器弹簧机构出现异常。

8) 断路器连接端子与连接线连接处严重过热或熔化时。

2. 断路器故障处理原则

(1) 运行中的断路器看不见油位、空气压力降低、SF_6 压力降低且超过允许值，严禁切负荷电流及空载电流，应立即采取防跳闸措施，然后用旁路断路器旁代或用母联断路器串代，将故障断路器停运。

(2) 断路器操作系统发生异常，不能使断路器跳闸或跳闸回路被闭锁，应采取防慢分措施，然后设法将操作系统恢复正常，否则应用旁路断路器旁代或用母联断路器串代。

(3) 断路器有下列情况之一者，应立即按照上述有关内容处理，再申请停运处理：

1) 套管严重破损并存在放电现象。

2) 断路器内部有异常响声。

3) 少油断路器灭弧室冒烟或明显漏油以致看不到油位。

4) 连杆等问题，一相或多相合不上或断不开。

5) SF_6 开关气室严重漏气发出操作闭锁信号。

6) 液压机构突然失压并且不能恢复。

3. 几种断路器故障的处理

(1) 分合闸失灵处理。断路器分合闸失灵时，运行人员应首先区分故障范围，分清是电气二次回路故障，还是断路器和操动机构的机械故障，进一步缩小范围，查明故障进行处理：

1) 检查保护装置或智能终端"遥控合闸出口连接片"（"遥控分闸出口连接片"）是否投入。

2) 检查测控装置或汇控柜内"远方/就地"切换把手已切至"远方"位置。

3) 检查直流电压是否正常。因为直流电压过高或过低，合闸都不可靠，如果电压过高，对于电磁操动机构或弹簧操动机构，它们的机械动作可能会因冲击反作用力过大，使机构不能保持住而合不上。如果电压过低，使合闸线圈因电磁力过小，而使合闸不可靠。

4) 检查储能元件是否正常，电动机电源小开关是否合上，液压和气动机构压力是否正常。

5) 检查传动机构是否正常。

6）检查闭锁元件是否正常。

7）初步排查后，一时难以处理，汇报调控值班人员，等待专业人员处理。

(2) SF_6 气体压力异常处理。SF_6 断路器的 SF_6 气体气压偏低，油断路器的油位偏低或油质不好，真空断路器真空包的真空度下降，不仅会影响断路器的绝缘性能，还会使断路器的灭弧能力下降。一旦一次系统发生故障，断路器可能无法开断故障电流，从而导致断路器本身或其他一次设备损坏，或扩大事故范围。

1）当出现"开关 SF_6 压力低告警"信号时，应立即到现场检查断路器 SF_6 压力表数值。若指示偏低，则可认为 SF_6 发生泄漏；若压力指示正常，则可能是信号误发，应查明原因。

2）当出现"开关 SF_6 压力低总闭锁"信号时，除了按上述要求检查外，还应确认此时断路器是否已经被闭锁，断路器总闭锁时，监控系统发"控制回路断线"信号。

3）若查明 SF_6 泄漏，应立即汇报，必要时可马上汇报调控值班人员停运断路器；若发生 SF_6 气体压力低总闭锁时，应采取可靠措施防止断路器分闸。

(3) 遇到下列情况之一者，严禁将断路器投入运行：

1）严禁将有拒跳或合闸不可靠的断路器投入运行。严禁将带有接头接触不良缺陷的断路器投入运行。

2）严禁将有严重缺油、漏气、漏油及绝缘介质不合格的断路器投入运行。

3）严禁将分、合闸速度三相不同期，分、合闸时间不合格的断路器投入运行。

二、隔离开关故障及异常处理

1. 隔离开关操作失灵处理

隔离开关拒绝分、合闸，主要表现为：隔离开关操作机构无法动作；隔离开关操作机构动作，刀闸不动作。处理方法有以下几点：

(1) 首先应检查核对设备编号，是否走错间隔；检查操作程序是否错误，如果操作有误（走错间隔）则是操作回路被防误闭锁回路闭锁，应当立即纠正错误操作。

(2) 隔离开关操作机构无法动作分析。

主要原因：隔离开关操作机构故障，或断路器与隔离开关间闭锁装置故障或损坏，或断路器处于合闸位置，隔离开关被正常闭锁。

处理方法：若因断路器处于合闸位置，隔离开关被正常闭锁造成，将断路器先行断开并确认断路器确在"跳闸"位置后，再拉、合隔离开关；若因其他原因引起，则择机退出运行并做好安全措施后交付检修部门处理。

（3）隔离开关操作机构动作，刀闸不动作分析。

主要原因：隔离开关传动机构故障。

处理方法：择机退出运行并做好安全措施后交付检修部门处理。

2. 隔离开关接触部位过热

隔离开关在正常运行时，其电流不得超过额定电流，温度在允许范围之内，若接触部位温度超过70℃，则应申请调度员立即将其停用，在平时的巡视检查中，运行人员应注意检查隔离开关触头部分有无热气流、发热、变色等，若有示温片，则观察示温片是否变色或熔化。可能的原因有：①压紧的弹簧、螺栓松动；②动静触头表面氧化；③动静触头接触不良；④负荷过重。

触头压紧弹簧弹性下降会使动、静触头间接触面压力下降，从而导致触头间的接触电阻增大。接触电阻的增大又会使发热量增加，使接触面处温度进一步上升。温度的升高又会使压紧弹簧弹性进一步下降。形成恶性循环。这种现象如果得不到及时处理，可产生电弧，进而发生事故。

动静触头表面氧化、接触不良，会使动、静触头间的接触电阻增大。动、静触头间接触不良情况的演变和后果，同触头压紧弹簧弹性下降一样。

处理方法：择机退出运行并做好安全措施后交付检修部门处理。当是负荷过重时，通知调控人员减轻或转移负荷。

3. 支柱绝缘子爬电或闪络

隔离开关导电部分与基座之间是靠支柱绝缘子连接并形成绝缘的。当支柱绝缘子脏污或有裂纹时，就会产生爬电或闪络现象。如果爬电或闪络现象得不到及时处理，就会引起接地事故的发生。

支柱绝缘子产生爬电或闪络现象的原因及处理方法：

（1）绝缘子表面脏污或有杂物。绝缘子表面脏污或有杂物，使得绝缘子的绝缘性能下降，从而引发爬电或闪络现象，若得不到及时处理，会演化为接地事故。处理方法：择机退出运行并做好安全措施后清洁绝缘子并擦干或交付检修部门处理。

（2）绝缘子表面有裂纹。绝缘子表面有裂纹，也会使绝缘子的绝缘性能下降，从而引发爬电或闪络现象，若得不到及时处理，会演化为接地事故。处理方法：择机退出运行并做好安全措施后交付检修部门处理。

三、互感器故障及异常处理

当发生下列情况之一时，应立即将互感器停用：

（1）电压互感器高压熔断器连续熔断 2~3 次。

（2）互感器本体或引线端子有严重过热。

（3）电流互感器二次回路开路，电压互感器二次回路短路。

（4）树脂浇注互感器出现表面严重裂纹、放电。

（5）互感器套管严重裂纹破损，互感器有严重放电，已威胁电网安全运行时。

（6）互感器内部有严重异音、异味、冒烟或着火。

（7）油浸式互感器严重漏油，看不到油位；电容式电压互感器分压电容器出现漏油时。

（8）SF_6 气体绝缘互感器严重漏气、压力表指示为 0。

第六章 直流系统运行维护

第一节 直流系统概述

在水电站中，断路器的控制回路、信号回路、继电保护和自动装置回路等设有专门的直流系统供电电源。蓄电池直流操作电源是一种与电力系统运行方式无关的独立电源。它可在电网事故的情况下向继电保护、自动装置和事故照明供电，因此具有很高的供电可靠性。此外，蓄电池电压平稳、容量较大，适用于各种直流负荷，可提供断路器的操作电源，并可作为事故保安负荷的备用电源，所以在电力系统中得到广泛的使用。

水电站的蓄电池组是由多个蓄电池相互串联而成的，串联的个数取决于直流系统的工作电压。电力系统常用的蓄电池有酸性蓄电池（铅酸蓄电池）和碱性蓄电池（镉镍蓄电池）两种，酸性蓄电池用得较多。

一、直流系统的作用

水电站直流系统供电电源的主要用途是：①作为控制、信号、保护、自动装置回路的电源；②作为操作机构和调节机构传动装置的电源；③作为独立的事故照明电源。

直流系统是水电站自用电中最重要的一部分，在任何事故情况下，应能保证可靠供电。

二、蓄电池的容量

蓄电池的容量是指蓄电池放电到某一最小允许电压（称为终止电压）时所放出的电量 Q，即放电电流安培数与放电时间小时数的乘积，用安时（Ah）表示，它是蓄电池的重要特征值。它与许多因素有关，如极板的类型、面积大小和数目、电解液的比重和数量、放电电流、最终放电电压及温度等。蓄电池放电至终止电压的时间称为放电率，单位为 h（小时）。

蓄电池的容量一般分为额定容量和实际容量两种。额定容量是指充足电的蓄电池在 25℃时，以 10h 放电率放出的电能。采用不同的放电率，其蓄电池的容量是不同的，铅酸蓄电池规定以 10h 放电率为标准放电率。以 10h 放电率放电到终止电压的容量约是以 1h 放电率放电到终止电压时容量的 2 倍。如 GGF-100 型蓄电池，若它以 10A 恒定电流持续放电 10h，其放电容量为 $Q_N=10\times10=100(Ah)$，且终止电压不低于规定值。如果放电电流大于 10A，则放电时间就小于 10h，而放出的容量就要小于额定容量。相反，若放电电流小于 10A，则放电时间就大于 10h，此时放出的容量就允许大于额定容量。

蓄电池不允许用过大的电流放电，但是它可以在几秒钟的短时间内承担冲击电流，此电流可以比长期放电电流大得多，因此可作为电磁型操作机构的合闸电源。每一种蓄电池都有其允许的最大放电电流值，其允许的放电时间约为 5s。

三、蓄电池的运行方式

1. 充电-放电法

这种方法的特点是充电装置按蓄电池厂家的说明，以恒流对蓄电池进行充电，充足电后，通过开关把蓄电池组切换到放电状态，以恒定电流通过可变电阻器进行放电。这种方法一般在蓄电池初充电及定期活化蓄电池容量时使用。

2. 浮充电法

这种方法的特点是先将蓄电池充足电，然后又以不大的电流〔2～5mA/Ah〕向蓄电池浮充电，用来补偿由于自放电而损失的能量，这样就可以使蓄电池经常处于满充电状态，从而延长了蓄电池的使用寿命。当合闸母线或控制母线失电时，通过蓄电池组控制回路，能自动使蓄电池组和合闸母线或控制母线接通，向直流负荷供电。浮充电法为蓄电池的主要运行方式，不仅可以减少运行维护的工作量，而且可以提高直流系统的工作可靠性。

3. 强充电（均衡充电）法

蓄电池如果长期仅处于浮充电状态，在长期运行中，由于每个蓄电池的浮充电流一致，但由于自放电的不同，结果就会出现部分蓄电池处于欠充电状态，这对于蓄电池有害，将引起蓄电池容量的减少和产生电池容量不平衡，电池组间每个电池端电压也不相等。因此，为了使蓄电池能在健康的水平下工作，应对蓄电池进行强充电。强充电方式有两种，一种是定期进行强充电，一般是 6 个月一次；另一种是交流电源长时间中断恢复后的强充电。强充电的电流大小及具体时间按蓄电池厂家的规定进行。

第二节　直流系统的运行维护

水电站直流系统一般由蓄电池、充电装置、直流回路和直流负载四部分组成，四者之间相辅相成，缺一不可。直流系统为各种控制、信号、继电保护及自动装置、事故照明提供可靠的直流电源，还为操作提供可靠的操作电源；当站内交流电源失去后，直流电源还作为电站的应急后备电源。所以直流系统在电站的作用是至关重要的。假设变电站直流系统失去，则站内全部的控制、信号、保护及自动装置将全部失灵，整个电站将处于失控状态。因此，运行人员必须重视直流系统的日常维护工作，而且运行和维护是否符合规程要求，与直流系统各部分的寿命相联系。

一、直流系统巡视检查要求

（1）直流控制母线、充电母线电压值在规定范围内，浮充电流值符合规定。

（2）直流系统的绝缘状况良好。

（3）各支路的运行监视信号完好、指示正常，熔断器无熔断，自动开关位置正确。

二、充电模块巡视检查要求

（1）充电装置交流输入电压正常，直流电源输出电压、电流正常。

（2）各充电模块工作正常。各充电模块的积尘及冷却效果状况正常。

三、蓄电池运行监视

（1）蓄电池必须进行定期巡视与检测。

（2）蓄电池正常必须处于浮充电运行状态。

（3）有蓄电池室的，应定期检查蓄电池室通风、照明、调温设备及消防设施。

（4）蓄电池外壳无裂纹、漏液，呼吸器无堵塞，密封良好，电解液液面高度在合格范围。

（5）蓄电池组外观清洁，无短路、接地。

（6）各连接片连接牢靠无松动，端子无生盐，并涂有中性凡士林。

四、蓄电池运行维护中的注意事项

（1）为使蓄电池经常处于充电饱满状态，可采用浮充电运行方式，既能补偿自放电的损失，又能防止极板硫化。浮充电时的电流不得过大或过小。为了防止极板硫化，应按时进行均衡充电和定期进行核对性放电或容量放电，使活性物质得到充分和均匀的活动。

（2）因充电设备检修而蓄电池停止浮充电时，恢复后应立即将电池进行充电，并且补足放电的安时数。

（3）不要用大电流充电或放电，以免极板脱粉或弯曲变形，容量减少。

（4）蓄电池组每3~6个月进行核对性充放电一次，按10h放电率放出蓄电池容量的50%~60%，单个电池终止放电电压降至规定值时，不管放出的容量多少应停止放电，立即进行充电。

（5）运行中的蓄电池每月进行一次均衡充电，每半年进行一次核对性放电，要求每年两次核对性放电，一次为全容量，一次为半容量。

所谓均衡充电就是对那些端电压、电解液密度、容量等不均衡单体电池及时地进行充电，使其达到均衡一致的良好状态。当发生下述情况之一时，应进行均衡充电：①经常充电不足或很少进行全充全放的电池；②长时间搁置或经过检修的电池；③放电后在24h以上未及时进行充电或使用已达3个月以上的电池；④因故使电池放电近一半容量，持续时间已达半月以上未进行充电；⑤放电电流过大或放电终止电压降至规定值以下时。

第三节　直流系统故障及异常处理

水电站直流系统常见的故障现象分析及处理方法如下。

(1）直流系统有关导体连接处过热。

危害原因：连接部位松动或氧化、腐蚀。长期发热可能会导致连接处熔断。

处理方法：预防的办法是加强运行中的巡视，及早发现发热现象并进行紧固和去氧化、腐蚀处理，并涂上导电膏。

（2）蓄电池组温度偏高。

危害原因：一般是由于直流过负荷或通风不良造成。长期得不到处理会造成蓄电池寿命下降或损坏。

处理方法：若为直流过负荷引起，则应减少直流负荷；若为通风不良造成，则设法保持通风良好。

（3）蓄电池外壳膨胀。

危害原因：一般是由于蓄电池内部有严重故障引起。长期得不到处理会造成蓄电池损坏或直流电压不正常。

处理方法：更换蓄电池。

（4）蓄电池爆炸。

危害原因：一般是由于蓄电池内部有严重故障导致蓄电池严重发热引起，会造成蓄电池损坏或直流电压不正常，甚至引发火灾。

处理方法：更换蓄电池。

（5）母线电压异常。

危害原因：一般是高频直流电源控制系统故障所致，会影响电气设备的控制、保护及信号装置和自动装置的正常工作，严重时，会导致控制、保护及信号装置和自动装置失灵。

处理方法：将高频直流电源退出运行后，修复控制装置。

（6）蓄电池渗、漏液。

危害原因：外壳因质量不合格、外壳受到撞击等导致外壳破损而引起渗、漏液。长期得不到处理会造成蓄电池失效或损坏。

处理方法：更换蓄电池。

（7）直流系统接地。

危害原因：直流系统对地绝缘下降或发生一点接地。直流系统发生一点接地不会影响正常使用，是一种异常运行状态。但当有另一点发生接地时，就构成了两点接地短路，将会造成继电保护、信号、自动装置的误动作或拒绝动作，甚至造成断路器的拒跳、误跳，直流熔断器熔断等严重故障。

处理方法：

1) 直流电源系统发生接地时，现场变电运维人员应及时检查记录接地发生的时间、对地电压和绝缘电阻等信息，如发生接地时正在进行倒闸操作或检修工作则立即暂停操作或工作，并立即汇报有关调控值班人员。

2) 查找直流电源系统接地点需断开保护或测控装置的直流电源时需得调控值班人员同意后方可断开，断开直流电源的时间应尽可能短。

3) 查找直流电源系统接地点需断开有关回路直流电源时应按照先次要、后重要的顺序逐路进行，拉路顺序原则如下：①若有人在直流系统或二次回路上工作，应先令其停止工作；②拉开直流事故照明；③拉开信号或辅助电源；④依次拉开各回路控制保护电源；⑤拉开直流充电装置；⑥必要时拉开蓄电池回路。

4) 处理直流系统接地时的注意事项如下：①使用拉路法查找直流接地时，至少应由两人进行；②雷雨天气时，禁止拉路查找直流接地。

5) 在寻找直流系统接地过程中，当试拉某支路有直流接地后，在恢复该支路直流电源时应先退出（或检查）该支路保护出口连接片。

第四节　直流系统操作危险点分析

直流回路操作是电站常见的操作项目，包括直流系统发生一点接地时查找接地点的检查，某些继电保护及自动装置临时性的检查、退出、投入等。直流回路操作同样存在危险点，如操作方法不正确，也将造成某些保护及自动装置误动作，因此直流回路操作同样应遵守一些规定：

（1）取下直流控制熔断器时，应先取正极，后取负极；装上直流控制熔断器时，应先装负极，后装正极。这样做的目的是防止产生寄生回路，避免保护装置误动作。装、取熔断器应迅速，不得连续地接通和断开，取下和再装上之间要有一段时间间隔（应不小于5s）。

（2）运行中的保护装置要停用直流电源时，应先停用保护出口连接片，再停用直流回路；恢复时次序相反。

（3）母线差动保护、失灵保护停用直流熔断器时，应先停用出口连接片。在加用直流回路以后，要检查整个装置工作是否正常，必要时，使用高内阻电压表测量出口连接片两端无电压后,再加用出口连接片。

(4)在断路器停电的操作中,断路器的控制熔断器应在拉开断路器并做好安全措施(指挂地线或装绝缘罩)之后取下。因为当断路器万一未断开,造成带负荷拉隔离开关时,断路器的保护可动作于跳闸。如果在拉开隔离开关之前取下熔断器,则会因断路器不能跳闸而扩大事故。

(5)在断路器送电操作中,断路器的控制熔断器应在拆除安全措施之前装上。这是因为在装上控制熔断器后,可以检查保护装置和控制回路工作状态是否完好。如有问题,可在安全措施未拆除时,予以处理。另外,这时保护装置已处于准备工作状态,万一在后面的操作中,因断路器的原因造成事故,保护回路可以跳闸动作。如果在合上隔离开关后,再装上控制熔断器,以防万一因断路器未断开造成带负荷合隔离开关,使断路器不能跳闸而扩大事故。

第七章 水轮发电机故障检修

设备故障，一般是指设备失去或降低其规定功能的事件或现象，表现为设备的某些零件失去原有的精度或性能，使设备不能正常运行、技术性能降低，导致生产中断或效率降低而影响生产。水轮发电机在运行过程中也常常会出现各种各样的故障，当出现故障时，最为重要的是应仔细观察该故障的各种表现，然后再根据故障现象进行分析、判断和处理。在有条件情况下，还可以借助于仪器仪表进行检测，以更迅速更准确找出故障，然后再对症下药以进行恰当的处理。下面将介绍水轮发电机常见故障现象、产生原因及处理方法。

第一节 水轮发电机运行时的故障现象

水轮发电机在运行时，常会出现一些故障现象，有些故障的原因很多也较复杂，下面列举一些常见的故障现象并简述故障主要原因及其处理方法。

一、水轮发电机运行时不发电

1. 故障原因

(1) 接线错误。

(2) 发电机的转速太低。

(3) 水轮发电机定子绕组到配电屏之间的接线端有油泥或氧化层，接线螺栓松脱、连接线断线和定子绕组断线等。

(4) 励磁回路断线或接触不良等。

(5) 硅整流器（包括续流二极管、晶闸管等）已经损坏。

(6) 电刷与滑环接触不良或电刷压力不够。

(7) 刷握生锈而使电刷不能上下自由滑动。

(8) 励磁机的电刷位置不正确、电刷损坏或电刷弹簧压力不够。

(9) 水轮发电机的原动机旋转方向不对。

(10) 晶闸管励磁系统不能起励。

(11) 晶闸管的触发器不工作。

2. 处理办法

(1) 按发电机的接线图仔细检查并予以纠正。

(2) 测量发电机的转速,并使之保持在额定值范围内运行。

(3) 用万用表或试灯法查明断线处,检查各接线螺丝连接情况及接触状况,查明原因后对症予以修复。

(4) 用万用表查明断线处以后,将断线处重新焊牢、重新包绝缘即可。

(5) 更换同型号、规格的整流元件。

(6) 清洁滑环表面并打磨电刷,使电刷与滑环的弧面相吻合,并增加电刷的压力。

(7) 用 0 号砂布(120 目)擦净刷握内表面,若有损伤应予以更换。

(8) 将电刷调到正确位置上,更换电刷和调整弹簧压力。

(9) 重新改正水轮发电机原动机的旋转方向。

(10) 检查主发电机是否有剩磁电压,如果没有,则应向转子励磁绕组充磁,或者检查触发器是否工作正常。

(11) 检查交流电源是否已经投入线路中。

二、水轮发电机接入负载后空气开关跳闸

1. 故障原因

(1) 外电路已经发生短路故障。

(2) 发电机所带负载太重。

2. 处理办法

(1) 仔细检查外电路的短路故障位置,视具体情况予以修复。

(2) 减轻发电机所带负载。

三、水轮发电机端电压过高

1. 故障原因

(1) 发电机的转速高而使其端电压过高。

(2) 分流电抗器的气隙过大。

(3) 变阻器调压失灵，其原因为：①励磁机的磁场变阻器短路；②碳阻式自动电压调节器交流电压的回路存在断线故障。

(4) 水轮发电机出现事故飞车。

2. 处理办法

(1) 当发电机转速过高时，应降低其原动机的转速。

(2) 改变分流电抗器的垫片厚度，以调整其气隙至规定值。

(3) 当变阻器调压失灵时：①仔细找出短路故障点并予以消除；②认真找出断线位置并重新予以焊牢。

四、水轮发电机端电压太低

1. 故障原因

(1) 水轮发电机的原动机转速太低。

(2) 励磁回路的电阻过大。

(3) 励磁机的电刷不在中性线位置，或者是电刷弹簧的压力过小。

(4) 部分整流二极管已被击穿。

(5) 定子绕组或励磁绕组中有短路或者接地故障。

(6) 电刷的接触面积太小，并因压力过小而导致接触不良。

2. 处理办法

(1) 迅速调整水轮发电机的原动机转速，使其达到额定值。

(2) 减小磁场变阻器的电阻值，以加大励磁电流。对于半导体励磁的水轮发电机，则应检查其附加绕组的接线端是否断线或接错，并可以采取测量附加绕组电压的方法来查找故障，找到故障以后则视具体情况采取措施予以修复。

(3) 当电刷不在中性线位置时，则应将其迅速调整到正确位置，并仔细调整好弹簧压力。

(4) 对整流二极管进行全面检测，更换已被击穿的失效二极管。

(5) 对绕组中的短路或接地故障进行逐项检测，找出故障点仔细予以修复。

(6) 研磨好电刷与滑环的接触面并得到80%以上，更换符合规格的恒压弹簧。

五、水轮发电机三相电压不平衡

1. 故障原因

（1）定子绕组某一相或两相接线端松动，低压电机中性线或中性点接地接触不好或断线。

（2）定子绕组某一相或两相断路或短路，高压电机有定子一点接地或匝间短路。

（3）外电路的三相负载不平衡。

2. 处理办法

（1）将接线端扭紧并检查开关的三相触头，用0号砂布（120目）擦净它们的接触面，若有损坏应予以更换。

（2）查明断路或短路故障处，并将故障予以全面消除。

（3）调整外电路的三相负载，使之尽量达到三相基本平衡。

六、水轮发电机端电压起伏不稳定

1. 故障原因

（1）发电机的接线端松动或电刷松动。

（2）自动电压调节器有故障或局部的接线不恰当。

（3）电网不稳定带来的波动。

（4）水轮发电机的原动机转速不稳定。

（5）励磁装置参数（调差系数）调整不合适。

2. 处理办法

（1）将接线端扭紧并调整电刷。

（2）仔细检查自动电压调节器找出故障处，对症下药将故障予以消除。

（3）当电网恢复稳定后其振荡即自行消失。

（4）检查水轮发电机的原动机并设法使其转速稳定。

（5）调整励磁装置参数（调差系数）。

七、励磁电压或励磁电流不正常

（一）晶闸管直接励磁发电机电压不正常

1. 故障原因

（1）晶闸管控制极击穿或开路而不发电。

(2) 晶闸管导通时间太迟而致电压低。

(3) 触发环节损坏而不发电。

2. 处理办法

(1) 用万用表检测晶闸管,若被击穿应予以更换。

(2) 查明短路原因,若晶闸管已损坏应予以更换。

(3) 拆下触发环节进行全面检查,找出故障以后对症予以消除。

(二) 带负载时所需励磁电流太大

1. 故障原因

(1) 负载功率因数太低,使所需励磁电流增加太大。

(2) 发电机转速太低,励磁电流增大。

2. 处理办法

(1) 调整负载或增加补偿电容器进行补偿。如有需要和可能,可用一台水轮发电机作同步补偿机运行。

(2) 调节水轮发电机的转速至其额定值。

(三) 磁场变阻器高温烧红

1. 故障原因分析

(1) 固定电阻短路而发热烧红。

(2) 并联磁场变阻器接错或与转子绕组接成了串联。

2. 处理办法

(1) 在励磁回路中重新接入一个固定电阻,并去除损坏的固定电阻。

(2) 仔细检查磁场变阻器和转子绕组等的连接情况,找出故障位置并改正其错误接线。

八、水轮发电机运行时噪声和振动异常

1. 常见原因

(1) 轴承磨损以致引起转子与定子相擦。

(2) 电刷质地太硬。

(3) 电刷弹簧压力过大。

（4）水轮发电机的转子与水轮机的转轴中心不重合而引起异常的振动。

（5）地脚螺丝松动或地基不坚实以致发生均匀沉陷。

（6）轴颈弯曲。

（7）转子励磁绕组局部短路、接地或接线错误等。

（8）定子绕组短路或接地。

（9）非同期并列故障。

（10）外部故障或遭雷击。

（11）转动部分质量不平衡引起的振动，由于转动部分质量不平衡，在运行中将产生离心力作用于导轴承上，其频率为机组转速频率 f_N，而振幅与转速平方成正比。

（12）由主轴的过大摆度引起的振动，原因主要有：水轮机轴与发电机轴法兰结合面不垂直于轴线而引起的轴线折弯、水轮机和发电机两轴不同心、推力轴承镜板摩擦面与轴线不垂直、推力头与轴之间存在间隙等，都可以导致轴在旋转时形成一个圆锥形，使轴的摆度增大，其频率为机组转速频率 f_N。

（13）由轴系和轴承支撑系统刚度不足引起的振动，对于细而长的轴当机组转速较高时可能出现轴系刚性不足，轴承支撑系统即机架和水导轴承由于刚度不足而产生振动。

（14）导轴承间隙过大而引起振动，由于制造、安装不良，或运行中磨损松动等原因引起轴承间隙变大，造成轴系晃动振摆增大。

（15）转轴抖动，由于润滑油不充分，或转动部分与固定部分间隙不当造成干摩擦，使轴产生一个与转轴旋转方向相反的弓状回转运动。

（16）机组转子振摆，当机组轴向总力不通过推力轴承中心时，将产生一个偏心力矩，使推力轴承各支柱受力不均匀，随着轴系的旋转，偏心矩也同时旋转，这样使各支柱受到一个脉动力，转子也随之振摆。

2. 处理办法

（1）拆下已损坏轴承更换新轴承。

（2）更换质地较软的电刷。

（3）调整电刷压紧弹簧的压力。

（4）重新校正发电机与水轮机转轴中心线。

（5）旋紧螺丝和加固地基，并重新进行调整。

（6）若因运输或起吊过程中不慎损伤时，可用千分表检查轴的弯曲或不圆状的情况，然后进行调直或车圆。

（7）应重新车削和调校。

（8）认真检查滑环及转子励磁绕组的对地绝缘，可采用直流电压表法在运行中进行检查，以及时将故障予以消除。

（9）若定子绕组已短路或接地，应立即停机进行检查与修理。

（10）如果运行振动过大，应解列停机检查；若振动的时间过长则应停机检查。

（11）转子做动平衡，并进行配重。

（12）水机主轴和电机主轴轴线重新调整。

（13）设计缺陷，设计时没有做临界转速计算和校核。

（14）重新调整导轴承间隙。

（15）重新把间隙调整到合理范围。

（16）转子振摆原因复杂，属于复杂的结构力学及转子动力学范畴，要求发电机设计人员在设计过程中做好轴系的受力分析计算工作，并对症下药。

九、水轮发电机轴瓦油温升高或烧瓦

对于滑动轴承轴瓦油温升高或烧瓦，一般都从轴瓦系统、油循环系统、油冷却系统三个方面进行分析，轴承温度异常或者烧瓦都与这三大系统不正常运行有着密切联系。

1. 轴瓦系统原因

轴瓦系统是轴承发热的热源，主要是轴瓦及推力瓦块的研刮及调整，如果轴瓦研刮质量不合格或调整不当，机组运转后破坏油膜的形成，导致摩擦产生的热量过多，必将引起轴承温度过高。因此严格按照规程要求进行轴瓦的研刮和调整，是保证轴瓦正常运行的首要因素。在进行水轮发电机组检修或更换新的轴瓦时，首先必须对轴瓦进行研刮，保证瓦面接触点符合要求；其次轴瓦间隙必须调整合适。卧式机组的轴瓦间隙有侧间隙、顶间隙和轴向间隙三种。如侧间隙过小，进油边进油口间隙过渡不当，不易形成楔形进油，使润滑油量减少，油膜变薄，轴瓦温度就会升高。如果顶间隙调的过大或过小，会引起主轴振动不利于油的循环，瓦温要升高。

在轴瓦系统方面，有一个容易被忽略的因素，就是轴电流的形成引起的轴承温度异常。这主要存在于没有轴接地碳刷的机组当中，轴电流的产生是由于转轴的磁化效应，轴转动时切割磁场，产生轴电压，当电压足够高时造成油膜破裂击穿，产生轴电流，把轴颈和轴瓦烧坏，破坏油膜的形成，造成干摩擦，发热量增加，直到烧坏轴瓦。

2. 油循环系统原因

油循环系统原因首先是推力盘设计不合理，推力盘甩油量不够。其次是油循环不畅。导致油循环不畅的原因，主要推力盘与回油罩及油管密封不严，没有形成负压，或负压过小，导致循环油量过少，冷热油未能充分循环，或只有在热油腔进行循环，热油未经冷却，这样最终导致温度不断地上升。还有一个原因是轴承油位过高。轴承油位过高，再加上密封不好，上油腔热油混入推力盘及回油罩组成的循环系轴承温度上升。因此，轴承油位要保证在其生产厂家说明书规定的范围内，不是越多越好。

3. 油冷却系统原因

油冷却系统在轴承结构中担负着热交换的作用，轴承滑动摩擦产生的热量需要冷却器热交换把热量带走从而使轴承热交换达到一个平衡，也就是将其控制在一定的温度范围内，如果这种平衡被破坏，就导致温度上升。例如，轴瓦系统产生的热量为正常发热量，但是由于冷却系统由于某种原因造成冷却效果不良，必将导致整个轴承温度的上升。影响冷却系统冷却效果一般原因如下：

（1）冷却器散热管堵塞，使得散热面积变小，在发热量不变的情况下，引起温度的上升。

（2）冷却器散热管结有水垢，造成导热系数变小，导致热交换效率下降。这种情况普遍存在于运行多年的水电站中，而且未被重视，检修时只是简单的疏通或冲洗，冷却效果大打折扣。对于有水垢的散热管必须进行酸洗处理。

（3）部分经过改造更换铜管后的冷却器，未按原位放置挡板，或挡板放置位置不对，造成回油路径堵塞，或回油路径过短，没有充分发挥冷却效率。

（4）冷却水压力过低，流量不足。

十、水轮发电机轴瓦油温升高或烧瓦故障

1. 属于安装和检修方面的原因

（1）轴瓦间隙过小。

(2) 机组摆度过大。

(3) 机组中心不正。

(4) 油质不好或油的牌号不对。

(5) 轴瓦修刮不良。

(6) 镜板光洁度不够；卧式机组推力盘热套不正或热套紧力不够。

2. 属于运行维护方面的原因

(1) 油质不清洁，有杂质。

(2) 油位过低或缺油。

(3) 润滑油强迫外循环的轴承运行油压过低或润滑油中断。

(4) 冷却水管阻塞或冷却水管结垢。

(5) 轴承绝缘不良，有轴电流流过轴瓦。

(6) 冷却水管漏水或其他原因引起油质劣化。

(7) 长期在低于制动转速下运转。

(8) 甩负荷时过速保护失灵，机组长时间超速运转。

(9) 卧式机组的油颈圈卡涩或脱扣，带不上油。

(10) 发电机转子过热，影响到轴瓦温度升高。

(11) 厂房室温过高。

(12) 机组振动超过允许值。

3. 常见处理办法

(1) 校直轴伸或重找中心线。

(2) 旋紧基础的紧固螺栓。

(3) 更换轴承的润滑油脂。

(4) 将轴承、轴承室彻底清洗干净并换上新的润滑油脂。

(5) 更换新轴承。

十一、水轮发电机温升过高或内部冒烟

1. 故障原因

(1) 发电机过负载运行时间太长。

(2) 定子、转子铁芯不同芯而导致互相摩擦。

(3) 定子绕组有匝间短路、接地以及相间短路等。

(4) 发电机的通风散热不良。

(5) 整流状态不良。

(6) 发电机严重受潮。

(7) 电刷下火花过大。

(8) 发电机过负载十分严重。

(9) 励磁回路断线。

(10) 机组飞车而电压过高使绝缘损坏。

(11) 水轮发电机并列运行时发生误操作，出现非同期并列。

2. 处理办法

(1) 减轻水轮发电机的负载。

(2) 大部分原因是因为轴承损坏所引起，应立即修理或更换新轴承，以避免故障扩大。

(3) 认真检查定子绕组并立即停机修理。

(4) 检查发电机的内外风道，看有无堵塞现象，如果有即应清除所有堵塞物。仔细察看风扇是否损坏，若损坏则应更换新风扇。

(5) 如果是硅整流器工作状态不佳，可用仪表逐个检测硅元件，还应仔细检查励磁回路是否有接地现象。

(6) 可采用低电压的短路电流法进行干燥，有条件时电机的干燥也可在烘房中进行。

(7) 电刷下火花过大时应仔细检查电刷、滑环或换向器，找出故障位置予以处理。

(8) 发电机过负载十分严重时，应立即停机并减轻负载，以免发电机过载产生的高温烧损其绝缘和绕组。

(9) 应立即停机检查励磁回路各引线的连接，查明断线位置并重新予以牢固连接。

(10) 应立即停机处理。

(11) 立即将水轮发电机解列、停机、全面检查和修理。

十二、水轮发电机绝缘击穿

1. 故障原因

(1) 遭到酸性或碱性气体的侵蚀。

（2）水轮发电机的电压过高。

（3）水轮发电机过热或过于潮湿。

（4）发电机遭受雷击。

（5）发电机受到机械性损伤。

2．处理办法

（1）厂房内不得有危害水轮发电机绝缘的酸、碱性气体存在。

（2）水轮发电机的电压过高处理办法详见前述相关内容。

（3）可以采用短路电流法（或者用直流电焊机）进行干燥处理。

（4）全面做好防雷保护。

（5）对机械损伤进行修理。

第二节　水轮发电机定子绕组故障检修

定子绕组是水轮发电机的主要组成部分，在正常使用时其寿命都相当长。同时它是发电机结构中任务最繁重而又最薄弱的部件，由于绕组受潮、绝缘老化、机械碰伤、电磁力冲击、使用不当和缺乏必要的日常维护等，都很容易使绕组发生故障而损坏，其损坏率也比较高。图7-1所示为常见定子线圈故障现象。

水轮发电机定子绕组的故障有多种多样，这与设计优劣、制造工艺、工作环境的好坏以及维护管理水平的高低等许多因素有关。水轮发电机定子绕组出现故障时，应根据故障现象迅速进行现场观察、分析判断，并尽快地准确找出绕组故障点予以排除。其修理方式主要有局部修理和重新更换绕组修理等，下面介绍常见故障与局部修理方法。

一、定子绕组接地故障的检查与修理

定子绕组接地故障通常是指绕组与铁芯或机座（机壳）间绝缘损坏而出现的接地现象。绕组接地使发电机的机座（机壳）带电，严重时甚至还将引起人身触电伤亡事故；也可能使绕组因发热而导致短路；还有可能使一些控制线路失灵，而使发电机无法正常运行。因此，水轮发电机绕组的绝缘状况必须经常检查，一旦发现绕组有接地故障存在，就应及时检查修理，以免故障范围扩大而造成不可挽回的损失。

图 7-1 常见定子绕组故障现象

(a) 定子绕组短路；(b) 线圈端部与端箍松动造成磨损短路；(c) 定子槽楔发生松动现象；(d) 定子线圈老化开裂；(e) 10.5kV 高压发电机定子引线击穿；(f) 6.3kV 高压发电机定子烧毁

1. 绕组接地故障检查

发电机绕组接地故障的检查方法很多，下面介绍几种常用的检查方法。

(1) 兆欧表检查法。首先，选择兆欧表电压等级，应根据被检测发电机的额定电压而定。一般对于 500V 以上水轮发电机采用 1000～2500V 电压等级的兆欧表；500V 以下低压发电机则使用 500V 电压等级的兆欧表。兆欧表的两根检测线都要用绝缘良好的引线,并且不能绞连在一起使用,以免因其本身绝缘的破损而导致错误的检测结果。进行检测时,应将兆欧表的一根测试线接发电机绕组引出线端(若为三相发电机,可将三相并在一起测试或分相测试),另一根测试线接至发电机的金属外壳。在测试时兆欧表应置放平稳,摇动手柄要由慢到快逐渐加速,可按 120r/min 左右的速度转动手柄,并保持其转速不变。此时,表针即会指出发电机的绝缘电阻值。一般根据经验,若测出的绝缘电阻值在 $0.5M\Omega$ 以上时,说明发电机绝缘状况尚好,发电机仍可继续使用;若测出的绝缘电阻值在 $0.5M\Omega$ 以下或接近为 0,说明该发电机绕组已经严重受潮或者绝缘程度很差,应对电机进行烘干处理或深入检查;假如所测出的绝缘电阻为 0,且感觉摇动手柄时比上述两种情况用力要重时,很有可能是该发电机绕组已经接地,为慎重起见可采用其他方法继续进行检查。例如可用万用表的电阻档测量该发电机绕组的绝缘电阻,若其绝缘电阻值极低仅为 $0\sim2\Omega$,证明该绕组确已接地。

(2) 万用表检查法。用万用表检测时,应先将表位旋至 $10k\Omega$ 电阻档处进行测试,其操作方法与兆欧表检测时完全相同。采用万用表检测的最大优点是基本上可以判断出绕组是否已经直接接地,因为当发电机绕组产生直接接地故障后,其电阻值数值将会极小或为 0。检测以后就可根据经验及测试情况分析判断出发电机绕组是受潮还是绝缘被击穿。

(3) 试灯检测法。试灯检测法是电机修理中最简便实用的方法。采用该种方法检测时可先将发电机各相绕组的接线端拆开(中性点 N 在内部连接的应将其拆开)。然后把 36V 或 220V 交流电源串接一只灯泡,再将其中串接灯泡后的线作为测试线来用,逐相检查发电机的各相绕组。如果灯泡发亮,说明该相绕组已有接地故障;若灯泡微亮,可能是绕组受潮严重或者绝缘强度差;假如灯泡完全不亮,证明发电机绕组绝缘良好。用试灯法检测发电机绕组的接地故障,有时还可能根据所出现的冒烟或火花现象,迅速而准确地找出绕组的接地故障点。

(4) 分组淘汰法。当发电机绕组接地故障点与铁心槽或机壳碰触严重时,采用上述几种检测方法均难以找到确切的接地故障点,此时应采用分组淘汰法继续检测。这种方法就是将有接地故障存在的那相绕组一分为二,找出有接地故障的那部分绕组并再次分成两部分检测,依此类推直到找出有接地故障的极相组和线圈为止。

2. 绕组接地故障修理

如果发电机绕组仅因严重受潮，使其绝缘强度降低而接地时，即可作干燥或浸漆烘干处理；若绕组接地故障点是发生在铁芯槽口或槽底线圈处，可将该故障绕组加热待绝缘物软化后用理线板撬开接地点的线匝，并插入适当大小的同等绝缘材料后，予以涂漆烘干；如果发电机绕组接地故障是处于槽中的一个线圈，则必须更换新的槽绝缘和新线圈。

二、定子绕组短路故障的检查与修理

水轮发电机由于过载、过电压、三相不平衡运行或受机械碰撞等，使绕组绝缘损坏而造成短路。当绕组产生短路故障以后其每极相组匝数、并联支路数、各相绕组的串联匝数均有可能不相等，并使定子磁场的分布也不均匀，从而造成发电机产生强烈的振动、噪声、发热甚至烧毁事故。绕组短路故障一般分为相间短路、极相组间短路、线圈间短路和匝间短路等。

1. 绕组短路故障检查方法

（1）外部观察检查法。这种检测方法是将有短路故障的水轮发电机空载运行 20min 左右（若电机冒烟或发出焦臭味，则应立即停止运转），然后停机并迅速拆开端盖，用手触摸绕组端部。对较热的线圈和极相组应特别仔细观察，看其还有哪些异常及可疑之处。若一个线圈或一个极相组的端部温度明显高于其他线圈或有高温变色的情况，说明这部分线圈极可能有匝间短路或线圈间短路故障存在。这种方法非常简单、直观和有效，特别是对小功率水轮发电机绕组短路故障的检测更为实用、有效。

（2）仪表检测法。用仪表来测量各相绕组的电阻、电流和电压而检测绕组的短路故障，具体检测方法如下：

1）电阻平衡检测法。这种方法采用双臂电桥测量发电机各相绕组的电阻值，通过比较和计算来判断各相绕组有无短路。例如定子绕组每相的直流电阻 R_{p1}、R_{p2}、R_{p3}，当用电桥从发电机引出线端测量三相直流电阻时，按 U-N（中性线）、V-N、W-N 的次序分相测试。若其中的某相绕组内存在有短路故障，该相的电阻值必将小于没有短路故障的其他两相绕组。

2）电流平衡检测法。这种方法是在水轮发电机运行时检测其三相电流是否平衡，若三相电流严重不平衡，其电流最大的一相就可能有短路故障存在（应排除外负载电路的不平衡因素）。因此，为确保检测的准确性可采取调换两相外负载线来进行测试。若三相电流数值不随外负载线的调换而改变，所测电流较大的一相绕组即可能有短路故障。不过，采用这种检测方法一般只能查出有短路故障的那相绕组，却很难找出短路故障的准确位置。

3）电压降检测法。这种方法是将有短路故障相绕组的各极相组间连接线剪开，并从该相绕组的引出线通入 24～36V 的低压交流电，然后用电压表测量各极相组的电压降。当所测出的读数相差较大时，其数值最小的即有可能就是存在短路故障的极相组。同理，测出极相组内读数最小的线圈为已经短路的线圈。

（3）短路侦察器检测法。短路侦察器又称为开口变压器，它被广泛应用于检测齿槽式交、直流电机绕组的短路故障。使用时将短路侦察器放置在定子铁芯内圆中所要检测的线圈元件槽口上。然后将短路侦察器的线圈接入交流电源，这时定子铁芯与短路侦察器构成了磁回路。侦察器的线圈相当于一台用电压降法检测绕组短路故障变压器的初级绕组，而被检测的定子绕组成了变压器的次级绕组。若被检测的定子短绕组线圈中存在有短路故障，则串接在短路侦察器线圈回路里的电流表读数将会增大。如果没有串接电流表，也可用一条手锯条放在被检查线圈所嵌入另一槽，用短路侦察器检测绕组短路故障圈槽口上，如被检测线圈有短路故障，该线圈内就将产生感应电流，于是手锯条就会被槽口所形成的磁场吸引而产生振动，并发出强烈的吱吱声。

将短路侦察器沿定子内圆逐槽检查，来回移动检测各相绕组，便可找到短路故障线圈。这种检测方法能使短路线圈不受大电流的损伤而扩大故障，是比较有效的实用检查方法。但为保证检测准确性，应注意几点：①发电机绕组若为△形连接的，应将其△形接点拆开一处；②当绕组为多路并联接法时，应将各并联支路的接点拆开；③若线圈为多根导线并绕的，应将其接线端拆开；④发电机采用的是双层叠绕组时，因在同一个槽内嵌放有两个不同线圈的元件边。所以确定某个线圈是否短路时，应将短路侦察器在其左右两元件边上都试一下，以便更准确地查实短路线圈的位置。

上述几种对绕组短路故障的检测方法各有局限各有优劣，采用哪种检测方法，应视具体情况和条件选定。

2. 绕组短路故障修理

将发电机绕组短路故障的位置找出后，当绝缘损坏轻微且老化程度也不严重时，可按下述局部修理方法进行修复。

(1) 线圈匝间短路的修理。绕组的线圈匝间短路，多由于导线绝缘层破损而引起。如果短路故障发生在槽外部分，且导线绝缘损坏不严重，可将绕组和绝缘加热软化，再用理线板插入线匝间，将其轻轻分开并用绝缘材料予以隔离，趁热涂上绝缘漆后加以烘干即可。若存在短路线匝的线圈是处于双层叠绕组的槽上层，且其绝缘损伤又比较轻微，可先将线匝拆出，将损伤处重新包扎绝缘，并在更换新槽绝缘后，再将翻拆出槽外的线圈元件边重新嵌入槽中，经涂漆烘干予以修复。当线圈匝间短路比较严重或短路故障点又处于双层绕组的下层槽内时，这种情况一般就只有重换新线圈。

(2) 线圈间短路故障的修理。这种故障通常是由于极相组内各线圈间的连接线（俗称为过桥线）放置不当、嵌线方法不对或整形时敲打过多等原因引起。若短路故障发生在绕组端部或铁心槽口等较易修理的位置，即可将绕组加热后，用理线板分开短路线圈垫入绝缘，予以修复。

(3) 极相组内线圈短路。极相组内线圈间的短路故障，大多是因为极相组首尾线端的绝缘套管未套到位，或者是绝缘套管破损、被击穿所致。当出现极相组内短路故障时，可将绕组在加热变软后，再用理线板撬开线圈引线处，将绝缘套管重新套到位或用绝缘予以隔垫好。

(4) 相间短路。发电机绕组的相间短路故障多发生在绕组端部、双层叠绕组的上下层间及三相绕组的引出线间。造成短路故障的主要原因为端部和层间的相间绝缘垫放不当或老化破损；各相绕组的连接线、引出线绝缘不当或严重破损等，都有可能产生极相组内的短路故障相间短路故障。发电机绕组一旦发生相间短路故障，其后果将十分严重，轻则会引起电气系统跳闸，重则会将绕组局部或大部烧损。不过相间短路故障却是极易找到的，并且其绝大部分故障位置仅经目测就都可能找到。相间短路故障的修理，应视其故障部位、毁损程度和范围等，对症采取局部修复或重换新绕组等措施。

三、定子绕组断路故障检查及修理

发电机定子绕组断路故障常发生在线圈端部、极相组间连接线以及三相绕组的引出线处等。故障主要原因：绕组的连接线、引出线端因焊接不良在使用中松脱；绕组受到外部机械碰撞而折断；绕组接地、短路故障引起断路等。当发电机绕组出现断路故障，应立即停机，迅速检查找出故障并及时予以修复。

1. 绕组断路故障检查

发电机定子绕组发生断路故障时，应首先检查和察看其绕组端部，若发现有断线或接线端松脱之处，即应重新连接、焊牢和绝缘。如果断路故障经外部观察仍找不到具体位置，则该断路故障就有可能是发生在铁芯槽内或线圈的内部，这时可用试灯、万用表、兆欧表和电桥表等进行检查。在查出某相绕组确有断路故障以后，再拆开该相绕组的极相组间或并联支路间的连接线进行逐极检查，最终就可以找出绕组断路故障的位置。绕组断路故障检查方法如下：

（1）电流平衡检测法。将发电机作空载运行，并用电流表测量其三相电流值。若测出某相电流小或者无，该相极有可能存在断路故障。

（2）电阻平衡检测法。可使用电桥检测三相水轮发电机绕组的各相电阻值，根据所测出的电阻数值来查找其断路故障。若测出某相绕组的电阻值比其他两相的电阻值要大许多，即说明该相绕组内即有可能存在断路故障。

2. 绕组断路故障修理

若发电机绕组故障为引出线端头断裂或焊接不牢引起的松脱等，可以将其重新接线、焊接或更换引出线并用同等级绝缘包扎好；如果绕组断路故障位置是处于铁心槽外的端部时，就应将断裂的一根或多根导线仔细分清核对，重新连接和焊接好；若绕组断路故障是发生在铁芯槽内时，视断路故障的具体位置和线圈及绝缘的老化程度，确定是采用穿线法更换个别损坏线圈，还是重换全部绕组。

第三节　水轮发电机转子绕组故障检修

水轮发电机的转子上有励磁绕组和阻尼绕组两套绕组。励磁绕组多由绝缘圆铜线或扁铜线绕制成集中式磁极线圈，并经包扎、整形、绝缘、浸漆和烘干后，嵌置于转子磁极铁芯和磁轭的上面。阻尼绕组的主要作用是产生阻尼力矩，防止水轮发电机运行中因负载变化而引起"失步"现象。阻尼绕组是由截面积较大的导条，嵌置在磁极铁心表面的槽内，而其两端与分段的铜导板连接在一起，铜导板用螺栓紧固，作为短接之用，阻尼绕组的实质就是一套笼型的转子短路绕组。下面简述转子绕组常见故障及修理方法。

一、阻尼绕组故障与修理

阻尼绕组由于结构简单工作电压极低,故障比较少。其常见故障主要为笼形绕组断条或连接用铜导板松动,图7-2所示为发电机转子阻尼环脱落。当出现这类故障时,将会降低水轮发电机的阻尼力矩。不过此类故障极易检查和修理,通常只需经外部观察和重新紧固即可将故障排除。

二、励磁绕组故障与修理

水轮发电机励磁绕组是一个高速运行的旋转部件,因而当发电机在运行一定时限后,常常会出现各种故障,常见

图7-2 发电机转子阻尼环脱落

故障主要有接地、短路和断路等,图7-3所示为励磁绕组部分故障现象。当发生故障时,重要的是应仔细观察故障的各种表现,并根据这些现象进行分析、判断和查找。在有条件的情况下还可以借助于仪表和专用电器等进行更深入的检测,做出适时恰当的处理。

1. 接地故障检查与修理

发电机励磁绕组接地故障可用试灯或兆欧表以分组淘汰法进行检查,并在拆开绕组间连接线以后,再测试各磁极线圈以找出其接地的故障点。不过其接地故障点大多都发生在磁极线圈的内侧和与磁极铁芯接触的四个角上,因为此处最易受到损伤而绝缘击穿。在找出接地故障后,即应将接地磁极线圈从转子上拆下,重新包扎绝缘,并作浸漆烘干处理。重新装配时应与磁极铁心配合紧密,在经过高压检测试验后即可重新投入运行。

2. 短路故障检查与修理

励磁绕组短路故障多数是以匝间短路或层间短路的形式出现,短路故障的查找可以用电桥表检测各个磁极线圈的直流电阻值来确定,当所测电阻值小于各磁极线圈电阻的平均值即为短路线圈。也可以采用电流比较法进行短路故障的检查,所测电流较大的磁极线圈即为短路磁极线圈。找出励磁绕组的短路故障以后,如果磁极线圈匝间短路的匝数不多并且短路处热量也不高,水轮发电

图 7-3 发电机励磁系统部分故障现象
(a) 励磁绕组故障；(b) 转子烧掉；(c) 双绕组电抗分流的励磁损坏；(d) 集电环冒火

机仍然可以继续运行但应严加监视。若发电机励磁绕组的短路故障比较严重则需重换线圈。

3. 断路故障检查与修理

励磁绕组断路故障绝大多发生在几十千瓦以下的小型水轮发电机中，其故障大多为磁极线圈的连接线脱焊。因而外观检查比较容易发现，也可以用试灯对各磁极线圈的连接线逐极进行测试。在找出励磁绕组的断路故障以后，只需重新连接和重包新的绝缘即可。

当转速在 750r/min 以上的水轮发电机需要更换个别磁极线圈时，应特别注意新磁极线圈的导线线径、截面、匝数、层数和重量等，均必须与原磁极线圈的相关数据一致。并且在重新装配后，整个转子还应进行动平衡校准，以确保水轮发电机达到修理前的机械和电气性能。

4. 轴电流的检查与处理

水轮发电机的定子、转子绕组内发生匝间短路、定、转之间气隙不均，定子分段铁芯与外壳接缝出现高磁阻等，均将影响水轮发电机磁场不对称而产生部分包围转轴的磁通，并成为随着定、转子相对位置的变化而变化的交变磁通。该交变磁通将在转轴、两端轴承、轴承座及发电机底板所形成的闭合回路中产生感应电动势。当轴承中的油膜绝缘不足以隔绝此感应电动势时，就会在水轮发电机转轴上产生很大的轴电流。

水轮发电机轴电流的存在，对轴颈和轴承均有较大的腐蚀作用，一般在其表面都可观察到麻点或斑痕现象，当用 $0\sim5V$ 高内阻的电压表测量时，可发现转轴与机座间存在电位差。为了避免轴电流的产生，每个轴承均应与发电机底板绝缘，以切断它的电流回路；或者用装设在转轴上的滑动接地电刷将轴电流全部引导出去。

第四节　小型卧式水轮发电机检修

为保证水轮发电机组经常处于良好的工作状态，就必须对机组进行有计划的检查和修理，以便及时发现问题，消除隐患，防止事故停机，避免因此引起的重大损失。发电机检修工作一般分为维护检查、小修、大修、扩大性大修等 4 类，检修类别与周期见表 7-1。本节讲解小型卧式水轮发电机的维修过程。

表 7-1　　　　　　　　　检 修 类 别 与 周 期

检修类别	周期	工期/天
维护检查	每周 1 次	0.5
小修	每年 2～3 次	2～7
大修	2～3 年 1 次	20～30
扩大性大修	5～8 年 1 次	45～75

一、卧式水轮发电机检修拆卸步骤

水轮发电机检修时，正确的拆卸与组装很重要。如果拆卸与组装工艺不恰当，严重的甚至可导致意外事故。因此，每个检修成员都应当熟悉和掌握其拆装的方法和技术。

1. 拆卸前的准备工作

水轮发电机拆卸前，为了掌握情况，应查阅上次大修记录台账进行比较分析，从中发现问题，制定处理方案；对设备的原始状况进行必要的测量试验工作，记录下各技术数据。如果不这样做或者忽略了这一步，都会使检修工作变成盲目地拆拆装装，因而不能保证检修质量达到预期的效果。另外，进行仔细的检查和测试，可以积累检修技术资料，不断总结经验，逐步提高检修工艺水平。一个优秀的检修工或检修技术人员，都要善于和勤于做基础性的记录、整理和搜集资料的工作，才能积累丰富的经验。

测量检查项目一般包括：定子和转动部分的间隙；导电体与外壳或钢架间的距离；密闭部分的严密性；支持架及其固定件的稳固性；气体冷却系统循环通道的畅堵情况；循环水系统管道的畅堵情况；电气绝缘性能及其外表检查；停机测量并记录有关部位的振动数据、温度、温升等。

发电机拆卸前还应了解下列工作是否已进行完毕：①冷却水是否已排尽；②拆前试验工作是否已完毕；③发电机冷却器进出口水管阀门是否已关闭，冷却水源是否全部切断；④是否已具备发电机拆卸的条件等。

另外，准备做好拆卸过程中的各项记录，以保证记录完整、准确。

2. 解体注意事项

（1）解体前必须做好详细的测量和准确的记录。

（2）拆开各引线接头、各部件前，应做好记录，拆下后的螺丝、垫块、销钉，垫圈及其他较小零件，必须分类、记数、妥善保管。

（3）管道拆开后，应用白布封闭严密牢靠。

（4）解体后的发电机，为保证安全，现场无人工作时，必须用帆布盖严并用封条封记。

（5）全部解体后，应由检修负责人和专责保管人清点全部零件，过数登记核对无误后，进行清理和保管。

3. 抽转子前各部件的拆卸

（1）先将发电机与水轮机的联轴器（若有）拆开，再拆开油、水管路。

（2）拆开滑环电缆头，将电缆抽出。

（3）取出滑环上的碳刷，拆开并吊走滑环上的刷架，用塑料垫或青壳纸包扎滑环，以防损坏。

（4）拆开发电机端盖。

4. 发电机解体步骤

由于发电机结构上的差异，尚不能定出统一的解体步骤，但有一基本原则：即决不能使设备由于解体拆卸方法不当而损坏。一般解体步骤如下：

（1）拆开发电机本身与其他设备的连接。

（2）拆开固定设备的定位销、地脚螺栓和引线。

（3）拆开各类锁环、暗键，确认连接系统已解开。

（4）用吊车吊走各单元设备。

（5）解体发电机本体。

5. 抽转子

发电机抽转子是检修发电机工作中的重要一环，这种大件设备的起吊、抽移工作，参加人员较多，工作之间、工作人员之间需配合协调，动作一致，才能不损伤发电机定子、转子和其他部位。所以必须事先做好准备工作，安排好吊车，仔细检查所用设备和专用工具，是否完备，统一指挥人员的手令方法，确保起吊的安全。

抽转子时应做好以下工作：

（1）抽转子前，应在定子端部绕组上垫上塑料垫或红壳纸，以防擦伤定子绕组。

（2）不得伤害转子线圈。

（3）抽装转子过程中，人员的分工要明确，发电机的两侧均应安排有经验的人员，监视定子、转子间的气隙，转子在抽出过程中，定子膛内应配备专人扶持转轴端，以防止转子来回摆动，撞伤定子铁芯、线圈扶持轴端进入定子膛内的人员身上绝对不可携带任何硬物、金属器件，以防其掉入定子铁芯膛内，造成事故隐患。拉倒链的人员应统一指挥，协调动作。

（4）转子拉出定子膛后起吊时，钢丝绳不得直接套在转子上，应围绕转子铁芯在钢丝绳下垫好木衬条，防止钢丝绳磨碰转子表面。

（5）放置转子时，不允许用风扇、滑环等作为支撑或受力点，转子支架应垫在铁芯本体或轴颈处，转子轴颈、滑环工作面要用布、多孔塑料板、石棉布或在布上绕麻绳保护包扎，以防碰伤。

根据机组的不同，抽装发电机转子的方法也不相同。

二、水轮发电机定子检修

水轮发电机本体的检查如需进入发电机定子膛内工作，应细心、谨慎。进入前首先在线圈端部和定子膛内铺设塑料垫，进入发电机定子膛内的工作人员应检查是否穿戴钉鞋、口袋内有无金属品及与工作无关的物品，钮扣是否牢固，特别是金属物件应避免落入电机通风沟内，如有上述情况则不得入内。每天检修完需清点工具，绝不允许在发电机内遗留任何物件，并应用帆布遮盖，贴上封条。

定子检修项目包括：①检查端盖、机座、衬垫等；②检查定子铁芯、槽楔、通风沟等；③检查和清扫定子线圈引出线及套管；④检查紧固螺丝和线圈绝缘、绑线、垫块等，然后进行清扫。

另外，定子端部线圈重绑后的喷绝缘漆以及端部垫块、槽内槽楔的更换有时也包括在检修项目中。在极特殊的情况下，还可能有更换线棒、修理定子线圈绝缘、重焊端部接头、修理铁芯等工作量大、技术复杂的检修工作。

（一）定子线圈检修

1. 定子线圈本身松动

水轮发电机经过长期运行，绑绳和槽楔常因干缩而发生松弛，这是促成线圈松动的根本原因。如果槽部或端部线圈松动，运行中的发电机将会发生振动，如果再遇上外部故障短路，线圈会严重变形，甚至击穿。所以在检修时，对于槽楔松动应加衬垫或给以更换，更换时使用专用工具将槽楔打出，以免损坏线圈和铁芯。

2. 定子线圈绝缘的破损、流胶、膨胀、龟裂、油污和剥落

在检查定子线圈绝缘有无破损、流胶、膨胀等现象的同时，还应特别注意线棒从线槽中引出地点的绝缘状况。对头套处的绝缘，应检查有无发脆、过热、变色等不良现象，若有，应查明原因并进行处理。

3. 定子端部线圈的检查

对定子端部线圈主要检查以下几项：

（1）检查端部线圈的固定情况。由于端部线圈仅个别部分固定，其余大部

分是悬空的，所以是发电机机械强度比较薄弱的地方，保证端部线圈固定良好，对发电机运行的可靠性来说，比槽中线圈的固定更有意义。端部线圈绑线不太松弛时，可在绑线下部塞入绝缘纸板垫紧；若松弛严重，则应重新用新绑线绑扎牢；端部线圈间的木质隔离垫块干缩破裂时，应更换新垫块，重新绑扎牢固；如端部线圈变形部分下垂，下垂线圈与非磁性环间发现有间隙时，应用木垫块垫紧，再用绑线绑牢。新换绑线和垫块后，应涂刷一层防潮漆和防油绝缘漆。

（2）处理端部线圈绝缘的膨胀。由于端部线圈绝缘是用手缠绕的，热压处理也不够，尤其是线圈曲折的地方，极易发生线圈绝缘的膨胀，这种情况是很危险的，因为它将在绝缘内部形成空气泡，在强电场的作用下，空气泡中将发生电离现象，产生臭氧及氮氧化合物，使绝缘遭受腐蚀，腐蚀到一定程度，绝缘就被击穿。因此这种膨胀如果得不到及时处理，则会严重地影响机组的安全运行。端部线圈的绝缘膨胀不太严重时，可用加强绝缘的方法处理，按现行最新的绝缘规范执行。

（3）处理端部线圈表面防护漆层的脱落。定子端部线圈表面防护漆层脱落的情况是常见的，若端部线圈绝缘并无破坏，仅仅是漆层脱落，则可重喷绝缘漆层；若原有漆层脱落严重，则应将原有剩余漆层除去后，重喷两到三次，里层喷防潮漆，外层喷防油漆。

（4）检查端部有无从轴承向线圈溅油的情况。检查定子线圈若有从轴承向线圈溅油的情况，切不可麻痹，应查明进油的原因，一般应注意密封瓦的装配和密封系统是否严密。

（二）定子铁芯检查

1. 检查定子铁芯是否松弛，表面有无锈斑

在铁芯表面、通风沟内和硅钢片组的通风孔内发生锈点是铁芯松弛的主要征状。铁芯上的锈点是由于铁芯硅钢片叠片松弛时，硅钢片间发生振动，引起硅钢片漆膜脱落，造成局部短路的结果。若发现有这种锈斑，应清理干净，涂上绝缘漆，有条件时，铁芯硅钢片之间可灌漆或垫塞云母片，然后将其加紧；锈斑严重时，应考虑进行铁芯的发热试验。

2. 检查铁芯表面绝缘及槽楔碳化焦脆现象

铁芯表面绝缘有过热变色现象及槽楔有碳化焦脆现象，主要是由于组成铁芯

的硅钢片间的绝缘破坏，运行中损耗增加而导致剧烈发热造成的。造成这种硅钢片绝缘损坏的原因还有很多，如铁芯被撞伤及通风沟处的硅钢片有皱褶，又被金属屑堵塞或集有灰尘形成半导体层，使此处的硅钢片发热增加，逐步使绝缘老化，因而导致缺陷越来越严重。如果发热现象不明显，但又怀疑铁芯内部存在问题时，则应进行铁芯发热试验。如确有短路，则应重新修理铁芯发热处。

3．检查通风沟通风情况

通风沟应无异物堵塞，通风良好，槽楔的通风沟和风道的方向应一致，槽楔应无断裂、凸出及松动，用小锤敲打应无空声，再用小锤敲打每个通风沟内的小工字铁隔片，检查其是否紧固。

4．检查机壳的焊缝

机壳的焊缝应良好无损，机壳应无裂痕，机壳内应无异物，地脚螺丝应无松动，固定部件应完好，温度计、热电偶等连线应正确和完好。检查内护板应无变形、无裂缝。

5．检查引线连接板

引线连接板应无变形，出线套管应完整无损。

（三）定子线圈绝缘击穿的检查与分析

定子线圈绝缘击穿事故的性质是很严重的，轻则只有一两个线圈击穿，严重时会使整个发电机烧毁。引起定子线圈绝缘击穿的原因有：一相与外壳接地短路；相与相间线圈短路；一相绕组内某线圈的匝间短路。造成短路击穿的原因主要有：雷电过电压或操作过电压作用；线圈绝缘膨胀或过热；绝缘老化或受潮；绝缘机械损伤等。

三、水轮发电机转子检修

水轮发电机转子由转子本体、线圈、风扇等部件通过严格的工艺组装而成。转子部件装配工艺要求严格，其结构精密，因此，在正常情况下，转子检修以检查和试验为主，只有当发现转子内部故障时，才考虑是否需要解体检修。

（一）转子检查项目

（1）测量和检查转子本体，做好测量数据的记录。

(2) 检查风扇等部件有否松动、位移、裂纹甚至断裂现象。

(3) 检查引线固定螺丝、平衡配重块、风扇座的固定螺丝等坚固件有无松动和断裂现象。

(4) 检查滑环的磨损，根据磨损的情况，确定是否需要车光。

(5) 进行转子各部分的清扫和擦拭。

（二）转子常规试验项目

(1) 用 500V 摇表测转子线圈的绝缘电阻，其值应不低于 $0.5M\Omega$。

(2) 测转子线圈的直流电阻，记入技术台账，以便于历年比较。

(3) 作转子线圈的交流耐压试验，试验电压为 1000V，时间为 1min（也可以用 2500V 摇表代替）。

(4) 作转子匝间短路试验，以检查转子线圈是否有匝间短路。

除上述检查外，若发现转子有匝间短路的现象，应另外按规程做静态、动态的交流阻抗试验和转子匝间短路试验，通过示波器可监视匝间短路的变化情况。

（三）转子检修注意事项

(1) 转子本体上不能随便钻孔、焊接，以免破坏转子的刚度、强度和平衡。

(2) 工作中不能破坏转子的平衡，否则要重新找平衡，现场找平衡是件十分麻烦的工作，需要用动平衡机拖动进行。

(3) 各部件拆卸应原拆原装，不可随意更替，若必须更换时，应使待更换零件与原来的零件在材质、大小、重量等方面完全一样，否则将会破坏转子的平衡，使机组运行产生振动，甚至不能投入运行。

（四）转子部件检查和修理方法

1. 转子线圈检查

检查转子线圈的绝缘和垫块的紧固情况。若线圈绝缘老化，有破碎脱落，应进行匝间短路试验确定有无短路故障，然后再确定是否需要进行修理。

2. 风扇叶片检查及修理

对于风扇叶片的检查应注意风扇叶片是否完整无变形，并用小锤轻轻敲打，听其声音有无破裂，还应检查叶片安装是否牢固，当敲打时声音清脆，说明风扇叶片牢固，如声音嘶哑，则可能该叶片已松动，对松动的叶片，应从转子上取下，进行详细的检查，若是叶片断裂，则应更换新叶片。

3. 转子滑环检查及修理

对转子滑环的检查主要看其表面是否光滑，有无磨损及凹凸不平现象，滑环的状态和滑环对轴的绝缘以及引出线与轴的绝缘是否完好。磨损严重的滑环应车光。另外，对滑环附近引线外露部分的积污应引起足够的重视，积污会引起绝缘电阻下降，有时甚至会造成励磁回路接地故障。滑环的使用寿命主要由滑环材料、加工质量和现场的维护情况决定。正确地维护可延长滑环寿命。

维护滑环时，应注意以下几点：

（1）滑环上的碳刷应符合厂家规定的技术标准，碳刷的牌号应相同。

（2）碳刷被刷握弹簧压在滑环表面，每个碳刷的刷握弹簧压力应相同，若不相同应及时调整，并对磨短了的碳刷及时给予更换；为保证碳刷和滑环的接触面，应对碳刷与滑环的接触面进行研磨，使接触面达70%以上，并且每次更换的碳刷个数不应过多。

（3）碳刷在刷握中上、下应活动自如，但前、后、左、右不能有框动现象。若碳刷尺寸略大于刷握时，可将碳刷在砂纸上仔细地磨小，但绝不能磨成上大下小，造成运行时的卡涩现象。

（4）经常保持滑环表面和碳刷的干净，定期吹扫磨下的废物。

四、水轮发电机轴承检修

卧式水轮发电机轴承检修包括推力轴承和径向轴承的检修。水轮发电机轴承的结构型式虽有多种，但以检修项目来看却无多大差异。如推力轴承的检修、推力盘、镜板、推力瓦等的检修项目大多是相同的，只是在调整受力方法上有所不同。水轮发电机轴承检修的主要内容有推力轴承至径向轴承的拆装、镜板处理、推力瓦和径向瓦的刮削、轴线测量调整、推力瓦受力调整、径向轴承间隙调整及轴承甩油处理等。

卧式水轮发电机的轴线测量及调整是机组检修中一项很重要的工作。实践证明，机组轴线调整好坏，与机组振动和轴承过热现象的发生直接关系。因此轴线的正确调整，对于保证机组安全和稳定运行十分重要。

轴线测量与调整的目的是使主轴能获得正确的相互位置，即发电机主轴通过法兰与水轮机法兰相连后，使机组的各自旋转中心线在一条直线上。测量轴线的方法是通过盘车方式测得数据后进行计算，再根据计算结果调整轴承座，使轴线各部分摆渡值符合规定的要求。

图7-4所示为部分水轮发电机定子、转子图片。除上述的三大重要部件的检修，发电机其他各部件也应定期进行相应的检查、维护、保养和维修。

图7-4 部分水轮发电机定子、转子图片
(a) 发电机转子轴档位、推力瓦烧损；(b) 推力瓦、径向瓦烧损（严重凹凸不平）；
(c) 修复完毕的定子、转子

第五节 水轮发电机故障检修案例

水轮发电机的故障检修要根据原因分析，采取不同的检修策略，下面介绍若干发电机组故障及检修处理方法案例。

案例1：某电站低压机组，上机架长时间漏油，线圈表面全是油污，又加上不久前发电机被洪水浸泡过，加速线圈绝缘腐蚀。润滑油常用46号汽轮机油，在空气中会产生水溶性酸腐蚀绝缘，线圈表面长期有油对绝缘慢慢腐蚀，长时间后破坏绝缘性能，造成绕组击穿。图7-5所示为发电机定子绕组故障现象。

该故障现象经过两次故障才查到真正故障原因。首次绕组击穿故障处理如下：

(1) 对绕组被击穿的故障点进行清洁，清出电机油沫。

(2) 更换已损坏的定子线圈，并加绝缘包扎处理。

(3) 测量绝缘电阻、直流电阻，都符合标准。

(4) 交流工频耐压试验，试验通过。

绕组击穿故障处理后的发电机并网运行 1h 后，在发电机端部另一处又发生了类似击穿故障。再次故障处理办法如下：

(1) 对端部每个绕组剥开绝缘层检查，发现线圈发黑，腐蚀老化严重。

(2) 对发电机定子铁芯进行油污处理、更换全部绕组。

(3) 对发电机上机架油箱进行修补、试验。

(4) 对油管接头检查是否漏油并处理。

发电机修复后，再次并网发电，投运成功。为确保不再有类似故障，对值班运行人员进行培训，要求加强设备管理。对上机架油箱的油不要加得过多，不应超过油位线，每天应检查 2 次并做好记录。

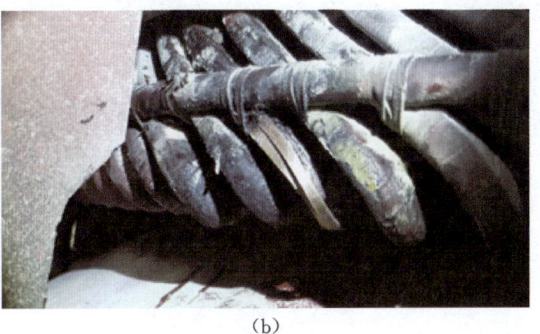

(a) (b)

图 7-5 发电机定子绕组故障现象

(a) 被油腐蚀的发电机定子；(b) 被油腐蚀的定子绕组

案例 2：某水电站高压机组，1000kW、6.3kV、24P。水轮发电机被洪水浸没，转子磁极线圈内全是泥沙，不能运行。图 7-6 所示为水轮发电机被淹现象。

修复处理要点：

(1) 拆卸发电机全部转子磁极；清理磁轭、磁极，清除、清洁磁极线圈上的泥沙，烘干、更换极身绝缘（图 7-7）。

(a) (b)

图 7-6 水轮发电机被淹现象

(a) 泥沙覆盖水轮发电机组；(b) 6.3kV 水轮发电机被洪水浸没 1 周后

图 7-7 转子磁极拆卸清理

(2) 对每个磁极进行匝间试验、耐压试验，试验值应符合要求。

(3) 对磁极称重配对装配。

(4) 将对整体热态浸漆，待冷却后，再放入热循环烘房烘干，并保温 12h。

(5) 进行各项电气试验，试验结果应合格。

(6) 进行动平衡校验，校验合格后投入使用。

案例 3：某电站 1 号发电机组，为冲击式、6000kW、8 极。故障现象：机组出力只能达到 5000kW，若再增加出力，导瓦温度即超过 63℃。

故障处理要点：

(1) 分析原因，冷却系统油路不够畅通、导瓦与轴径接触面太小、瓦面点子不均匀。

(2) 重新检查处理，采用专用刮刀，压铅测量，刮瓦安装，盘车调试。

发电机经处理后，屏柜显示功率达到 6000kW，瓦温 47.8℃（图 7-8），恢复正常。

 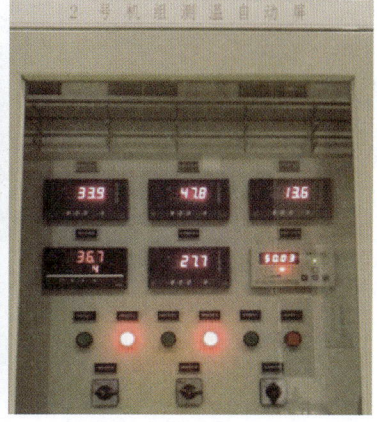

图 7-8 高压机组及检修后屏柜显示

案例 4：某小水电站 2 号、3 号发电机，6.3kV、2000kW、8 极。故障现象：水轮发电机组振动大、噪声大、机组出力明显降低。

故障处理要点：

(1) 分析原因，发现转轮焊缝有缺陷，转轮与转轮体焊缝开裂。

(2) 在裂纹处进行碳刨处理，采用不锈钢焊条加温焊接。

(3) 进行着色试验，超声波无损探伤，结果应符合要求。

(4) 再对转轮打磨处理。

(5) 将转轮上硬支架，进行动平衡校验，各指标符合要求即检修完毕。

图 7-9 为机组修复图片。检修后机组投入运行，机组出力达到 2000kW，振动值 0.21mm，噪声 85dB，指标符合要求，恢复正常。

案例 5：某水电站灯泡贯流式机组，6.3kV、4000kW、48 极。故障现象：水轮机主轴摆度大，超过 50 丝，瓦温高达 60℃，发电机功率达 3000kW 以上即不能运行。

故障处理要点：

(1) 分析原因，大轴推力盘变形、授油机漏油，同时存在集电环冒火现象。

(2) 对转轮体进行全部拆卸，更换全部密封、铜套。

(3) 重新装配，然后保压 6MPa、24h 不漏油。

图 7-9　轴伸贯流式水轮发电机组（转子开裂修复）

（4）进行镜板研磨、推力盘加工、导瓦和推力瓦重刮，调整电刷，更换弹簧。

（5）进行修复后检测、试验，试验结果满足要求。

图 7-10 所示为机组修复中图片。修复后的发电机投入运行，屏柜显示：功率 4000kW、瓦温 47.8℃、噪声 80dB、大轴摆度 10 丝。参数正常，机组恢复正常运行。

案例 6：某电站安装 2 台 5000kW 立式混流机组。端电压 6.3kV，转速 600r/min。2021 年 4 月前，电站内部组织对 1 号机组进行大修。机组大修后投入运行，上导、下导瓦温偏高，运行温度稳定在 55~56℃。当天停运后，机组于第二天再次开机，上导、下导瓦温度快速上升，仅运行十几分钟，就超出 58℃，遂将机组停运，不能正常发电。

故障排除及处理过程：

（1）分析原因，查看电站大修记录，开机试运行，测量分析机组振动值（表 7-2）。

（2）停运机组，针对温度过高，拆出上导轴瓦（6 块），对瓦面接触点、瓦进油边进行修刮，调整瓦背间隙。

（3）将上导轴瓦回装发电机，试机运行，测量温度；连续发电运行 3d，试

图 7-10　4000kW 灯泡贯流式机组检修

机温度稳定在49℃。

（4）第四天再继续运行，重新开机后测量温度；温度偏高，高达56℃；遂多次反复试机，温度稳定值变化不一致。

（5）进一步分析原因，怀疑机组镜板水平以及大轴轴线问题；进行水平测量，发现水平偏差过大，相差0.12mm；大轴进行盘车，相差0.30mm左右。

（6）经讨论分析，解体发电机组，进行全面检修，重装处理，主要内容：

1）拉出推力头，调整镜板水平，保证0.01mm以内。

2）单机盘车，修理打磨绝缘垫，盘到上导净摆度0.07mm，下导0.06mm。

3）连轴盘车，加垫法兰，盘到水导0.10mm。

4）调整大轴、转子、转轮中心位置。

5）调整上导、导瓦间隙。

6）调整推力瓦，受力。

7）调整下导、水导瓦间隙。

（7）发电机重新组装完毕，试机运行。

投运后的发电机，上导温度稳定在51.7℃，下导温度稳定在50.1℃，温度正常；振动测量值见表7-2，符合要求。

表7-2　　　　　　　　　　机组振动测量值　　　　　　　　　　单位：mm/s

故障排除前	上导	X：1.2	Y：1.1	Z：0.9
	水导	X：0.5	Y：0.4	Z：0.4
故障排除后	上导	X：0.7	Y：0.6	Z：0.5
	水导	X：0.4	Y：0.3	Z：0.3

案例7：某小水电站安装3台1000kW立式机组。故障现象：每台机组水轮机大轴密封档位磨损，漏水严重。

故障处理方法：采用不锈钢镶套工艺修复轴档位。

（1）测量磨损情况：经测量，直径大小偏差3mm。

（2）确定方案：不更换大轴，外镶一个不锈钢套。

（3）采用不锈钢镶套工艺，具体：

1）把轴档位外径车小15mm。

2）取一定长度的不锈钢套，将其车到与轴档位相配。

3）在不锈钢套上交叉打20个ϕ16mm的小孔。

4）把不锈钢套对称破为2块，包在轴档位处，用一个与不锈钢套外径大小的夹子将其抱紧。

（4）进行塞焊。焊接过程注意以下事项：

1）要特别仔细，不能有一点夹渣和气孔，否则影响质量和使用。

2）采用 A302、E309 不锈钢 $\phi 3.2$ 焊条。

3）电流控制在 180～200A 之间，而且焊一下就要把里面的焊渣及时清理干净，直到看不见一点黑点。

4）焊接方法，采用对称焊接，防止轴在焊接过程中弯曲变形。

经过修复的轴档位，表面光洁度高，摩擦系数小，使用寿命长，至今已使用 6 年，没有发生漏水现象。

图 7-11 为发电机转子平衡校验展示图片。

转子静平衡校验

转子动平衡校验

图 7-11　发电机转子平衡校验

第八章　水电站运行管理制度

第一节　水电站运行管理及其制度

一、水电站运行管理

水电站运行是指水电站根据电力系统及其自身安全发供电的要求，对所辖的设备起停操作、工况调整、巡视检查、清扫维护、事故处理和运行记录等工作。运行管理即指对上述工作实施的管理（包括生产、技术、人员活动）。其目的是保证水电厂的安全发供电，保证电网安全经济运行，向社会提供充足、可靠和优质的电能。

总结几十年来小型水电站的运行经验，完成水电站安全稳定经济运行任务，必须要做好以下工作：

（1）严格按运行操作、事故处理规定，正确操作调整；严格按参数运行，加强监视及时调整，保持电力系统电压、频率稳定和负荷需要。

（2）建立运行值班（上岗）责任制，严肃当班纪律，值班人员集中精力，随时掌握系统和电厂生产情况的变化，及时发现设备缺陷和异常情况，正确处理事故。

（3）严格贯彻以"两票三制"（工作票、操作票、交接班制度、设备巡回检查制度、设备定期维护试验及轮换制度）为核心的规章制度，坚持从思想教育入手，增强值班人员遵章守纪自觉性。

（4）加强设备维护保养，及时消除缺陷，做好设备技术监督，采用先进可靠的监测手段；及时分析设备技术状况，采取预防事故措施，保持设备完好状态，提高设备可用率。

（5）加强值班人员组织建设，强化技术培训，注意经常性的遵章守纪和敬业思想教育，加强考核，提高值班人员队伍素质，做好值班工作。

（6）坚持做好设备检修，不断采用新技术，改造更新机电设备，提高设备安全可靠性和自动化水平。

在水电站中，值班人员是运行生产的最直接实施者，教育培训值班人员，提高他们的素质，使他们通晓有关规章制度，并严格贯彻执行，较好地完成值班工作。水电站的运行管理所牵涉的内容和制度很多，各地实行的规章制度也略有不同。

二、水电站运行值班

（一）运行值班制度

1. 对电站运行人员的基本要求

（1）运行人员应具有高度的责任心，有从事本岗位工作的事业心和责任感，并具有良好的职业道德。值班时要有认真的态度，保持充沛的精力，集中注意力，坚守岗位。

（2）运行人员应严格遵守有关规章制度，要有高度的安全意识和自我保护意识，牢固树立"安全第一，预防为主"的思想，努力完成上级交给的各项任务。

（3）运行人员要熟悉通晓有关操作规程、设备运行规程及各种制度，并严格遵守。

2. 运行值班要求

（1）运行人员在当值期间必须严格履行对所属机电设备进行正确监测职责，至少每两小时巡检一次，及时发现异常，防患于未然，并在专用记录本上做简要记录和签名。

（2）值班人员应严格执行"两票三制"（即工作票、操作票、交接班制度、设备巡回检查制度、设备定期试验及轮换制度）和其他制度。

（3）值班人员应严格贯彻执行上级命令，当接到上级命令时，应复诵一遍，无误后迅速执行。如认为命令有误时，可向发令人指出，并作简单解释，如发令人确定自己的命令是正确时，值班人员应立即执行；如果上级命令直接威胁人身或设备安全时，则无论在何种情况下均不得执行；同时应立即将情况汇报主管领导。

(4) 值班人员必须监察现场状况，当发生紧急情况（如火灾、人生触电等）时，可不等请示许可，一方面尽力应急处理，进行必要的操作；另一方面召集指挥有关人员进行除灾抢救工作，但事后应立即报告上级。

(5) 电站值班必须做到"四防"：①严格防止误操作事故；②严格防止扩大事故；③严格防止设备缺陷发展成事故；④严格防止人身伤亡事故。

(6) 值班现场设置的记录、报表必须无条件按规定记录完成，做到项目不遗漏，数据不伪造、无差错、字迹清晰、整洁，并对记录的真实性负责。

(7) 值班期间，发现异常情况，必须认真检查分析，采取有效措施，准确、果断、迅速处理排除。发现重大问题，立即向上级请示、汇报，并事后作出实事求是的书面报告，如实反映情况，不得弄虚作假、隐瞒真相。

(8) 值班人员必须服从领导，听从指挥，遵守劳动纪律，在接近上班或值班时间不得喝酒。值班时做好"事故预想"工作；做到五不准：不准睡岗，不准在生产现场争吵、打架，不准擅自离岗、串岗，不准乱动设备，不准做与上班无关的事情（如喝酒、打扑克、下棋、打麻将、玩游戏等）。

(9) 值班人员在值班期间必须坚守岗位，如有特殊原因需迟到或早退，或需离开自己的岗位时，值班人员要得到值班长的许可；值班长离开时要指定值班长助理或代理人负责，并交代当班注意事项。

(10) 运行人员必须按值班轮值表值班。值班员因事需换岗时，要向当值值班长报告，并到同意后方有效，值班长需换岗时必须报告电站负责人，并得到同意后方有效，而且不允许连续上岗。

(11) 运行人员请假必须履行请假手续。临时因故不能上班时，一般应按规定时间提前向值班长当面请假，如当班人员不足时，值班长应立即报告电站负责人，以便调配人员上班。

(12) 值班期间，必须保持现场和设备的整洁，严格遵守有关规定。

(13) 所有值班人员穿戴必须符合安全劳动要求，值班时不得穿拖鞋、背心、短裤、裙子和高跟鞋。

(14) 所有值班人员必须严格执行运行规程、电业安全工作规程及各项规章制度。

(15) 运行人员应严禁未经允许的外来人员进入生产现场。

3. 值长岗位制度

小水电站值长的岗位职责：

(1) 通晓有关规章制度，并严格贯彻执行。

(2) 在当班时间内对厂内的安全运行负领导指挥之责，对自己发出的命令正确负责，并要求全值人员迅速正确执行。

(3) 凡发生设备和人身事故时，领导全值人员迅速正确处理，并及时报告有关领导。

(4) 正确布置任务，审核操作票，及时申请和通过设备停复。

(5) 指派人员、对有关设备定时巡回检查。

(6) 准确、扼要、清楚地填写值长日记、操作和命令指示簿等。

(7) 积极开好班后会，保证做好每周一次的群众性安全生产活动。

(8) 积极完成上级布置的任务。

4. 运行值班人员岗位责任制

小水电站值班人员的岗位职责：

(1) 通晓有关规章制度，并严格执行。

(2) 服从值长的统一指挥，做好值长布置的工作。

(3) 根据工作票和操作票，做好对设备缺陷的处理，机电设备隔离操作工作，操作时要有人监护，严防误操作。

(4) 坚守岗位，经常注意设备运行情况、及时调节周波、电压、有功功率；及时、准确、清楚地填写运行日志。

(5) 巡回检查中发现异常情况及时处理，并报告值长，遇设备和人身事故时，在值长统一指挥下，发挥主观能动性，正确、迅速处理。

(6) 做好安全保卫工作，有权阻止无关人员进入控制和运行设备区域，检查电气保安用具和消防器材，做好工具、钥匙登记出借工作。

(7) 进行有关规程、制度和业务知识学习，对业务技术精益求精。

(8) 进行有关设备和厂房的清洁工作，并且做好电站周围的环境卫生工作。

(9) 积极完成上级布置的其他任务。

(二) 交接班和巡回检查制度

1. 交接班制度

小型水电站交接班制度规定：

(1) 运行人员必须按要求做好交接班准备工作，办理交接班手续。

（2）交接班期间运行人员应各负其职，认真做好交接班工作。检查完成，双方值班长在运行日志上签名。

（3）接班人员应在电站规定接班前 15min 内到达现场办理交接班手续，各人员应全部集中听取上值班长详细交代运行情况。交接班时发生事故由交班者负责处理。

（4）交班人员交班前应做好下列工作：①提前半小时对机组、电气设备及附属设备进行一次全面巡视检查；②审查值班期间内各种运行记录整理图表资料及两票；③整理好保安器具、仪表、材料工具、设备钥匙；④搞好机房的清洁卫生工作；⑤值班长在交班前应填写好"值班长记录簿"，审阅运行日志，包括设备缺陷及故障处理、电话记录及电力调度命令、操作票和工作票交接等，并做好交班前的准备工作。

（5）交班主要交代的内容：①系统及设备的运行情况和注意事项；②设备的缺陷及异常情况；③设备检修的主要内容，安全措施，交班未完成的工作及其他注意事项；④设备装置的变动及异常现象；⑤调度及上级的有关命令和指示。

（6）接班人员接班前应做好下列工作：①阅读"值班长记录簿"，了解上次值班以来的情况和运行方式的改变；②了解系统及设备的运行方式及运行情况；③检查所有公用的仪表、保安器具、工具材料等是否齐全，机房是否清洁；④接班值长发出接班命令，以音响信号为正式交接班。

（7）交班人员在以下情况不应交班，并及时向有关领导汇报：①接班人员人数未到齐；②接班人员有病痛、酒醉、精神失常现象。

（8）接班人员发现以下情况不应接班：①能处理的一般故障未处理好的；②事故情况及处理交代不清的。

（9）必要时，交接班后由交班值班长主持召开班务会，分析总结当日安全生产情况，布置班务活动。

2. 巡回检查制度

电站运行巡回检查制度规定：

（1）运行时各值班人员在值班长的带领下，严格执行巡回检查制度。

（2）在巡回检查时，各值班人员应严格遵守电业安全规程。

（3）每班除交接检查外，至少进行一次全面巡回检查。

（4）在巡回检查时，发现缺陷及时处理，重大缺陷及时报告。

（5）巡回检查内容为电厂主、副厂房和升压站内的机电设备，包括：①发电机、水轮机；②主变、厂变、高低压开关；③继电保护和励磁系统部分；④中控室各屏柜；⑤主阀、调速器、空压机和集水井；⑥其他设备。

（6）经电站领导批准允许单独巡视高压设备的值班人员和非值班人员，巡视高压设备时，不得进行其他工作，不得移开或超越遮栏。

（7）雷雨天气，需要巡视室外高压设备时，应穿绝缘鞋，并不得靠近避雷器和避雷针。

（8）巡回检查中，应该详细检查运行中和处于备用的所有设备，检查方法是：①一闻，闻机电设备有无焦臭味及异味；②二听，听设备各部分运行，有否异常声音；③三看，看环境有无异常变动，监视表计及监控计算机是否正常，电气设备各部位有无闪烁、冒烟、跳火现象；④四查，查漏水、漏油、漏气，查看各部油位、集水井及顶盖水位是否正常；⑤五摸，机电设备外壳的振动和发热程度；⑥六比，将机组各设备运行情况与以前运行情况进行比较，机组是否处于最佳运行状态。

（9）发现异常情况应及时处理，对那些不属于运行维护工作范围内的本岗无法消除的设备缺陷，要立即汇报厂部并将缺陷记入"设备缺陷记录"。

第二节　水电站操作票和工作票

一、倒闸操作一般规定

电气设备分为运行、热备用、冷备用以及检修等四种状态。将电气设备由一种状态转变为另一种状态的过程叫倒闸，所进行的操作叫倒闸操作。倒闸操作具体是指通过操作隔离开关或断路器以及挂、拆接地线等将电气设备从一种状态转换为另一种状态或使电力系统改变运行方式。

倒闸操作应根据值班调度员或运行值班负责人的指令，受令人复诵无误后执行。发布指令应准确、清晰，使用规范的调度术语和设备双重名称。发令人和受令人应先互报单位和姓名，发布指令的全过程（包括对方复诵指令）和听取指令的报告时应录音并作好记录。操作人员（包括监护人）应了解操作目的和操作顺序。对指令有疑问时应向发令人询问清楚无误后执行。发令人、受令人、操作人员（包括监护人）都应具备相应资质。

倒闸操作一般规定如下：

(1) 电气设备的倒闸操作，是一项十分严谨的电气工作，要求操作人员具备高度的责任心和一丝不苟的工作态度，严格按照有关规程要求进行操作。

(2) 倒闸操作指令必须由有受令权的人员接受，执行时正值监护，副值操作。特别重要和复杂的倒闸操作，应由熟练的操作人员操作，值班长或站长（运维班长、操作队长）监护。

(3) 操作前必须准备好操作用具和倒闸操作票并做好事故预想。

(4) 倒闸操作尽可能避免在交接班、重负荷、强烈雷电活动时进行，紧急送电和事故处理时例外。

(5) 装、拆接地线必须使用绝缘棒操作，必须戴绝缘手套；雨天操作室外高压设备时，绝缘棒应有防雨罩，还应穿绝缘靴；接地网电阻不符合要求时，晴天也应穿绝缘靴；装卸低压熔断器，应戴线手套和防护眼镜，必要时使用绝缘夹钳，并站在绝缘垫上。

(6) 对于下达的操作指令，应迅速正确执行；对指令有疑问时应提出意见，对危及人身或设备安全者，应拒绝执行，并报告上级。

(7) 操作中听到电话时，应停止操作，接听电话，弄清原因后再继续操作。

(8) 电压互感器停用时，应防止倒送电及继电保护误动。

(9) 倒闸操作可以通过就地操作、遥控操作、程序操作完成，遥控操作的设备应满足有关技术条件。

(10) 倒闸操作分为监护操作、单人操作和检修人员操作三种。单人操作和检修人员操作的设备及操作人员应符合相关规定。

(11) 下列操作可一人进行：①单人值班的变电站或发电厂升压站操作时，运维人员根据发令人用电话传达的操作指令填用操作票，复诵无误；②若有可靠的确认和自动记录手段，调控人员可实行单人操作；③实行单人操作的设备、项目及运行人员需经设备运维管理单位或调度控制中心批准，人员应通过专项考核。

(12) 在发生人身触电事故时，可不经许可，即行断开有关设备电源，但事后应立即报告调控人员（或设备运行管理单位）和上级部门。

二、倒闸操作票的操作术语规定

(1) 断路器（二次开关）：断开、合上。

(2) 隔离开关：拉开、推上。

(3) 熔断器：取下、装上。

(4) 接地线、绝缘隔板（罩）：装设、拆除。

(5) 保护及自动装置连接片：退出、投入。

(6) 手车开关：将××手车拉至××位置。

(7) 高压令克（高压熔断器）：拉开、合上。

(8) 三位置隔离开关（合、分、地三位置联运隔离开关）：拉地时，将×××合于接地位置；解除接地状态时，将×××拉至分闸位置。

(9) 多位置切换开关：将××切换开关由××位置切至××位置。

(10) 电缆肘头：拔出、插入。

三、倒闸操作票的填写规定

(1) 倒闸操作票无错字、别字、掉字，涂改必须清楚，不能超过两个字，但设备编号及动词不准涂改。

(2) 倒闸操作票必须按年、月编号，如宛2021－05－001，即宛北变电站2021年5月第1份倒闸操作票。

(3) 一份倒闸操作票只能填写一个操作任务。

(4) 两页以上的倒闸操作票，应在前页备注栏写"接下页"，在最后一页签名。

(5) 倒闸操作票必须由操作人填写，如因上一值受令填好倒闸操作票没有执行或因操作复杂须提前由上一班准备倒闸操作票，则该倒闸操作票的审查、签字、操作可由下一班操作人员进行。

(6) 作废的倒闸操作票每一页都必须及时加盖"作废"章，最末页应在最后一行项目下盖章。

(7) 倒闸操作票应填写的时间：①指令时间，即调控人员下达操作令的时间；②操作开始时间，即模拟操作正确后的时间；③操作结束时间，即全部操作完毕后向调控人员汇报的时间。

四、倒闸操作票应填入操作项目

（1）拉、合设备[断路器（开关）、隔离开关（刀闸）、跌落式熔断器、接地开关等]，验电，装拆接地线，合上（安装）或断开（拆除）控制回路或电压互感器回路的低压断路器、熔断器，切换保护回路和自动化装置，切换断路器（开关）、隔离开关（刀闸）控制方式，检验是否确无电压等。

（2）拉、合设备[断路器（开关）、隔离开关（刀闸）、接地开关等]后检查设备的位置。

（3）停、送电操作时，在拉、合隔离开关（刀闸）或拉出、推入手车式开关前，检查断路器（开关）确在分闸位置。

（4）设备检修后合闸送电前，检查确认送电范围内接地开关已拉开，接地线已拆除。

（5）根据设备指示情况确定的间接验电和间接方法判断设备位置的检查项。

（6）装、拆绝缘罩（板）。

（7）其他必要的操作项目。

五、倒闸操作票应填入检查项目

（1）断路器（开关）断开（合上）后，检查××开关三相确已断开（合好）。

（2）进行停、送电操作时，在拉、合隔离开关（刀闸），手车式开关拉出、推上前，检查××开关确在分闸位置。

（3）隔离开关（刀闸）、接地开关拉开（推上）操作后，检查××隔离开关三相确已拉开（合上）。

（4）手车开关（拉出）推上操作后。检查确已拉出（合上）。

（5）操作熔断器装上后。检查××操作熔断器接触良好。

（6）检修后的设备恢复备用前，待操作设备间隔内的接地线（接地开关）全部拆除后。检查××安全措施已全部拆除（必须写明设备编号或范围）。

（7）对无须操作但必须检查运行状态的开关或隔离开关。检查××开关（刀闸）三相确在合闸（断开）位置。

（8）合上（断开）TV（电压互感器）二次联络开关后，检查××kV电压互感器切换装置变化正常（或信号灯亮/灭）。

（9）拉、合 TV 一次隔离开关（手车）前，检查 TV 二次开关（熔断器）在断开（取下）位置。

（10）分相操作断路器、隔离开关后，应分项检查 U、V、W 三相的位置。

（11）间接方法判断设备位置的检查项目应填写在操作票中作为检查项：①开关的检查项，检查××断路器三相位置指示断开（合上）、遥信变为断开（合上）、遥测电流为××A，确认开关三相已断开（合上）；②组合电器的隔离开关检查项，检查××隔离开关三相位置指示断开（合上）、遥信变为断开（合上）、带电指示装置显示无电压（有电）、确认××隔离开关三相已断开（合上）。

六、可以不开倒闸操作票的情况

下列可以不开倒闸操作票的，但应记入值班记录的工作规定：
（1）事故处理。
（2）拉合断路器（开关）的单一操作。

七、倒闸操作票的使用规定

（1）每操作完一项，确认操作质量无问题后，监护人必须及时在该项栏内打一个"√"号，不准全部操作完再打"√"号。

（2）已执行的倒闸操作票，在执行完后应立即在最后一项的下面盖上"已执行"章。

（3）未执行的倒闸操作票也要按顺序编号，并应签字，最后一项下面加盖"未执行"章，并应在备注栏内注明原因。

八、统计为不合格操作票的情况

（1）不按规定填票、审查、核对。
（2）执行前操作票未预先编号。
（3）已执行的操作票遗失、缺号。
（4）操作任务不明确，不正确使用双重编号和调度术语。
（5）不属于一个操作任务的填用一份操作票。

（6）操作、检查项目遗漏、顺序错误、不该并项的并项。

（7）操作票字迹不清、更改不符合要求。

（8）装、拆接地线地点填写不明确，未填接地线编号或填写错误。

（9）未按照规定在操作票上记录时间。

（10）设备名称、编号、拉、合等关键词修改者。

（11）操作人、监护人、值班负责人未按规定签名，伪造或代替签名者。

九、倒闸操作票的其他规定

（1）站长（运维班长、操作队长）每月应对倒闸操作票进行审查，并在有效倒闸操作票第一张的右上角加盖"合格"或"不合格"章，倒闸操作票封面按统一格式填写齐全。

（2）使用过的倒闸操作票至少保存 1 年。

十、典型操作票

典型操作票可以正确地指导值班员进行电站的日常倒闸操作，防止误操作事故的发生，提高运维人员的技能水平。典型操作票依据《电力安全工作规程》《变电运行规程》《工作票操作票管理规定》和各级继电保护整定方案编制，对填写操作票有指导作用。编写典型操作票时应结合设备实际情况、保护定值单要求、运行规程、调控规程、电站现场运行注意事项、有关图纸以及检修、继保校验人员填写的注意事项等有关要求内容进行。

典型操作票在执行过程中，应掌握以下原则：

（1）确保操作顺序的正确性。绝不能颠倒、增减操作项目，混淆、错乱设备编号。

（2）体现大部分操作的统一性。即同一操作任务不同的工作情况，尽可能在票面上统一起来。

（3）努力使操作简练化。争取以最简练的文字、最少的操作项目，实现操作的目的。

（4）力争使操作过程合理化、科学化。在保证安全不违背操作原则的前提下，以少跑动、少走重复道路为原则。

（5）当闭锁程序与本操作票不符时，应请示运检部处理。

十一、电站运行操作及操作监护制度

为确保安全生产,应根据《电业安全工作规程》的规定,结合电站实际情况,制定电站运行操作及操作监护制度,具体内容包括:

(1) 倒闸操作严格按《电业安全工作规程》的有关规定执行。

(2) 正常倒闸操作应执行操作票制度,保证操作过程中人身和设备的安全。

(3) 发令人下达操作任务时,必须向操作人员、监护人员交代操作任务、目的和要求。重大和复杂的倒闸操作由熟练的操作人员进行操作,值班长进行监护。

(4) 机电设备凡有两项以上的操作,均应填写操作票,操作票必须执行各级审查(由操作人根据操作任务参照标准操作票填写、监护人审查、值长复核)。每张操作票只能填写一个操作任务。

(5) 操作过程中应严格执行监护和唱票制度:

1) 操作人和监护人应明确操作任务、目的、顺序和方法,做好操作前的一切准备工作。

2) 每次设备操作前,监护人和操作人必须按操作票顺序核对设备名称、编号和所处的状态(或标志),弄清操作开关、操作把手的方向和操作方法。

3) 进行每项操作时,先由监护人按操作票顺序对照设备高声唱票,操作人手指被操作设备编号及操作方向高声复诵,监护人确认无误后说:"对,执行",操作人方可操作。

4) 操作时操作人在监护人的监护下认真操作注意仪表、指示信号的变化,发现操作有误或出现异常情况时,应立即停止操作,及时向发令人或值班长汇报,弄清原因后方可继续操作。

5) 每操作完一项,操作人和监护人共同检查确定后由监护人在操作票上做"√"记号,严防漏操作。

6) 主要操作项目(如开关分、合等)监护人要在该项操作完毕后立即在操作票中记录操作时间。

7) 全部操作完毕,应进行复查,向发令人或值班长报告操作完毕,并在操作票上盖上"已执行"章,核对系统图中设备相应状态。

8) 在操作过程中发生疑问和争议时,立即停止操作,并向发令人或值班长报告弄清问题后再继续操作。不准擅自更改操作票。

（6）雷雨时除远方操作外禁止倒闸操作。操作高压开关、跌落保险时应戴绝缘手套、穿绝缘靴，应使用合格绝缘棒进行操作。雨天操作应使用带防雨罩的绝缘棒，还应穿绝缘靴。

（7）操作前应检查准备好的安全用具、仪表及其他工具。操作完毕后，将其整理好放回原处，同时还要做好有关记录。

（8）发生人身触电事故时，应立即断开有关设备的电源，事后应将此事上报。

（9）操作票由生技部集中统一归档备查。

十二、电站倒闸操作规程

（1）倒闸操作应由两人进行。

（2）倒闸操作前，应根据操作票的顺序，在模拟板上进行核对性操作。操作时应先核对设备名称、编号，并检查开关或隔离开关的原来拉、合位置与工作票所写的是否相符。操作中，应认真执行监护制、复诵制。

（3）操作中发生疑问时，必须立即向技术主管报告，弄清楚后再进行操作，不准擅自更改操作票。

（4）操作人员与带电导体应保持规定的安全距离。

（5）用绝缘杆拉、合隔离开关，跌落保险时，应戴绝缘手套。操作室外设备时，还应穿绝缘靴、戴绝缘手套。

（6）带电装卸熔断器时，应使用绝缘夹钳，戴防护眼镜，戴绝缘手套，并应站在绝缘垫上。

（7）雨天操作室外高压设备时，除按第（5）条的规定外，使用绝缘杆应带有防雨罩。雷雨时，应停止室外的正常倒闸操作。

十三、电站工作票制度

工作票制度是保证检修人员安全工作的组织措施，是为了避免人身和设备事故而履行的一种设备检修工作手续，在运行期间检修人员（包括其他一切非当班运行人员）未经办理工作许可手续，一律不准擅自操作或整修运行设备。工作许可手续即由工作负责人填写工作票（详细填写工作目的、安全措施、工作人数、时间等），经值班人员认可（工作许可人）并在工作许可人的监护下完成施工现场的安全措施。工作许可人还应会同工作负责人到现场再次检查所做的安全措施，验明检修设备确无电压。向工作负责人指明带电设备的位置和注意事项。工作许可人和工作负责人在工作票上分别签名后，工作人员方可开始工作。在电气设备上工作必须填写工作票和按命令执行。工作负责人、工作许可人任何一方不得变更安全措施，值班人员不得变更有关检修设备的运行结线方式，如有特殊情况需变更时，应先征得对方同意。当检修工作结束时，值班人员与工作人员共同检查、验收设备，并共同办理工作票的结束工作。

工作票的填写：

（1）填写第一种工作票的工作范围：①在高压设备上工作需要全部停电或部分停电；②在高压设备的二次接线和照明等回路上工作，需要将高压设备停电。

（2）填写第二种工作票的工作范围：①带电作业和在带电设备外壳上的工作；②控制盘和低压配电盘，配电箱的工作；③二次接线回路上的工作，无须将高压设备停电者；④转动中的发电机的励磁回路上工作。

（3）填写工作票应正确清楚。一份必须经常保存在工作地点，由工作负责人收执；另一份由值班收执，按值班移交。

1）第一种工作票应在工作前一天交给值班人员。

2）第二种工作票应在进行工作的当天预先交给值班人员。

（4）工作票应由工作负责人或工作许可人填写，由熟悉设备情况和电业安全工作规程的生产领导人、技术人员签发，但工作票签发人和许可人不能兼任工作负责人，工作负责人和工作许可人不能签发工作票。

（5）工作票的签发人、工作负责人、工作许可人的安全责任。

1）工作票签发人的责任：①核定工作必要性；②确认工作是否安全；③确认工作票上所提的安全措施是否正确完备；④审核所派人员是否适当和充足。

2）工作负责人（监护人）的责任：①正确安全地组织工作；②督促、监护工作人员遵守本规程；③负责检查工作票所列安全措施是否正确完备或符合现场情况；④工作前对工作人员交代安全事项；⑤确认工作人员变动是否合适。

3）工作许可人的责任：①审查工作票所列安全措施是否正确完备，是否符合现场；②工作现场布置的安全措施是否完善；③负责检查停电设备有无突然来电的危险。

（6）搞好工作许可，工作监护制度和工作间断、转移以及终结制度。

（7）事故抢修工作可不用工作票，但应记入运行日志簿。

（8）工作票由生产技术部门集中统一归档备查。

第三部分

小水电安全管理

进入21世纪以来，随着社会的发展，安全生产越来越受到社会的关注，党中央、国务院十分重视安全发展，习近平总书记重要批示指示："发展决不能以牺牲人的生命为代价，这必须作为一条不可逾越的红线"，"要始终把人民生命安全放在首位"。党的十九大报告明确提出要求："树立安全发展理念，弘扬生命至上、安全第一的思想，健全公共安全体系，完善安全生产责任制，坚决遏制重特大安全事故，提升防灾减灾救灾能力。"

为了加强安全管理工作，防止和减少生产安全事故，保障人民群众生命和财产安全，促进经济社会持续健康发展，2002年制定了《中华人民共和国安全生产法》，2014年根据实施情况又进行了修改。安全管理要点："安全第一　预防为主　综合治理"。安全生产主要围绕这个要点，依据《中华人民共和国安全生产法》等一系列法律法规开展工作。

本部分主要分为四章，着重介绍了小水电安全生产管理及其制度、安全生产标准化建设及达标申请、电气安全管理及事故与应急预案等内容。

第九章 水电站安全生产

第一节 安全生产基本概念

一、安全生产及安全生产管理

安全生产，是指在社会生产活动中，通过人、机、物料、环境的和谐运作，使生产过程中潜在的各种事故风险和伤害因素始终处于有效控制状态，切实保护劳动者的生命安全和身体健康。

安全生产管理，就是针对人们在生产过程中的安全问题，运用有效的资源，发挥人们的智慧，通过人们的努力，进行有关决策、计划、组织和控制等活动，实现生产过程中人与机器设备、物料、环境的和谐，达到安全生产的目标。目前水利部对农村水电站安全生产管理要求落实"双主体"（安全生产责任主体和监管主体）责任。

安全生产管理的基本对象是企业的员工，涉及企业中的所有人员、设备设施、物料、环境、财务、信息等各个方面。

安全生产管理的目标是，减少和控制危害，减少和控制事故，尽量避免生产过程中由于事故所造成的人身伤害、财产损失、环境污染以及其他损失。

企业的安全管理主要有以下工作内容：

（1）认真贯彻国家和地方安全生产管理工作的法律法规和方针政策、安全技术标准规范，建立企业内部标准化安全生产管理体系，包括建立安全生产管理机构、明确职责权限，建立和落实安全生产责任制度、安全教育培训等其他安全管理制度。

（2）运用企业安全管理原理，监督指导所属单位建立现场安全管理机构、落实安全生产责任制，配备安全管理人员，建立安全教育培训等其他安全管理制度，实行工程施工安全管理和控制。

（3）认真进行安全生产检查，实行自检、互检和专项检查相结合的方法，组织开展各项格查活动；专职安全生产管理人员还应当加强生产过程中的安全检查工作，做好安全验收工作。

（4）制定企业安全生产管理制度，对安全检查中发现的人、机、环境方面的安全问题应及时进行处理，保证不留安全隐患。

（5）监督所属单位安全管理机构做好现场的安全文明生产管理、职业危害管理、劳动保护管理、现场消防安全管理以及季节性安全管理。

（6）组织落实企业级安全生产教育工作；做好企业内部安全生产责任考核工作；监督所属单位做好企业级、车间级和班组级的安全教育。

（7）建立企业职业健康管理制度，将职业健康管理纳入企业管理中。

（8）做好安全事故的调查与处理工作，做好事故统计资料。

（9）组织制定并有效实施安全度汛措施。

（10）建立安全生产费用保障和使用管理制度，并有效实施。

二、事故与安全生产事故

事故是在人们生产、生活活动过程中突然发生的，违反人们意志的，迫使活动暂时或永久停止的，可能造成人员伤害、财产损失或环境污染的事件。

安全生产事故是指在生产经营活动过程中发生的一个或一系列非计划的（即意外的）可导致人员伤亡、设备损坏、财产损失以及环境危害的事件，即生产经营活动中发生的造成人身伤亡或者直接经济损失的事件。

第二节 水电站安全生产管理制度

抓安全促生产，安全生产以人为本。水电站管理工作应始终把安全放在首位，应建立、健全安全生产组织制度，采取一系列行之有效的措施和强有力的制度来约束人。

多年来，我国的小水电坚持贯彻"安全第一、预防为主、综合治理"的方针，收到了明显的成效，建立起一整套安全生产方面的规程、制度和办法，这对搞好安全、经济供电起了很大的作用。"没有规矩，不成方圆"，下面对部分安全生产管理制度进行介绍，以供参考。

一、安全生产责任制度

1. 站（厂）长（业主）安全生产责任

（1）站（厂）长（业主）是安全生产第一责任者，对全厂的安全生产、劳动保护工作负全面的领导责任，是水电站安全生产直接责任人。

（2）全面贯彻执行党和国家安全生产的方针、政策、法令、法规、条例、规章制度及上级有关规定，并结合本企业实际情况，组织制定实施细则和各项管理制度，做到本电站（厂）各岗位和工种都有章可循，责任到人。

（3）负责安全生产监察机构的设置和按规定配备专职人员。

（4）批准电站重大的安全技术措施及反事故措施计划，定期检查执行情况，并按规定安排费用，保证"安措""反措"计划的实施。

（5）定期召开安全生产分析会议，针对存在的问题，组织落实整改措施并组织检查、验收、总结。

（6）对发生大的事故亲自主持调查、分析和处理，并指示有关部门写出事故报告。

2. 运行值长安全生产责任

（1）值长在值班时间是全站（厂）运行的总负责人，必须认真贯彻"安全第一、预防为主、综合治理"的生产方针，严格执行部颁规程和本厂的各项规章制度，确保安全生产。

（2）负责全值的安全经济运行，服从调度命令，正确执行批准的运行方式，领导和指挥运行操作和事故处理。负责审查操作票和许可工作票，并对许可工作票的正确性负责。

（3）在事故和异常处理时，为了确保人身和设备的安全，以便尽快地排除故障，有权召集有关人员到现场参与处理工作。

（4）值长在值班时间内，应督促值班人员严格执行部颁规程和本厂的各项规章制度，并严明值班纪律。对不服从命令的值班员和有危及设备安全运行的检修工作人员，有权责令其停止工作，并向有关领导反映。

（5）值长在值班时间内应将主要运行工况和不安全情况，详细记入"值长日志"中，发生事故应在下班后立即召集有关人员将事故前后的运行工况、事故发生的原因、保护动作情况、事故扩大的原因汇总并写出事故原始报告，交主管和安监人员。

3. 值班人员安全生产责任

（1）上班前按规程要求穿戴好劳动保护用品，工作前应认真检查所使用的工具、设备、现场安全条件。

（2）在工作岗位上，自觉遵守劳动纪律，认真执行各项安全生产法规和规章制度，严格履行"两票三制"。

（3）发生不安全情况，立即报告值班长，保护事故现场，并向调查人员汇报情况，写出原始报告。

（4）积极参加安全日活动，主动提出改进安全工作的意见。

二、安全教育制度

1. 安全教育的内容

（1）安全思想教育，包括安全生产方针、指令、政策、法规的教育，法制教育，劳动纪律教育及安全态度方面的教育。

（2）安全技术知识教育，包括一般生产技术教育（发电厂的基本生产过程、设备系统结构、规格、性能等），安全技术教育（发电厂生产过程中的不安全因素及规律性、可防性、安全性、发生事故时的紧急救护及自救措施），专业安全技术知识教育（生产场所内特别危险的设备和区域及其安全防范措施知识，有关电气设备、压力容器、机械设备的专业安全知识，厂内运输、各种起重机械工具的安全知识，特殊工种和采用新技术、新工艺、新设备、新材料工作的安全知识）。

（3）安全规程制度教育，包括国家颁发的与电力生产有关的规程制度，主管部门颁发的与电力生产有关的各种规程制度，电站（厂）内部颁发的各种安全生产管理标准及现场规程等。

2. 安全教育的要求

（1）应根据安全生产状况，制定出年度安全教育和安全培训计划，其内容包括各级领导的专业性安全教育和培训，特殊工种与代培人员的安全教育和培训，新工人的三级安全教育等。

（2）新入厂人员（入厂的新工人，分配入厂的大中专院校、技校毕业生，来厂代培的外单位人员，来厂参加生产和检修工作的临时工、合同工、外包工）进入现场前要进行三级安全教育和安规的学习并经考试合格。

（3）从事电力生产的特殊工种，如焊工、起重工、吊车工、电梯司机等作业人员，应经过专门安全技术培训，经地方劳动部门考试合格后，方可允许持证上岗作业。

（4）逢机组检修和突击性的生产任务，应进行针对性的安全教育。

三、安全生产管理制度

1. 总则

（1）为确保电站安全运行，根据《电业安全工作规程 发电厂和变电站电气部分》（GB 26860—2011）结合电力生产以及本电站工作的实际情况，制订本制度，电站（厂）干部、职工和技术人员必须严格执行本制度，切实保证电厂人身及设备安全。

（2）建立安全检查小组，严格监督本制度的贯彻执行。

（3）安全生产，人人有责，任何工作人员发现有违反本制度并足以危及人身和设备安全者，应立即予以制止。

2. 安全基本规定

（1）电站（厂）工作人员必须具备必要的电气知识，熟悉并执行部颁《电业安全工作规程》及有关安全生产的其他规定。

（2）不准靠近或接触任何有电设备的带电部分，特殊许可的工作按有关规定执行。

（3）任何电气设备上的指示牌及其周围的遮拦除原来放置人员或负责运行的值班人员外，其他任何人不准移动或拆除。

（4）手持行灯电压不超过36V，要有防护罩，不许放在发热的物体上。

（5）严禁用普通导线代替保险丝，或用不合格的保险丝。

（6）线路停送电应按调度或有关负责人的命令执行，严禁约时送电。

（7）无关人员不准随便进入厂房，参观应事先通知，并由有关人员陪同。

（8）厂房内严禁投掷杂物和摔跤、玩笑等活动。发电机旁严禁烘衣物等。

（9）运行场所要有充足的照明。每晚特别是雷雨季节，主厂房和中控室必须保持一盏以上事故照明灯在"亮"位置。

（10）正常的开、停机必须要有站（厂）长或调度的命令。

（11）值班员（包括值班长）离开岗位一个月以上的，必须先跟班熟悉，并经厂长同意方可恢复运行值班。离开三个月以上的除跟班熟悉外，还需考试合格，领导批准。

（12）正常开、停机或其他操作，应避免在交接班期间进行。

3.运行操作安全规定

（1）凡厂房内的高压设备，不论带电与否，巡视人员不得单独移开或越过遮拦。

（2）在雷雨天气巡视室外高压设备，须穿绝缘鞋，并不得靠近避雷器及避雷针。

（3）各种操作必须根据值班调度员或值班负责人命令进行。严格执行操作票制度，一张操作票只能填写一项操作任务。

（4）各种操作必须由两人执行，其中一人对设备较熟悉者作监护。重要和复杂的操作由对设备较熟悉的值班员执行，值班负责人或值班长监护。

（5）停电拉闸操作必须按开关、负荷侧刀闸、母线侧刀闸依次进行，送电合闸与此相反。严防带负荷拉合刀闸。操作室外高压设备时，应戴绝缘手套，雨天应穿绝缘鞋，绝缘棒应有防雨罩，雷电时严禁操作。

（6）电气停电后即使事故停电，在未拉开有关刀闸和做好安全措施以前，不得触及设备或进入遮拦，以防突然来电。

4.机械部分一般安全规程

（1）运行场所内各部位必须保持清洁明亮，楼梯口走廊里、地面上禁放阻碍物。一切抹布、棉纱头和其他杂物，均应妥善保管，不准随地乱丢。

（2）禁止在厂房内生火，若特殊需要时，必须汇报上级同意，并做好相应的防火措施。

（3）禁止用手触摸各种开关及非操作设备。

（4）清扫使用中或未使用的阀门、操作把手，须一手把住一手清扫，以防误动作。

（5）除油污及漏水、漏油的设备上用抹布擦、棉纱头清扫外，其他一律用干净的棉布清扫。

(6) 正在运行中的机械设备不许装卸,不可揭开其安全盖和罩壳。

(7) 不得乱用工器具及使用破损或不完整的工具。

四、安全生产检查制度

1. 日常设备检查

(1) 主管生产的厂级、部门领导和安监人员应经常深入生产现场巡视检查,并查看运行日志和有关记录。

(2) 运行人员每值接班前应按岗位责任制对所辖设备按规定项目进行检查,做到心中有数。

(3) 检修人员应按规定对所辖设备进行检修。

(4) 每月由班长对高空作业工具及有关安全用具的外观完好情况检查一次。

(5) 每月消防专责应对全厂所有的消防设备、器材全面检查一次,保证消防设备处于完好状态。

2. 季节性安全大检查

(1) 每年 1 月进行春节前安全大检查。

(2) 每年 4 月进行防洪防汛安全大检查。

(3) 每年 9 月进行秋季安全大检查。

(4) 每年 11 月进行冬季防火大检查。

(5) 以上各种检查发现的问题,主管部门应及时处理,如不能及时处理,应采取有效的防护措施。

第三节 安全生产监督管理

一、水利安全生产监督管理

政府主管部门的安全生产监督管理,为了达到安全生产目标,在党和政府的组织领导下所进行的系统性管理活动,是安全生产监管责任人。

水利安全生产监督管理是指水行政主管部门按照管理权限开展安全生产监督管理的活动。

水利安全生产监督管理应当做到全方位、全过程,实现综合监管与专业监管相结合，全覆盖、零容忍的监管。全方位，即各领域全面覆盖；全过程，包含各环节、各时段监管。如水利工程安全监管全过程是指对水利工程规划、设计、建设、运行四个阶段及逻辑关联的安全生产工作进行监督管理。

水利行业的安全生产监督管理的一般监督管理方式，可分为事前、事中和事后监管。根据水利行业特点具体表述为事故预防、应急管理和事故管理。事故预防是水利安全生产监督管理的重点和主要任务。

二、水利安全生产监督管理任务

水利安全生产监督管理具体任务如下：
(1) 法律规章制度落实情况。
(2) 水利安全生产责任制落实情况。
(3) 水利安全生产市场准入和标准化建设。
(4) 监督检查和隐患排查治理督导。
(5) 水利安全生产教育培训。
(6) 水利安全生产行政执法。
(7) 水利安全生产应急管理。
(8) 水利职业危害监控。
(9) 水利安全生产监督管理考核等。

安全生产管理与安全生产监督管理工作目标一致，安全生产管理与安全生产监督管理区别在于：安全生产监督管理是政府行政行为，主体是各级政府，客体（对象）是生产经营单位。当然，也包括上级政府对下级政府安全工作进行的监督管理。安全生产管理是生产经营单位的管理行为，主体是生产经营单位，客体是本单位的人、事和物。

第十章　水电站电气安全管理

第一节　电气安全工器具

一、绝缘安全工器具

绝缘安全工器具分为基本绝缘安全工器具和辅助绝缘安全工器具两种。

（一）基本绝缘安全工器具

基本绝缘安全工器具是指能直接操作带电设备、接触或可能接触带电体的工器具，如验电器、绝缘棒、绝缘夹钳、携带型短路接地线、个人保护接地线、核相器、绝缘罩、绝缘隔板等。

1. 验电器

验电器分为高压和低压两种，主要用途是检查低压电气设备或线路是否带有电压。高压验电器用于测量高压电气设备或线路上是否带有电压（包括感应电压）。

低压验电器又称验电笔，它是用来检验对地电压在250V及以下的低压电气设备的，也是家庭中常用的电工安全工具，它主要由工作触头、降压电阻、氖泡、弹簧等部件组成。这种验电器是利用电流通过验电器、人体、大地形成回路，其漏电电流使氖泡起辉发光而工作的。只要带电体与大地之间电位差超过一定数值（36V），验电笔的小窗孔中就可以看到氖管发光。

在使用低压验电器前，首先应检查一下验电笔的完好性，四大组成部分是否缺少，氖泡是否损坏，然后在有电的地方验证一下，只有确认验电笔完好后，才可进行验电。在使用时，验电笔的笔尖金属体触及被测电气设备上，手握笔尾（手要触及笔尾金属体）。湿手不要去验电，不要用手接触笔尖金属探头。

低压验电笔除主要用来检查低压电气设备和线路外，它还可区分相线与零线，交流电与直流电以及电压的高低。通常氖泡发光者为火线，不亮者为零线；但中性点发生位移时要注意，此时，零线同样也会使氖泡发光；对于交流电通过氖泡时，氖泡两极均发光，直流电通过的，仅有一个电极附近发亮；当用来判断电压高低时，氖泡暗红轻微亮时，电压低；氖泡发黄红色，亮度强时电压高。

高压验电器多为电容型，它是通过检测流过验电器对地杂散电容中的电流，检验高压电气设备、线路是否带有运行电压的装置。电容型验电器一般由接触电极、验电指示器、连接件、绝缘杆和护手环等组成。

使用高压验电器进行验电时，首先必须认真执行操作监护制，一人操作，一人监护。操作者在前，监护人在后。在使用高压验电笔验电前，一定要认真阅读使用说明书，检查一下试验是否超周期、外表是否损坏、破伤。验电器额定电压要和被测电气设备的电压等级相适应，否则可能会危及操作人员的人身安全或造成错误判断。验电时，操作人员一定要戴绝缘手套，穿绝缘靴，防止跨步电压或接触电压对人体的伤害。操作者应手握罩护环以下的握手部分，先在有电设备上进行检验。检验时，应渐渐地移近带电设备至发光或发声止，以验证验电器的完好性。然后在需要进行验电的设备上检测。同杆架设的多层线路验电时，应先验低压，后验高压，先验下层，后验上层。

在保管和运输中，不要使高压验电器强烈振动或受冲击，不准擅自调整拆装，凡有雨雪等影响绝缘性能的环境，一定不能使用。不要把它放在露天烈日下暴晒，应保存在干燥通风处，不要用带腐蚀性的化学溶剂和洗涤剂进行擦拭或接触。

验电器要定期做试验。

2. 绝缘棒

绝缘棒又称绝缘杆、操作杆。它是用于短时间对带电设备进行操作或测量的绝缘工具，如接通或断开高压隔离开关（刀闸）、跌落熔断器等，安装和拆除携带型接地线，以及进行带电测量和试验等工作。绝缘杆由合成材料制成，结构一般分为工作部分、绝缘部分和握手部分。工作部分一般用金属制成，其长度在满足工作需要的情况下，应尽量缩短，一般在 5~8cm，以避免由于过长而在操作时引起相间或接地短路。绝缘和握手部分由护环隔开，它们是用浸渍过绝缘漆的木材、硬塑料、胶木制成，其最小长度可根据电压等级和使用场所的不同而确定。

绝缘棒使用时操作人员必须戴绝缘手套，穿绝缘靴（鞋），手应放在握手部分，不能超过护环。使用时绝缘棒禁止装接地线。绝缘棒使用完后，应垂直悬挂在专用的架上，以防棒弯曲。

绝缘棒每年要进行一次绝缘试验，保证绝缘棒完好。

3. 绝缘夹钳

绝缘夹钳主要用于 35kV 及以下的电气设备上装拆熔断器等工作，由工作钳口、绝缘和握手三部分组成。各部分所用材料与绝缘棒相同。绝缘夹钳的钳口必须要保证能夹紧熔断器。

使用绝缘夹钳的安全注意事项如下：

（1）夹熔断器时，操作人员的头部不可超过握手部分，并应戴防护目镜、绝缘手套，穿绝缘靴（鞋）或站在绝缘台（垫）上。

（2）操作人员握绝缘夹钳时要保持平衡和精神集中。

（3）绝缘夹钳的定期试验周期为每年一次。

4. 携带型短路接地线

携带型短路接地线为临时性接地装置。与固定型接地线相比，使用更方便，接地点更灵活，安全可靠性更高。能防止设备、线路突然来电，消除感应电压，放尽剩余电荷，确保设备上作业人员的生命安全。

携带型短路接地线由绝缘操作杆、导线夹、短路线、接地线、接地端子、汇流夹、接地夹等组成，导线夹、接地夹均采用优质铝合金压铸，强度高，再经表面处理使线夹表面不易氧气。操作棒用进口环氧树脂精制成彩色管，绝缘性能好，强度高、重量轻、色彩鲜明、外表光滑。携带型短路接地线可分为分相式接地线、合相式接地线。使用电压不同，有单节式、多节式操作棒。短路接地电线有变电用、线路用。

5. 个人保护接地线

个人保护接地线（俗称"小地线"）是用于防止感应电压危害的个人用接地装置，不能替代携带型短路接地线的作用。个人保护接地线主要由保安钳、铝合金压铸线夹与优质铜导线组成，可根据需要制成三分叉、四分叉、五分叉多种形式。

个人保安接地线在使用前应做好例行检查，发现有线夹开裂、缺损，连接部件接触不良、松动，绝缘护层破损等缺陷时禁止使用。

使用个人保护接地线前应先验电、放电，确认电器设备已经停电并悬挂接地线后，方可进行操作。

为保证人身和设备的安全，确保保护接地线的完好性，保护接地线应在空气流通、环境干燥的专用地点存放，并定期做试验。

6. 核相器

核相器是用于检别待连接设备、电气回路是否相位相同的装置，主要用于确定两个（发电机组）电源相（位）序，以便并网，属带电测试工具。

高压核相器由主机（接收）、X采集器（发射）、Y采集器（发射）、针式（适合在电气设备高压柜中核相）和挂钩式（适合在线路上核相）两种采集头、可伸缩绝缘操作杆等所组成，附件包括铝合金包装箱、备用电池、带插头的专用校验测试线夹。

将一个采集器的采集头，放在电网其中一侧线路的某一相导线上不动；另一个采集器的采集头，放在电网另一侧线路的任意一相导线上，被测高电压相位信号由采集器取出，经过处理后直接发射出去，由核相器接收并进行相位比较，对核相后的结果定性。

（二）辅助绝缘安全工器具

辅助绝缘安全工器具是指绝缘强度不是承受设备或线路的工作电压，只是用于加强基本绝缘安全工器具的保安作用，用以防止接触电压、跨步电压、泄漏电流电弧对操作人员的伤害，不能用辅助绝缘安全工器具直接接触高压设备带电部分。属于这一类的安全工器具有绝缘手套、绝缘靴（鞋）、绝缘胶垫等。

二、一般防护安全工器具（一般防护用具）

一般防护安全工器具是指防护工作人员发生事故的工器具，如安全帽、安全带、梯子、安全绳、脚扣、防静电服（静电感应防护服）、防电弧服、导电鞋（防静电鞋）、安全自锁器、速差自控器、护目眼镜、过滤式防毒面具、正压式消防空气呼吸器、SF_6气体检漏仪、氧量测试仪、耐酸手套、耐酸服及耐酸靴等。

（1）安全帽是一种用来保护工作人员头部，使头部免受外力冲击伤害的帽子。高压近电报警安全帽是一种带有高压近电报警功能的安全帽，一般由普通安全帽和高压近电报警器组合而成。

（2）安全带是预防高处作业人员坠落伤亡的个人防护用品，由腰带、围杆带、金属配件等组成。安全绳是安全带上面的保护人体不坠落的系绳。

（3）梯子是由木料、竹料、绝缘材料、铝合金等材料制作的登高作业的工具。

（4）脚扣是用钢或合金材料制作的攀登电杆的工具。

（5）防静电服是用于在有静电的场所降低人体电位、避免服装上带高电位引起的其他危害的特种服装。

（6）防电弧服是一种用绝缘和防护的隔层制成的保护穿着者身体的防护服装，用于减轻或避免电弧发生时散发出的大量热能辐射和飞溅融化物的伤害。

（7）导电鞋（防静电鞋）是由特种性能橡胶制成的，在 220～500kV 带电杆塔上及 330～500kV 带电设备区非带电作业时为防止静电感应电压所穿用的鞋子。

（8）速差自控器是一种装有一定长度绳索的器件，作业时可不受限制地拉出绳索，坠落时，因速度的变化可将拉出绳索的长度锁定。

（9）护目眼镜是在维护电气设备和进行检修工作时，保护工作人员不受电弧灼伤以及防止异物落入眼内的防护用具。

（10）过滤式防毒面具是用于有氧环境中使用的呼吸器。

（11）正压式消防空气呼吸器是用于无氧环境中的呼吸器。

（12）SF_6 气体检漏仪是用于绝缘电器的制造以及现场维护、测量 SF_6 气体含量的专用仪器。

三、电气安全工器具的工作要求

（1）所有电气安全工器具都要按规定进行定期试验和检查，对不符合要求的电气安全工器具应及时更换，以保证使用时的安全和可靠。

（2）电气安全工器具的技术性能必须符合规定，选用电气安全工器具必须符合工作电压，必须符合电气安全工作制度的有关规定。

(3) 电气安全工器具要妥善保管放置,做到整齐清楚。电气安全工器具不准作其他用具使用。

第二节 电气火灾的预防

电气火灾和爆炸事故是指由于电气原因引起(包括由雷电和静电引起)的火灾和爆炸事故。近些年来,各种电气设备及家用电器用量陡增,电气火灾事故也随之增加,电气火灾已接近火灾总数的30%,位居各类火灾的首位。

电气火灾和爆炸事故除可能造成人身伤亡和设备损坏外,还可能造成系统大面积停电和长时间停电,给国民经济和人民生活造成巨大损失。因此很有必要研究电气火灾的成因并采取必要的措施消灭隐患,将电气火灾遏制住。

一、电气火灾和爆炸原因

造成电气火灾与爆炸的原因很多。除设备缺陷、安装不当等设计和施工方面的原因外,在运行中,电流产生的热量和电火花或电弧是引发火灾和爆炸事故的直接原因。

(一) 电气设备过热

电气设备的允许最高温度见表10-1,超过允许温度导致设备过热。引起电气设备过度发热主要有以下原因。

表10-1　　　　　　　　电气设备的允许最高温度

类　　别		正常运行允许的最高温度/℃
导线与塑料绝缘线温度		70
橡胶绝缘线温度		65
变压器上层油温		85
电力电容器外壳温度		65
电机定子绕组对应于采用的绝缘等级及定子铁芯温度	A级	100
	E级	115
	B级	110

1. 短路故障

电气线路中的裸导线或绝缘导线的绝缘体破损后,火线与邻线,或火线与地线（包括接地从属于大地）在某一点碰在一起，引起电流突然大量增加的现象就叫短路，俗称碰线、混线或连电。发生短路时，线路中的电流为正常运行时的几倍甚至几十倍，而热量与电流的平方成正比，因此短路电流使得电气设备温度急剧上升，大大超过了线路正常工作时的发热量，并在短路点易产生强烈的火花和电弧，不仅能使绝缘层迅速燃烧，而且能使金属熔化，引起附近的易燃可燃物燃烧，造成火灾。

引起短路的原因很多，如电气设备的绝缘老化变质，或受到高温、潮湿、腐蚀的作用失去绝缘能力；绝缘导线直接缠绕、钩挂在铁钉或铁丝上时，由于磨损和铁锈蚀，使绝缘破坏；设备安装不当或工作疏忽，使电气设备的绝缘受到机械损伤；雷击等过电压作用使电气设备的绝缘遭到击穿；在安装和检修工作中，由于接线和操作的错误等；维护不及时，导电粉尘或纤维进入电气设备；管理不严，小动物或生长的植物等各种原因都可能引起短路事故。所以必须采取有效措施防止发生短路，发生短路后应以尽快的速度切除故障部分，以保证安全。

2. 过载

电气线路或设备所通过的电流值超过其允许的数值则为过载。过载也会引起电气设备过热。造成过载的原因大体上有如下三种情况：一是设计时选用线路或设备不合理，或没有考虑适当的裕度，以至在正常负载下出现过热。二是使用不合理，即线路或设备的负载超过额定值，或连续使用时间过长，超过线路或设备的设计能力，由此造成过热，如管理不严，乱拉乱接，容易造成线路或设备过载运行。油断路器断流容量不能满足要求时，可引起火灾或爆炸。三是设备故障运行会造成设备和线路过负载，如三相电动机缺一相运行或三相变压器不对称运行均可能造成过载。

同样，过载电流比正常电流大，会使电气设备温度加速上升，加快了导线绝缘层老化变质。当严重过载时，导线的温度会不断升高，甚至会引起导线的绝缘发生燃烧，并能引燃导线附近的可燃物，从而造成火灾。

3. 导体接触不良

凡是导线与导线、导线与开关、熔断器、仪表、电气设备等连接的地方都有接头，在接头的接触面上形成的电阻称为接触电阻。当有电流通过接头时会发热，这是正常现象。如果接头处理良好，接触电阻不大，则接头点的发热就很少，可以保持正常温度。如果接头中有杂质，连接不牢靠或其他原因使接头接触不良，造成接触部位的局部电阻过大，当电流通过接头时，就会在此处产生大量的热，形成高温，这种现象就是接触电阻过大。

在有较大电流通过的电气线路上，如果在某处出现接触电阻过大这种现象时，就会在接触电阻过大的局部范围内产生极大的热量，使金属变色甚至熔化，引起导线的绝缘层发生燃烧，并引燃附近的可燃物或导线上积落的粉尘、纤维等，从而造成火灾。

导线接头连接不牢靠、活动触头（开关、熔丝、接触器、插座、灯泡与灯座等）接触不良；由于铜和铝导电性不同，铜铝接头的接头处易因电解作用而腐蚀近而导致接头过热；电刷的滑动接触压力不够，接触面不够光滑和清洁等均会造成接触不良。

4. 电气设备散热不良

各种电气设备在设计和安装时都要考虑有一定的散热或通风措施，如果这些部分遭到破坏，设备运行中产生的热量不能有效地散出，造成设备过热。如变压器油量不足、电动机通风道堵塞等，会使散热条件恶化，造成设备温度过高。

5. 铁芯过热

变压器、发电机、电动机等设备的铁芯，如果压得不紧、铁芯绝缘损坏或承受长时间过电压，其涡流损耗和磁滞损耗均将增加，或运行中使铁芯过饱和，或非线性负载引起高次谐波造成铁芯过热，使设备过热。

6. 绝缘劣化

绝缘材料的绝缘劣化后，泄漏电流、介质损耗增加，导致绝缘热损坏；或由于绝缘性质劣化，在电场作用下电击穿而产生大量热量使温度升高。

7. 电热器具和照明灯具安装使用不当

电熨斗、电烙铁、电烤箱、电炉、白炽灯泡等发热量大的一些电气设备安装或使用不当，也可能引起火灾。例如，电熨斗和电烙铁的工作温度高达 $500\sim600℃$，能直接引燃可燃物。电褥子通电时间过长，将使电褥子温度过高而引起火灾，电褥子铺在床上，经常受压、揉搓、折叠，致使电热元件受到损坏，如电热丝发生短路，将因过热而引起火灾；将电褥子折叠使用，破坏其散热条件，可导致起火燃烧。

电烤箱内物品烘烤时间太长、温度过高可能引起火灾。使用红外线加热装置时，如误将红外光束照射到可燃物上，可能引起燃烧。

白炽灯泡紧贴纸张时间长即可将纸张点燃起火。高压水银荧光灯的表面温度与白炽灯相差不多，约为150~250℃。卤钨灯灯管表面温度较高，1000W 卤钨灯灯管表面温度可达 500~800℃。当供电电压超过灯泡额定电压或大功率灯泡的玻璃壳发热不均匀，或凉水溅到灯泡上时都能引起灯泡爆碎，炽热的钨丝落在可燃物上，将引起可燃物质的燃烧。此外，灯座内接触不良使接触电阻增大，温度上升过高，可引燃可燃物。日光灯镇流器运行时间过长或质量不好，将使发热增加，温度上升，如超过镇流器内的绝缘材料的引燃温度也可引起火灾。

电炉电阻丝的工作温度高达 800℃，可引燃与之接触的或附近的可燃物。电炉连续工作时间过长，将使温度过高（恒温炉除外）烧毁绝缘材料，引燃起火；电炉电源线容量不够，可导致发热起火。

8. 漏电

所谓漏电，就是线路的某一个地方因为某种原因（自然原因或人为原因，如风吹雨打、潮湿、高温、碰压、划破、摩擦、腐蚀等）使电线的绝缘或支架材料的绝缘能力下降，导致电线与电线之间（通过损坏的绝缘、支架等）、导线与大地之间（电线通过水泥墙壁的钢筋、马口铁皮等）有一部分电流通过，这种现象就是漏电。当漏电发生时，漏泄的电流在流入大地途中，如遇电阻较大的部位时，会产生局部高温，致使附近的可燃物着火，从而引起火灾。此外，在漏电产生的漏电火花，同样也会引起火灾。

（二）电火花和电弧

电火花和电弧在生产和生活中是经常见到的一种现象。例如，电气设备正常工作时或正常操作时会发生电火花和电弧。直流电机电刷和整流子滑动接触处、交流电机电刷与滑环滑动接触处在正常运行中就会有电火花，开关断开电路时会产生很强的电弧，拔掉插头或接触器断开电路时都会有电火花发生。电路发生短路或接地事故时产生的电弧更大。还有绝缘不良电气闪络等都会有电火花、电弧产生。电火花、电弧的温度很高，特别是电弧，温度可高达 3000~6000℃。如此高的温度不仅能引起可燃物燃烧，还会使金属熔化、飞溅，构成危险的火源。在有爆炸危险的场所，电火花和电弧更是十分危险的因素。

电气设备本身会发生爆炸，例如变压器、油断路器、电力电容器、电压互感器等充油设备。电气设备周围空间在下列情况下也会引起爆炸：

（1）周围空间有爆炸性混合物，当遇到电火花或电弧时就可能引起空间爆炸。

（2）充油设备的绝缘油在电弧作用下分解和气化，喷出大量的油雾和可燃性气体，遇到电火花、电弧时或环境温度达到危险温度时也可能发生火灾和爆炸事故。

（3）氢冷发电机等设备假如发生氢气泄漏，形成爆炸性混合物，当遇到电火花、电弧或环境温度达到危险温度时也会引起爆炸和火灾事故。

二、电气火灾预防及扑救

在各类生产和生活场所中，广泛存在着可燃易爆的物质。例如可燃气体、可燃粉尘和纤维等。当这些可燃易爆物质在空气中的含量超过其危险浓度，或遇到电气设备运行中产生的火花、电弧等高温引燃源，就会发生电气火灾爆炸事故。爆炸事故也是引起火灾的原因。

（一）电气火灾预防

从上面分析可知，现场有可燃易爆物质、现场有引燃引爆的条件，就会发生电气火灾和爆炸。所以防火防爆措施应从改善现场环境条件着手，设法从空气中排除各种可燃易爆物质，或使可燃易爆物质浓度减少。同时加强对电气设备的维护、监督和管理，防止电气火源引起火灾和爆炸事故。

1. 加强对易燃易爆物品的管理

（1）对生产、运输、储存易燃易爆物质的场所，应加强管理，特别是生产、储存的石油化工产品的生产设备、容器等，应加强密封，减少和防止可燃易爆物质泄漏。有可燃易爆物质的生产设备、储存容器、管道接头和阀门应严加密封，并经常巡视检测。

（2）保持良好的通风，加速空气流通和交换，能有效排除现场易燃易爆的气体、粉尘和纤维或降低它们的浓度，使它们保持在爆炸极限之外。

2. 排除各种电气火源

为了防止电气火灾与爆炸事故的发生，首先应当按场所的危险等级正确地选择、安装、使用和维护电气设备及电气线路，并按规定正确采用各种保护措施。

（1）所有电气设备均应与易燃易爆物保持足够的安全距离，特别是电热器具及外壳表面温度较高的电气设备。

（2）对存在火灾及爆炸危险场所，即含有易燃易爆物、导电粉尘等容易引起火灾或爆炸的场所，应按要求使用防爆型电气设备，严禁使用非防爆型电气设备，特别是携带式或移动式设备；对可能产生电弧或电火花的地方，必须设法隔离或杜绝电弧或电火花的产生。

（3）在容易发生爆炸和火灾危险的场所内，电力线路应符合防火防爆要求，保证足够的截面、机械强度和良好的接触，电力线路的绝缘导线和电缆的额定电压不得低于电网的额定电压，低压供电线路不应低于500V。要使用阻燃型铜芯绝缘线，导线连接应保证良好可靠，应尽量避免接头。

（4）在易燃易爆场所内，接地（或接零）应高于一般场所的要求，工作零线的截面和绝缘应与相线相同，并应在同一护套或管子内；接地线不得使用铝线，所有接地线应接成连续的整体。

（5）因突然停电可能引起电气火灾和爆炸的场所，应有两路及以上的电源供电，几路电源能自动切换。

（6）在容易发生爆炸危险场所的电气设备的金属外壳应可靠接地（或接零）。

（7）爆炸危险场所必须具有完善的防雷防静电措施。

（8）在运行管理中要加强对电气设备维护、监督，防止发生设备事故。

（9）正确选用保护和信号装置，并合理安装，保证电气设备和线路在严重超负荷或存在故障的情况下，都能准确、及时、可靠的切除故障设备和线路，或是发出报警信号。

3. 加大消防监督、整顿力度

公安、消防监督部门要严格按照电气安全规程等国家有关法规规定，依法加大监督力度，对在安全检查中发现的电气设计不合理、安装不合格、线路严重老化、电气设施不配套、乱拉乱接、超负荷运行的电气设备等问题，必须要求其认真进行整改；对不符合消防管理法规，存在重大火险隐患的单位，该停业的停业，该整顿的整顿，对不能限期整改的单位或个人要依法进行严肃处理。

对新建、维修或装修的工程，要严格限制使用"三无"电器产品，从源头上杜绝隐患。此外，应提高电气设计、施工、使用人员的素质，加强业务培训，对重点岗位的电工人员还要定期进行消防安全教育。坚持持证上岗，严禁无证上岗和违章操作。同时，加大消防知识宣传力度，增强用电单位及所有公民的防火意识。

（二）电气火灾扑救

电气火灾与一般火灾相比，有两个突出的特点：一是着火后电气装置或设备可能仍然带电，而且因电气绝缘损坏或带电导线断落接地，在一定范围内会存在跨步电压和接触电压，如不注意可能引起触电事故；二是有些电气设备内部充有大量油（如电力变压器、油断路器等），着火后受热，油箱内部压力增大，可能会发生喷油，甚至爆炸，造成火灾蔓延及重大事故。

电气火灾的危害很大，因此要坚决贯彻"预防为主"的方针。万一发生电气火灾，必须迅速采取正确有效措施，及时扑灭电气火灾。

电气火灾前，都有一种前兆，要特别引起重视，就是电线因过热首先会烧焦绝缘外皮，散发出一种烧胶皮、烧塑料的难闻气味。所以，当闻到此气味时，应首先想到可能是电气方面原因引起的，如查不到其他原因，应立即拉闸停电，直到查明原因，妥善处理后，才能合闸送电。

带电线路、设备发生火灾时，如果允许断电，应当优先采用断电灭火措施；在不允许断电的条件下，应当慎重地采用带电灭火措施。

1. 断电灭火

当电气装置或设备发生火灾或引燃附近可燃物时，首先要切断电源。室外高压线路或杆上配电变压器起火时，应立即打电话与供电公司联系拉断电源；室内电气装置或设备发生火灾时应尽快拉掉开关切断电源，并及时正确选用灭火器进行扑救。

（1）断电灭火时的注意事项：

1）断电时，应按规程所规定的程序进行操作，严防带负荷拉隔离开关（刀闸）。在火场内的开关设备，由于烟熏火烤，其绝缘性可能降低或损坏，因此，操作时应戴绝缘手套，穿绝缘靴，并使用相应电压等级的绝缘工具。

2）紧急切断电源时，切断地点要选择适当。防止切断电源后影响扑救工作的进行。切断带电线路时，切断点应选择在电源侧的支持物附近，以防导线断落后触及人身或短路或引起跨步电压触电。切断低压导线时应分相并在不同部位剪断，剪的时候应使用有绝缘手柄的电工钳。

3）夜间发生电气火灾，切断电源时，应考虑临时照明，以利扑救。

4）需要电力部门切断电源时，应迅速用电话联系，说清情况。

（2）扑救措施和方法：

1）一般低压线路和电器一旦起火，应立即断电（关闭电源），利用二氧化碳、干粉灭火器进行灭火。在断电的情况下，也可用水灭线路火。

2）发电机、电动机等旋转电机着火时，不能用干粉、砂子、泥土灭火，以免矿物性物质、砂子等落入设备内部，严重损伤电机绝缘，造成严重后果。可使用二氟一氯一溴甲烷（简称"1211"）、二氧化碳等灭火剂灭火。另外，为防止轴和轴承变形，灭火时可使电机慢慢转动，然后用喷雾水流灭火，使其均匀冷却。

3）变压器、油断路器等充油电气设备内部着火时，应立即切断电源，有事故储油池的设备应立即设法将油放入事故储油池，并用喷雾水灭火，不得已时也可用砂子、泥土灭火；但当盛油桶着火时，则应用浸湿的棉被盖在桶上，使火熄灭；不得用黄砂抛入桶内，以免燃油溢出，使火势蔓延。对流散在地上的油火，可用泡沫灭火器扑灭。

4）电缆发生燃烧，燃烧的物质是绝缘纸、塑料、沥青、橡胶、绝缘油、棉麻编织物等。切断电源后，灭火方法与灭一般可燃物质火灾相同。电缆、电容器切断电源后，仍可能有较高的残留电压，如果不采取放电措施，任其自行放电至电容器的残留电压接近于零值，仍需要很长时间。

5）大型变配电设备的瓷质绝缘套管，在高温状态遇急冷或冷却不均匀时，容易爆裂而损坏设备。有绝缘油的套管爆裂后造成绝缘油流散，为防止火势进一步扩大蔓延，应采用喷雾水灭火，并注意均匀冷却设备。

6）封闭式电烘干箱内被烘干物质燃烧时，应立即切断电源，而不要打开烘干箱。否则由于进入新鲜空气，反而会使火势扩大，如果往烘干箱内泼水，会使烘干箱内的电炉丝、隔热层等遭受损坏。

2. 带电灭火

发生电气火灾时应首先考虑断电灭火，因为断电后灭火比较安全。但有时在危急情况下，如等待切断电源后再进行扑救，会延误时机，使火势蔓延，扩大燃烧面积，或者由于断电会严重影响生产，这时就必须在确保灭火人员安全的情况下，进行带电灭火。带电灭火一般在 10kV 及以下电气设备上进行。

带电灭火很重要的一条就是正确选用灭火器材。例如，绝对不准使用泡沫灭火器对有电的设备进行灭火。一定要用不导电的灭火剂灭火，如二氧化碳、四氯化碳、"1211" 和化学干粉等灭火剂。

带电灭火时，为防止发生人身触电事故，必须注意以下几点：

（1）扑救人员及所使用的灭火器材与带电部分必须保持足够的安全距离，并应戴绝缘手套。

（2）不准使用导电灭火剂（如泡沫灭火剂、喷射水流等）对有电设备进行灭火。

（3）使用水枪带电灭火时，扑救人员应穿绝缘靴，戴绝缘手套，并将水枪金属喷嘴接地。

（4）在灭火中电气设备发生故障，如电线断落在地上，在局部地区会形成跨步电压。在这种情况下，扑救人员进行灭火时，必须穿绝缘靴（鞋）。

（5）扑救架空线路的火灾时，人体与带电导线之间的仰角不应大于 45°，而且应站在线路外侧，防止电线断落后触及人体。如带电体已断落地面，应划出一定警戒区，以防跨步电压伤人。

（6）用水扑救带电体火灾，最好用雾状水流，也可用直流水枪打点射灭火。用水枪灭火时，必须配备相应的个人防护用具，如均压服、绝缘手套、绝缘靴等。必须在水枪喷嘴处焊接铜缆线并插入地下，与带电体保持一定的安全距离，并严格执行指挥员的命令，以保证人身安全和有效灭火。

第三节　常用灭火器的使用

灭火器是一种轻便的灭火工具，它可以用于扑救初起火灾，控制蔓延。不同种类的灭火器，适用于不同物质的火灾，其结构和使用方法也各不相同。灭火器的种类较多，常用的主要有：泡沫灭火器、干粉灭火器、二氧化碳灭火器和 "1211" 灭火器等。

1. 泡沫灭火器

目前泡沫灭火器使用的主要是化学泡沫，将来要发展空气泡沫，泡沫能覆盖在燃烧物的表面，防止空气进入。它最适宜扑救液体火灾，不能扑救水溶性可燃、易燃液体的火灾（如醇、酯、醚、酮等物质）和电器火灾。

使用时先用手指堵住喷嘴将筒体上下颠倒两次，就有泡沫喷出。对于油类火灾，不能对着油面中心喷射，以防着火的油品溅出，顺着火源根部的周围，向上侧喷射，逐渐覆盖油面，将火扑灭。使用时不可将筒底筒盖对着人体，以防万一发生危险。泡沫 MP6m 灭火器（10L）喷射距离 5m，时间 35s；65L 的射程 9m，时间 150s 左右。

使用泡沫推车时，先将推车推到火源近处展直喷射胶管，将推车筒体稍向上活动，转开手轮，扳直阀门手柄，手把和筒体立即触地，将喷枪头直对火源根部周围覆盖重点火源。

筒内药剂一般每半年、最迟一年换一次，冬夏季节要做好防冻、防晒保养。

2. 干粉灭火器

干粉储压式灭火器（手提式）是以氮气为动力，将筒体内干粉压出，适宜于扑救石油产品、油漆、有机溶剂火灾，它能抑制燃烧的连锁反应而灭火，也适宜于扑灭液体、气体、电气火灾（干粉有 5 万 V 以上的电绝缘性能）；有的还能扑救固体火灾。干粉灭火器（MFZ）2～3kg 有效射程距离 2.5m，5kg 射程为 4m，时间 8～9s。8kg 射程为 5m，时间 12s。（MFTZ）35～50kg 推车有效射程为 8m，时间 20s。70kg 推车射程 9m，时间 25s。

干粉灭火器不能扑救轻金属燃烧的火灾。

使用时先拔掉保险销（有的是拉起拉环），再按下压把，干粉即可喷出。灭火时要接近火焰喷射；干粉喷射时间短，喷射前要选择好喷射目标，由于干粉容易飘散，不宜逆风喷射。

使用干粉推车时，首先将推车灭火器快速推到火源近处，拉出喷射胶管并展直，拔出保险销，开启扳直阀门手柄，对准火焰根部，使粉雾横扫重点火焰，注意切断火源，控制火焰蹿回，由近及远向前推进灭火。

平时灭火器要放在好取、干燥、通风处。每年要检查两次干粉是否结块，如有结块要及时更换；每年检查一次药剂重量，若少于规定的重量或看压力表如下掉气压，应及时充装。

3. 二氧化碳灭火器

二氧化碳灭火器都是以高压气瓶内储存的二氧化碳气体作为灭火剂进行灭

火，二氧化碳灭火后不留痕迹，适宜于扑救贵重仪器设备、档案资料、计算机室内火灾，它不导电也适宜于扑救带电的低压电器设备和油类火灾，但不可用它扑救钾、钠、镁、铝等物质火灾。

二氧化碳灭火器射程较近，应接近着火点，在上风方向喷射。

使用时，鸭嘴式的先拔掉保险销，压下压把即可，手轮式的要先取掉铅封，然后按逆时针方向旋转手轮，药剂即可喷出。注意手指不宜触及喇叭筒，以防冻伤。

二氧化碳推车式使用方法同干粉推车一样。

对二氧化碳灭火器要定期检查，重量少于5%时，应及时充气和更换。

第十一章　水电站安全生产标准化

第一节　实施水电站安全生产标准化的重要意义

标准化问题由来已久。经济全球化的今天，标准化更是国家治理和国家间开展经济、贸易文化、技术等交流的重要规则和手段。目前浙江省全面推行的水利工程标准化管理，是落实"标准强省"战略、巩固"五水共治"成果的一项重要举措，也是对政府公共管理和服务标准化的具体实践。通过水利工程标准化管理规范各个管理环节，将水利工程运行事故发生率降到最低，让水利工程运行更加安全可靠，真正发挥效益，最大程度保障人民群众生命财产安全，保证水利事业本身的健康持续发展。作为水电站的管理者，必须充分认识开展安全生产标准化建设的重要意义。

（1）安全生产标准化建设是落实企业安全生产主体责任的必要途径。国家有关安全生产法律法规和规定明确要求，要严格企业安全管理，全面开展安全达标。企业是安全生产的责任主体，以上安全生产标准化建设的主体，要通过加强企业每个岗位和环节的安全生产标准化建设，不断提高安全管理水平，促进企业安全生产责任主体落实到位。

（2）安全生产标准化建设是强化企业安全生产基础工作的长效手段。安全生产标准化建设涵盖了增强人员安全素质、提高装备设施水平、改善作业环境、强化岗位责任落实等各个方面，是一项长期的、基础性的系统工程，有利于全面促进企业提高安全生产保障水平。

（3）安全生产标准化建设是有效防范事故发生的重要手段。深入开展安全生产标准化建设，能够进一步规范从业人员的安全行为，提高机械化和信息化水平，促进现场各类隐患的排查治理，推进安全生产长效机制建设，有效防范和坚决遏制事故发生，促进水电行业安全生产状况持续稳定好转。

第二节　农村水电站安全生产标准化建设管理

为了规范农村水电站安全生产标准化建设管理工作，2013年按照水利部《农村水电站安全生产标准化达标评级实施办法（暂行）》，把农村水电站安全生产标准化的要求和标准表格化、清单化，制定了《农村水电站安全生产标准化评审标准》。在水利部评审标准的基础上，浙江省水利厅制定了《浙江省农村水电站安全生产标准化评审标准》，对创建二、三级标准化农村水电站的要求和标准表格化、清单化。2017年水利部对评审标准进行了修改，浙江省也作了相应修改，现有《浙江省农村水电站安全生产标准化评审标准》分为8类66项指标，同时为鼓励1000kW以下农村水电站安全生产标准化建设，又专门制定了《浙江省1000千瓦以下农村水电站安全生产标准化评审标准》，分为8类39项指标。农村水电站安全生产一级标准化建设，按照水利部制定的《农村水电站安全生产标准化评审标准》由水利部专门负责管理。下面主要针对1000kW以上农村水电站安全生产二、三级标准化建设管理展开说明。

一、农村水电站安全生产标准化创建

农村水电站安全生产标准化创建工作，按照《浙江省农村水电站安全生产标准化评审标准》分为8类66项指标，分值设置：按1000分设置得分点，并实行扣分制。在评审内容中有多个扣分点的，可累计扣分，直到该项标准分值扣完为止，不出现负分。按百分制设置最终标准化得分，其换算公式如下：评审得分=［各项实际得分之和／（1000－各合理缺项标准分值之和）］×100，最后得分采用四舍五入，取整数。设了四项评审否决项：①为电站配套的、功能以发电为主的大坝未按规定进行安全鉴定或鉴定为三类坝的；②生产设备设施类总评审得分率低于65％的；③"两票"执行率未达到100％的；④有谎报、瞒报事故的，均不得评为达标。分值具体分配如下。

（一）目标职责（110分）

目标职责分为3块内容8项指标。

1. 安全生产目标（20分）

(1) 建立健全安全生产目标管理制度（5分）。

(2) 组织逐级签订年度安全生产责任书（5分）。

(3) 定期对安全生产目标的完成情况进行监督，开展安全生产目标年终考核（10分）。

2. 组织机构和职责（30分）

(1) 成立电站安全生产管理机构或管理领导小组（10分）。

(2) 岗位设置及人员配备应符合《农村水电站管理规范》（DB33/T 2008）规定的定岗定员要求（10分）。

(3) 电站安全生产和职业卫生职责、权限和考核内容清楚，并定期（每季度不少于1次，包括汛前、汛后）召开安全生产会议（10分）。

3. 安全生产投入（60分）

(1) 制定年度大修理费、运行维护费和安全生产管理专项经费支出计划（经费预算）。安全生产费用科目包括安全标志、安全工器具、安全设备设施、安全防护装置、安全教育培训、劳动保护、反事故措施、安全检测、安全评价、安全保卫、安全生产标准化建设实施及维护（30分）。

(2) 建立安全生产费用台账（30分）。

（二）制度化管理（50分）

(1) 配备适合电站运行管理的法律法规、标准规范并正式下发，包括《农村水电站运行管理技术规程》（DB33/T 809）、《农村水电站管理规范》（DB33/T 2008）、《农村水电站技术管理规程》（SL 529）、《水库大坝安全管理条例》（国务院令第77号）（有坝高15m以上大坝或库容10万m^3以上水库时适用）、《电力设备预防性试验规程》（DL/T 596）、《电力安全工作规程（发电厂和变电所电气部分）》（GB 26860）、《水轮机运行规程》（DL/T 710）、《水轮发电机运行规程》（DL/T 751）等（10分）。

(2) 编制适合电站运行管理的岗位职责和安全生产规章制度并正式下发，包括工作票制度、操作票制度、运行值班制度、交接班制度、设备巡视检查制度、设备缺陷管理制度、设备定期轮换制度、设备检修管理制度、水工建筑物管理制度、电站安全管理制度、防汛及突发事件管理制度、消防管理制度、设备设施评级管理制度、教育培训制度、外来人员参观学习制度、档案管理制度等（20分）。

（3）配备适合电站运行管理的机电设备、闸门及启闭机现场运行规程并正式下发（10分）。

（4）严格规范文件和档案管理（10分）。

（三）教育培训（60分）

（1）农村水电站从业人员须经岗位培训合格（15分）。

（2）定期学习法律法规与安全生产管理制度，熟悉站长（厂长）、值班长、值班员等岗位职责（20分）。

（3）特种作业人员需经相关行业主管部门许可的机构培训并合格（10分）。

（4）每年应制订培训计划，并按计划对在岗的从业人员进行安全生产教育培训，并组织不少于1次的安全生产考核（15分）。

（四）现场管理（550分）

1. 生产设备设施管理（350分）

（1）水工建筑物（80分）：大坝等挡水建筑物应定期进行维护，坝面整洁，附属设施完整可靠；应定期观测，观测设施齐全，观测资料完整；应定期进行安全复核，安全鉴定结论中，坝体结构安全可靠、无异常渗漏。溢洪道、泄洪洞等泄水建筑物应定期进行检查和维护，结构完好。隧洞、明渠、渡槽、压力前池等引（输）水建筑物应定期进行检查和维护，结构完好。压力管道、支墩与镇墩应定期检查和维护，结构完好。

（2）金属结构（30分）：压力钢管、闸门及其启闭机等金属结构应按规定进行维护。

（3）水力机械（50分）：水轮机设备外观基本完好，轴承温度正常，无漏油、甩油现象，无严重漏水现象，停机制动安全可靠，水轮机控制系统调节性能良好。定期试验结果满足运行要求。主阀关闭严密，传动灵活可靠，外观良好，启闭阀门时间符合要求。油气水系统各管道设置符合要求，防腐、防护良好，无明显渗漏。

（4）电气设备（80分）：电气设备应按规程规定的周期进行维护、检修和试验。发电机定、转子温度、温升符合规程要求，励磁装置工作正常。定期试验结果符合规范要求。变压器各部件应完整无缺，外观无明显锈蚀，本体无渗油，瓷瓶无损伤，油枕油色油位正常，吸湿剂正常，油温正常，安全距离符合规范要求，定期试验结果符合规范要求。开关及刀闸外观完整，电缆绝缘层良好，母线及构架结构完整。控制、保护装置完整可靠。防雷避雷设施配置齐全完整，接地装置以及接地电阻符合规程要求；防雷避雷装置及接地装置开展定期试验。通信系统无影响电力设备运行操作或电力调度的缺陷；直流系统蓄电池电压、对地绝缘、放电容量满足要求。

（5）设备设施运行管理（15 分）：应根据运行规程做好设备的运行工况、变位、信号等的记录工作。及时记录故障和缺陷报修。易损件应有库存备品，必要的常用工具应按运行要求配备。特种设备应定期检测并合格。

（6）检修管理（15 分）：检修计划合理、检修过程规范、检修记录清楚，设备缺陷处理满足设备管理要求。

（7）更新改造管理（20 分）：当设施或设备安全性能严重降低时，不能依靠简单的维护、保养来达到安全运行的，应及时更新改造。运行 25 年及以上的电站宜进行更新改造或报废重建。存在严重安全隐患或淘汰的产品应及时报废。已淘汰报废的设备应及时拆除，退出生产现场。

（8）文明生产管理（60 分）：发电厂房、升压站及启闭机房等应定期维护，结构完好，布置整洁。管理、办公各功能区域划分有序、布置合理，室内布置整洁，设施齐全。厂区整洁，绿化、美化措施良好，道路已硬化，照明设施完好，排水通畅，护坡挡墙完好，无家禽、家畜饲养。值班人员着装整齐、规范，并佩戴值班标志。

2. 作业安全（120 分）

（1）临边、沟槽、坑、孔洞、临水等处的防护设施（如栏杆、盖板、护板等）齐全规范，应急照明配置符合要求，紧急逃生通道畅通，机器的转动部分防护齐全、完整，电气设备金属外壳接地装置齐全、完好（30 分）。

（2）有消防措施，按消防规定配置消防器具并定期巡查记录；厂房配置的救生绳索、防毒面具、护目眼镜、绝缘靴、绝缘手套、安全帽等防护用品数量合理，定期试验合格；接地线、验电器、标示牌、防误锁、安全遮拦、绝缘杆等安全技术用具数量合理，定期试验合格（20 分）。

（3）严格执行"两票三制"。核对操作票、工作票的内容和设备名称，加强操作监护并逐项进行操作。交接班人员按要求做好交接班准备工作，填写各项记录，办理交接班手续。认真监视设备运行工况，按规定时间、内容及线路对设备进行巡回检查，随时掌握设备运行情况，合理调整设备状态参数，及时处理设备异常情况。按规定时间和方法做好设备定期轮换和试验工作，做好相关记录（40分）。

（4）应有与规章制度相配套的记录、表格。重要记录包括值班记录（含调度命令、设备操作、事故故障情况及处理、巡查结果、交接班情况等内容）、设备检修、电气设备预防性试验、电气绝缘工具和安全用具检查试验等；一般记录包括设备缺陷、闸门启闭操作、设备设施评级、设备命名标识、教育培训、外来人员登记、档案借阅登记等（20分）。

（5）严格执行调度命令，落实调度指令；严格执行运行规程；严格执行高处作业规程、起重作业和电焊作业等特种作业规程；无违章作业情况（10分）。

3. 职业健康（30分）

为从业人员提供符合职业健康要求的工作环境和条件，配备相适应的职业健康保护设施、工具和用品，建立健全职业健康档案（30分）。

4. 标志标识管理（50分）

（1）水库库区、大坝坝区、道路的安全警示标识规范、齐全，泄洪闸、发电洞、水库管理房等主要建筑物上有相应的名称标识。闸门、启闭机、坝区机电设备的名称、编号、主要信息、状态标识规范、齐全（15分）。

（2）厂房内外墙的安全警示标识、安全生产提醒规范齐全，巡查路线、紧急逃生路线、消防设施布置等标志清晰明了，必要制度已上墙，机电设备的名称、编号、主要信息、状态标识、管路着色均应规范、齐全（15分）。

（3）升压站的安全警示标识、安全生产提醒规范齐全，巡查路线、消防设施布置等标志清晰明了，机电设备的名称、编号、主要信息、状态标识规范、齐全（10分）。

（4）厂区、办公楼的安全警示标识、消防设施布置标志规范、齐全（10分）。

（五）安全风险管控及隐患排查治理（90分）

1. 隐患排查和治理（60分）

（1）结合安全检查，定期组织排查事故隐患，并形成记录（30分）。

(2) 一般事故隐患应立即组织整改排除；重大事故隐患应及时制定并实施事故隐患治理方案，做到整改措施、整改资金、整改期限、整改责任人和应急预案"五落实"（20分）。

(3) 在接到自然灾害预报时，及时发出预警信息；对自然灾害可能导致事故的隐患采取相应的预防措施（10分）。

2. 危险源监控（30分）

(1) 按规定对本单位的生产设施或场所等进行危险源辨识、评估，确定危险等级（20分）。

(2) 对危险等级较高的危险源采取措施进行监控，现场设置明显的安全警示标志和危险源警示牌（10分）。

（六）应急管理（50分）

(1) 建立健全生产安全事故应急预案体系（包括防洪度汛、防台抗台、地质灾害、重大火灾、人身伤亡等突发事件的应急预案）（20分）。

(2) 按应急预案的要求，确保应急设备、装备、物资的充足、完好和可靠（15分）。

(3) 每年至少组织一次生产安全事故应急知识培训和演练（10分）。

(4) 发生事故后，立即采取应急处置措施，启动相关应急预案，开展事故救援，必要时寻求社会支援（5分）。

（七）事故管理（30分）

(1) 发生事故后，主要负责人或其代理人立即到现场组织抢救，并及时向事故发生地县级以上人民政府安全生产监督管理部门和水行政主管部门报告（15分）。

(2) 发生事故后，积极组织事故调查组或配合有关部门对事故进行调查。按照"四不放过"的原则，对事故责任人员进行责任追究，落实防范和整改措施（15分）。

（八）绩效评定和持续改进（60分）

(1) 每年至少组织一次安全生产标准化实施情况检查评定，提出改进意见，形成安全生产标准化评定报告（20分）。

（2）将安全生产标准化工作评定报告以单位正式文件下发到所有部门，并组织学习（10分）。

（3）根据安全标准化的评定结果，及时对安全生产目标、规章制度、操作规程等进行修改和完善（10分）。

（4）将安全生产标准化工作评定结果，纳入年度安全绩效考核（20分）。

特别说明：对于按照安全生产监督部门管理创建的农村水电站安全生产标准化单位，水利部门要一视同仁，不再重复评审。

二、农村水电站安全生产标准化管理

根据《浙江省农村水电站安全生产标准化达标评级实施办法（暂行）》，农村水电站安全生产标准化建设管理主要有以下内容。

1. 责任主体

农村水电生产经营单位是安全生产标准化建设工作的责任主体，应严格执行安全生产法律法规和技术标准，开展达标创建，确保农村水电站安全管理达标。

2. 达标评级

农村水电站安全生产标准化达标评级由县级以上水行政主管部门负责，农村水电站安全生产标准化达标评级按装机容量实行分级管理。省级水行政主管部门负责总装机容量10000kW（含）以上水电站的达标评级；市级水行政主管部门负责总装机容量2000（含）~10000kW水电站的达标评级；县级水行政主管部门负责总装机容量2000kW以下水电站的达标评级。

市本级所辖总装机容量2000kW以下水电站的达标评级由市级水行政主管部门负责。

3. 标准化等级

按照《浙江省农村水电站安全生产标准化评审标准》进行评审，农村水电站安全生产标准化二、三级分级标准如下：二级时评审得分大于等于75分；三级时评审得分小于75分、大于等于65分；评审得分小于65分或存在否决项的，为不达标。（一级标准化电站由水利部负责）

4. 过程

农村水电站安全生产标准化达标评级主要包括自评、申报、受理、评审、审定、公示、公告和颁发证书等环节。特别说明：运行 25 年及以上的水电站必须提供近 3 年内有相应资质的检测单位出具的检测报告。

5. 复评

农村水电站安全生产标准化二、三级等级证书有效期为 3 年（一级证书有效期为 5 年）。有效期满 3 个月前，农村水电生产经营单位应重新申报评级。

6. 监督检查

取得安全生产标准化等级证书的农村水电站，发生以下情况之一的，由发证部门撤销其安全生产标准化等级：

（1）在评审过程中弄虚作假、申报材料严重失实的。

（2）发生较大及以上生产安全责任事故或出现重大安全事故险情的。

（3）发生人员死亡生产安全责任事故的。

（4）迟报、漏报、谎报、瞒报生产安全事故的。

（5）发生违反安全生产法律法规的严重事件。

被撤销安全生产标准化二级的农村水电站，自撤销之日起，须按三级重新申请评审；且自撤销之日起满一年后，方可申请按二级评审。

被撤销安全生产标准化三级的农村水电站为不达标。

安全生产标准化达标水电站遭遇自然灾害造成严重损坏导致停产的，应在恢复发电后重新申报评级。

第十二章　应急预案与安全事故报告

第一节　应　急　预　案

应急预案是对特定的潜在事件和紧急情况发生时所采取措施的计划安排，是应急响应的行动指南。应急预案应形成体系，针对各级各类可能发生的事故和所有危险源制定专项应急预案和现场应急处置方案，并明确事前、事中、事后的各个过程中相关部门和有关人员的职责。

一、应急预案的基本要求

单位主要负责人负责组织编制和实施本单位的应急预案，并对应急预案的真实性和实用性负责；各分管负责人应当按照职责分工落实应急预案规定的职责。生产经营单位组织应急预案编制过程中，应当根据法律法规、规章的规定或者实际需要，征求相关应急救援队伍、公民、法人或其他组织的意见。

二、应急预案的内容

根据《生产安全事故应急预案管理办法》，应急预案可分为综合应急预案、专项应急预案和现场处置方案3个层次。

1. 综合应急预案

综合应急预案是指生产经营单位为应对各种生产安全事故而制定的综合性工作方案，是本单位应对生产安全事故的总体工作程序、措施和应急预案体系的总纲。综合应急预案包括应急组织机构和职责、应急预案体系、事故风险描述、预警及信息报告、应急响应、保障措施、应急预案管理等内容。

2. 专项应急预案

专项应急预案是指生产经营单位为应对一种或者多种类型的生产安全事故，或者针对重要生产设施、重大危险源、重大活动防止生产安全事故而制定的专项性工作方案。专项应急预案主要包括事故分析、应急指挥机构及职责、处置程序和措施等内容。

3. 现场处置方案

现场处置方案是指生产经营单位根据不同的生产安全事故类型，针对具体场所、装置或者设施所制定的应急处置措施，其主要包括事故风险分析、应急工作职责、应急处置和注意事项等内容。

第二节 安全事故报告

一、事故分级规定

国务院《生产安全事故报告和调查处理条例》根据生产安全事故造成的人员伤亡或者直接经济损失，分为以下几个等级：

（1）特别重大事故，是指造成 30 人以上死亡，或者 100 人以上重伤（包括急性工业中毒，下同），或者 1 亿元以上直接经济损失的事故。

（2）重大事故，是指造成 10 人以上 30 人以下死亡，或者 50 人以上 100 人以下重伤，或者 5000 万元以上 1 亿元以下直接经济损失的事故。

（3）较大事故，是指造成 3 人以上 10 人以下死亡，或者 10 人以上 50 人以下重伤，或者 1000 万元以上 5000 万元以下直接经济损失的事故。

（4）一般事故，是指造成 3 人以下死亡，或者 10 人以下重伤，或者 1000 万元以下直接经济损失的事故。

事故等级划分中"以上"包括本数，"以下"不包括本数。

二、事故报告

事故报告很重要，因为在具体的发展过程中工伤的鉴定需要报告，这样才能更好地进行分析和鉴定。

1. 事故报告的时限和流程

事故发生后，事故现场有关人员应当立即向本单位负责人报告；单位负责人接到报告后,应当于 1h 内向事故发生地县级以上人民政府安全生产监督管理部门和负有安全生产监督管理职责的有关部门报告。

情况紧急时,事故现场有关人员可以直接向事故发生地县级以上人民政府安全生产监督管理部门和负有安全生产监督管理职责的有关部门报告。

安全生产监督管理部门和负有安全生产监督管理职责的有关部门逐级上报事故情况,每级上报的时间不得超过 2h。

事故报告后出现新情况的,应当及时补报。自事故发生之日起 30 日内,事故造成的伤亡人数发生变化的,应当及时补报。道路交通事故、火灾事故自发生之日起 7 日内,事故造成的伤亡人数发生变化的,应当及时补报。

安全生产监督管理部门和负有安全生产监督管理职责的有关部门在接到事故报告后,应当同时报告本级人民政府,并通知公安机关、劳动保障行政部门、工会和人民检察院:

(1) 特别重大事故、重大事故逐级上报至国务院安全生产监督管理部门和负有安全生产监督管理职责的有关部门。

(2) 较大事故逐级上报至省、自治区、直辖市人民政府安全生产监督管理部门和负有安全生产监督管理职责的有关部门。

(3) 一般事故上报至设区的市级人民政府安全生产监督管理部门和负有安全生产监督管理职责的有关部门。

必要时,安全生产监督管理部门和负有安全生产监督管理职责的有关部门可以越级上报事故情况。

2. 报告内容

报告事故应当包括下列内容:

(1) 事故发生单位概况。事故发生单位概况应当包括单位全称、所有制形式和隶属关系、生产经营范围和规模(电站和水库情况)。

(2) 事故发生的时间、地点以及事故现场情况。事故发生时间应当具体,尽量精确到分钟,发生的地点要正确,还应当报告事故波及的区域、总体现场情况。

(3) 事故的简要经过。事故全过程简要叙述,前后衔接、脉络清晰、因果关系。

(4) 事故已经造成或者可能造成的伤亡人数(包括下落不明的人数)和初

步估计的直接经济损失。对于人员的伤亡情况报告，应当实事求是，不作无根据猜测，更不能隐瞒实际伤亡人数。对直接经济损失的初步估算等。

（5）已经采取的措施。现场有关人员、事故单位负责人和接到报告的安全生产管理部门，为减少损失、防止事故扩大和便于事故调查所采取的应急救援和现场保护等具体措施。

3. 有关要求

（1）事故发生单位负责人在接到事故报告后，应当立即启动事故相应应急预案，或者采取有效措施，组织抢救，防止事故扩大，减少人员伤亡和财产损失。

（2）事故发生地有关地方人民政府、安全生产监督管理部门和负有安全生产监督管理职责的有关部门在接到事故报告后，其负责人应当立即赶赴事故现场，组织事故救援。

（3）事故发生后，有关单位和人员应当妥善保护事故现场以及相关证据，任何单位和个人不得破坏事故现场、毁灭相关证据。

第四部分
小水电绿色发展

党的十八大以来，生态文明建设受到了高度重视，推动绿色发展已摆在更加突出的位置。发展绿色水电，是贯彻"创新、协调、绿色、开放、共享"发展理念，坚持人水和谐、推进水生态文明建设的必然选择。

小水电是重要的民生水利基础设施和清洁可再生能源，在保障国家经济社会发展和改善人民群众生活质量，解决无电缺电地区人口用电，促进江河治理、生态改善、环境保护、地方社会经济发展等方面，发挥了重要作用。近年来，浙江省通过开展小水电清理整改、增效扩容、安全生产标准化等工作，小水电的经济、生态、社会效益显著提升，但不可否认的是，现阶段小水电依然存在管理分散、集约化物业化水平低，生态修复较弱等问题，如何加快小水电转型，推进水电现代化提升与绿色高质量发展，是目前管理部门和运营企业亟待解决的问题。

本部分主要分为四章，着重介绍了浙江省现阶段绿色小水电示范电站、生态水电示范区、生态流量监管、小水电集约化智慧化管理等工作的主要做法和"十四五"工作计划。

第十三章　绿色小水电示范电站

第一节　绿色小水电示范电站创建背景、成效及经验

一、创建背景

2016年年底，为鼓励和规范地方小水电绿色发展和改造，水利部印发《水利部关于推进绿色小水电发展的指导意见》，明确了绿色小水电建设的总体要求、目标任务和保障措施，提出了推进小水电绿色发展的工作思路。2017年，水利部印发《水利部关于开展绿色小水电站创建工作的通知》、《绿色小水电评价标准》（SL 752—2017），从生态环保、社会、管理、经济等四个方面建立了绿色小水电评价方法和指标体系，将创建绿色小水电作为年度工作重点，推动地方出台激励政策，引导小水电业主自觉参与绿色小水电示范电站创建。

2017年水利部在金华市召开了全国绿色小水电创建现场会，同年浙江省首批6座水电站（金华九峰、金华沙畈、安吉老石坎、天台里石门、松阳合溪、松阳裕溪）获水利部"绿色小水电"称号，2018—2020年全省创建了191座绿色小水电示范电站，数量居全国第一，占比32%。2020年11月水利部在丽水市召开了全国绿色小水电示范电站评定现场会，丽水被授予"绿色水电丽水示范区"称号。绿色小水电创建在促进生态改善、惠及民生、规范管理等方面发挥了很好的示范作用。

二、创建成效

河畅其流、修复生态。通过绿色小水电创建，保障生态流量下泄，消除河流减脱水段，实现河流生态修复，着力构建山水相依、人水和谐的水生态景观

带,助力"幸福河湖"建设。

惠民富农、助力消薄。通过绿色小水电创建,积极助力消除薄弱村集体,推动乡村振兴,如丽水交塘、温州戈场桥、杨寮等绿色小水电站通过入股分红方式,与当地村集体分享电站收益,壮大村级集体经济。不少地区通过绿色小水电示范电站创建,充分利用水资源优势,依托电站水库发展特色生态旅游产业,中雁荡山国家水利风景区以乐清钟前水电站为依托、黄檀溪国家水利风景区以永嘉金溪水电站为依托,不断提升生态旅游品质,推动绿水青山向金山银山转换。

规范管理、保障安全。通过绿色小水电创建,实现水电站提升改造,巩固水电站安全生产标准化管理成果,规范水电站运行管理,为保障安全生产打好扎实基础。

三、创建经验

(1)摸家底,掌实情。浙江省水利厅下发《关于做好小水电站绿色发展调查摸底的通知》,对全省具备绿色小水电创建基础的电站进行调查,摸清家底,掌握实情,做好全面推进绿色小水电创建的前期准备工作。在调查摸底的基础上,根据电站规模、创建条件、所处区域等情况进行分类,按先易后难的原则,精心编制《浙江省绿色小水电站创建方案》,明确目标,落实措施,稳步推进。

(2)办培训,重服务。为推动绿色小水电站创建,专题举办绿色小水电创建培训班,提高各级水行政主管部门水电管理人员和农村水电站负责人对绿色小水电创建的认识,解读《绿色小水电评价标准》和申报评审流程。同时,组织相关专家,蹲点指导,帮助解决创建过程遇到的问题和困难,并及时组织初验和公示,参与首批创建的电站全部通过评审,为我省绿色小水电创建工作开了好头。

(3)广宣传,抓保障。在举办培训班进行绿色小水电创建宣贯的基础上,联合浙江省电视台共同拍摄绿色小水电创建宣传片,加大绿色水电宣传力度。抓住中央环保督察组在浙江巡视的契机,在我省农村水电行业进一步宣传绿色水电理念。省水利厅鼓励农村水电站参与绿色小水电创建,将其纳入生态水电示范区建设范围,安排一定的资金补助,为电站创建提供保障。同时,将绿色小水电创建工作纳入全省水利工作年度考核和"大禹杯"评比内容,强化目标考核。

第二节　绿色小水电创建内容

一、创建流程

绿色小水电创建需要经过申请、审查、验审等过程。

1. 审查要求

为确保绿色小水电创建工作扎实有效开展,实行专家审查制度,以发挥专家的专业技术支撑作用。每座电站创建材料由两名及以上专家组成员进行内业审查,出现异议时,由专家组组长组织会议讨论确定审查结论。

绿色小水电创建成果具体指标严格按照《绿色小水电评价标准》（SL/T 752—2020）进行审查,前置条件缺一不可且生态需水保障情况不低于 12 分,总分不低于 85 分。所有材料必须提交完整,若有补充须在规定时间内上报,否则视为放弃申报。

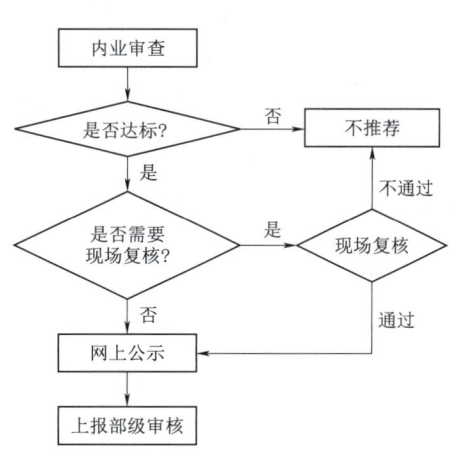

图 13-1　审核程序流程图

2. 初验程序

绿色小水电创建成果省级初验程序包括内业审查与现场复核、网上公示与上报水利部等环节,创建流程图如图 13-1 所示。

专家对申报材料进行初验,包括内业审查及现场复核。内业审查以专家交叉审查形式进行,主要为审查各电站上报资料,根据内业审查结果决定电站是否需要现场复核。对于现场需要复核的电站,由省级水行政主管部门组织有关专家进行,并实行组长负责制。现场复核完成后由省水行政主管部门签署初验意见,并在省水利厅网上公示 7 天。公示无异议的,上报水利部进行部级审核;公示有异议的,由省水行政主管部门核查处理。未达到创建标准的,整改合格后可重新申报评审。

3. 申报材料审查

(1) 审查申报材料是否齐全。申报材料应包括：《绿色小水电站申报表》、《绿色小水电站自检表》、自检表相对应的佐证材料汇编、绿色小水电站评价辅助电子文档。

(2) 审查申报材料内容是否完整，重点审查申报表、自检表是否按要求填写完整（特别关注"经批复的生态需水量"），证明材料是否翔实，是否足以支持各项基本条件与指标评分。佐证材料是否合理、是否便于审查（包含目录、页码、评分引用说明）等。

(3) 未能通过材料审查的电站，限期补充材料，逾期不能补交的，终止复核程序。

4. 申报单位资格审查

(1) 符合流域综合规划或河流水能资源开发等规划，不涉及国家禁止开发区域（重点审查电站是否涉及国家禁止开发区域，提供的流域综合规划或河流水能资源开发规划是否纳入了该电站）。

(2) 依法依规建设，已投产运行1年及以上，并通过完工验收或竣工验收[重点审查取水许可申请批复意见、环境影响评价报告书（表）批复意见、工程完工验收或竣工验收鉴定书及印发通知等]。

(3) 下泄流量满足坝（闸）下游影响区域内的居民生活以及工农业生产用水要求（重点审查受影响对象的第三方提供的佐证材料）。

(4) 评价期内水电站已完成安全生产标准化建设并自评达到三级及以上等级（重点审查自评达标佐证材料或等级认证证书扫描件等）。

(5) 评价期内水电站未发生一般及以上等级的生产安全事故、未发现重大事故隐患（重点审查电站业主承诺书或相关主管部门开具的证明材料）。

(6) 评价期内水电站工程影响区内未发生较大及以上等级的突发环境事件或重大水事纠纷（重点审查电站业主承诺书或相关主管部门开具的证明材料）。

(7) 水电站及其影响区域涉及国家和地方重点保护、珍稀濒危以及开发区域河段特有水生陆生生物物种、洄游或半洄游鱼类以及鱼类三场，但已采取工程或管理等保护措施；或不涉及（重点审查关于电站是否涉及保护物种的佐证材料、已采取措施的佐证材料等）。

（8）水电站必须书面承诺所提供的资料皆真实、有效且合法（重点审查电站是否提供了由法人签字并盖有公章的承诺书）。

（9）对照评价标准和佐证材料汇编，审查水文情势分依据及最终得分是否不小于 12 分（重点审查生态需水量确定是否合理，是否有专门的下泄流量设施及其节制性、运行情况，生态流量泄放的监测情况等）。

（10）累加总分，审查得分情况是否不小于 85 分（可先行内业审查得分，待现场复核完成后，再确定省级初验最终得分）。

5. 现场复核

现场复核实行专家组长负责制，专家须从绿色小水电示范电站技术评估专家组中抽取，一般 3~5 人。现场复核内容如下：

（1）对电站坝址、库区、厂房及厂坝间河段等重点区域进行现场复核，查阅相关资料，并与当地主管部门、电站管理和技术人员等相关人员座谈，全面了解绿色小水电示范电站创建工作情况。

（2）对内业审查存在疑问或佐证材料不足的进行现场和资料补充复核；对申报单位资格、坝（闸）下泄流量要求及设备设施状况、有关投入执行的情况等资料无法充分体现的内容进行重点检查。

（3）每站现场复核后，需填写省级现场复核结论表，包括电站相应指标评分调整情况、调整理由或依据，电站通过或未通过现场复核的结论及电站评分，存在的问题提出整改建议，填写"同意推荐"或"不同意推荐"的意见，并附各位专家的亲笔签名。

二、长效管理

根据《水利部农村水利水电司关于做好 2021 年绿色小水电创建工作的通知》（农水水电函〔2021〕7 号）要求，已创建完成的绿色小水电示范电站要对照新标准《绿色小水电评价标准》（SL/T 752—2020），开展自查和巩固提升，确保 5 年有效期满后延续达标，继续发挥示范带动作用。省级水利部门按照不少于半数的比例，对示范电站进行明察暗访，重点检查电站生态流量落实、社会责任履行、管理规范化等情况。

（1）要根据编制的水电站生态流量泄放方案，按要求泄放生态流量。方案可根据水电站实际，考虑坝体安全和上游来水情况，遵循当上游来水小于规定的生态流量时，按"来多少放多少"和生态流量下泄优先于发电的原则制定。以综合利用功能为主的小水电站，要优先满足城乡居民生活用水，统筹农业、工业用水等需要。同时要确保生态流量数据（图像）的真实性、完整性和连续性，并能满足小水电站生态流量调度管理和主管部门监督管理需要。

（2）要在公共设施改善情况和民生保障情况方面持续做好相关工作。在改善公共照明、公共道路、灌溉设施、供水设施、教科文卫设施及应急供电等公共设施方面尽力贡献自己的一份力量。在承担扶贫消薄任务或资助贫困户、提供就业机会、分享投资收益方面要多做实践。

（3）要对照标准进行安全生产标准化管理，已创建完成标准化电站的每年开展一次自评总结并建立台账，对发现的问题及时整改留痕，形成闭环，应重视绿色发展文化建设。

第三节 案 例

一、金华九峰水库电厂

金华九峰水库电厂位于钱塘江上游衢江的支流厚大溪上，水库控制流域面积 119.5 km^2，总库容 9805 万 m^3。2011 年 8 月建成并网发电，总装机容量 2×3200＋400kW，多年平均发电量 1437 万 kW·h，采用坝后式开发，其中 400kW 机组为生态机组，保障坝下游影响区域内的生活、生产及生态需水要求，安全生产状况良好，达到标准化一级。2017 年获全国首批"绿色小水电站"称号。绿色水电建设经验特色：

1. 生态环境友好

金华九峰水库电厂在设计之初就进行了科学论证，明确下游枯水期保持 1.0m^3/s 以上的下泄流量，以维护坝下脱水段生态平衡及下游厚大村等村庄群众正常饮用水的供给。通过撒播草籽、种植苗木等方式复绿 3 万 m^2，增殖放流鱼苗 18.6 万尾，有效防止水土流失，不断改善水库水质，管理范围内植被恢复良好、环境优美。分别在水库建设了水质自动监测站、水电站发电尾水河道安装了自动流量监测装置，实现对水库水质、生态放水在线监控，强化了库区水质管理，保障了下游河道生态用水。据监测，九峰水库水质常年达到地表水Ⅱ

类以上标准；厚大溪下游河道开阔，水流平缓、清澈见底，两岸植被生长茂密，自然生态环境良好。

2. 管理规范

狠抓安全管理，成立了安全生产组织机构，建立了应急救援和保障体系，健全了安全管理制度，进一步加大安全经费投入，通过自动化改造和精细化管理，使水电站管理工作逐渐步入制度化、规范化、科学化轨道。2016年12月，水电站通过了安全生产标准化一级评审。

3. 社会和谐

全面完成了10个行政村5792名移民安置，征用安置用地265.85hm^2，建成九峰新村移民安置小区，配套建设卫生院、小学等公共设施和有线广播、电视、电信、邮电、供电、供水等基础设施，水电站库区移民问题已基本解决，现无移民纠纷问题。防洪能力和灌溉保证率大幅提高，累计发电1.12亿kW·h。

4. 经济合理

金华九峰水库电厂投产至2020年年度，累计发电1.12亿kW·h，折算替代效应3.3万t煤，减少二氧化碳排放11.1万t，为金华市经济发展做出了一定的贡献。2014—2016年发电收入2878万元，利润总额1154万元，上缴税收133万元，工资福利465万元，经济收益合理，社会贡献良好。

图13-2～图13-11为金华九峰水库电厂绿色建设实景图片。

图13-2 金华九峰水库电厂发电厂房外景

图 13-3　金华九峰水库电厂平面布置图

图 13-4　金华九峰水库电厂库区及大坝全貌

图 13-5　金华九峰水库电厂库区生态环境

图 13-6　金华九峰水库电厂发电机层

图 13-7　金华九峰水库电厂发电机组

图 13-8　金华九峰水库电厂生态泄流孔

图 13-9　金华九峰水库电厂生态流量泄放至河道

图 13-10　金华九峰水库电厂生态流量监测设施

图 13-11　金华九峰水库电厂枯水期坝下百米左右河道概貌

二、白溪水库电站

白溪水库电站隶属于宁波市白溪水库管理站（宁波市白溪水库建设有限公司），位于市辖宁海县境内白溪干流中游的坝后式电站，总装机18000kW，平均年发电量4380万kW·h，总库容1.684亿m^3。于2001年5月并网发电，2003年9月通过竣工验收。2020年获水利部"绿色小水电示范电站"称号。绿色水电建设经验特色：

1. 生态环境友好

水电站核定下泄生态流量值为0.3m^3/s，通过反调节池蝶阀向下游供应灌溉用水和生态用水，蝶阀年保持开度30%以上。下泄流量监测设施有视频监控、流量计算管理软件和生态流量监控监管模块，对下泄流量数据进行实时采集，24h不间断监测。水电站基于河段生态环境对水量的动态需求，统筹确定合理的生态流量，实现河流水量生态调度，确保了下游河道生态需水量，上下游河道开阔，水质优良，自然生态环境良好。

2. 管理规范

水电站自投产以来，未发生人身及设备安全事故和违反安全生产法律法规行为，为电网的稳定运行和满足地方生产生活用电发挥了重要作用。水库2016年高分通过了浙江省水库标准化管理验收，2017年被评为第五届全国文明单位，2018年获得水利部农村水电站安全生产标准化一级证书，2019年被评为浙江省抗台救灾先进单位，2018年及2019年被评为宁波市水利局先进单位，2018年10月通过第二次大坝安全鉴定，被评为一类坝。

3. 社会和谐

水电站建设后，为当地扶贫、减轻就业压力、公共事业建设等方面做出巨大贡献。水库保证灌溉面积2万亩❶，新增和改善灌溉面积6.6万亩。

4. 经济合理

2019年白溪水库电站全年向宁波市城市供水1.925亿m^3，实现经济收入9624万元（不含水资源费）。2019年全年发电量5165.67万kW·h，实现经济收入2585.76万元。

图13-12～图13-19为白溪水库电站绿色建设实景图片。

---

❶ 1亩≈666.67m^2。

图 13-12　白溪水库大坝库区全貌

图 13-13　白溪水库电站发电厂房外景全貌

图 13-14　白溪水库电站发电厂房

图 13-15　白溪水库电站发电厂房内部

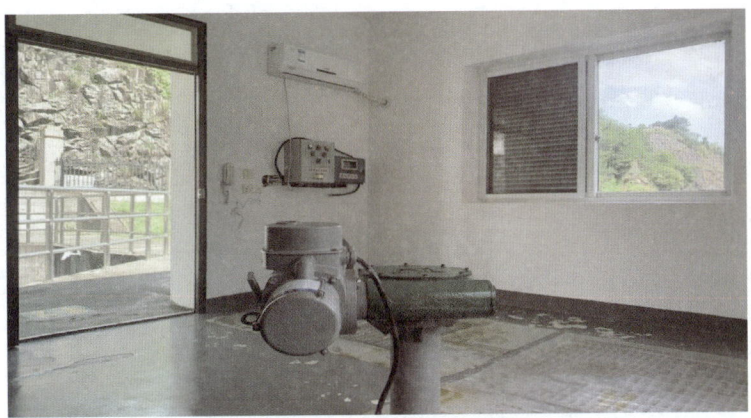

图 13-16　白溪水库电站生态流量泄放蝶阀

图 13-17　白溪水库电站生态流量出水口

图 13-18　白溪水库电站生态流量监测设施

图 13-19　白溪水库电站下游河道

第十四章　生态水电示范区

第一节　生态水电示范区建设背景、意义与成效

一、建设背景

浙江农村水电开发起步早，发展较好。20世纪50年代末，安吉县农村水电就成为全国示范，受到周恩来总理亲自签名的国务院嘉奖。安吉县是小水电之乡，也是全省农村水电发展历史的一个缩影。发展农村水电，帮助山区农民告别了祖祖辈辈"点灯靠油、舂米靠臼"的生活，也是浙江一些村集体经济的主要收入来源，保障了村庄改水修路、教育文化、广播电视等公益事业投入，对富民强村、发展县域经济做出了非常突出的贡献，功不可没。

但随着浙江省经济社会的迅速发展和国家电网的保障，农村水电能源供应比重逐步下降，广大群众对水生态文明的需求不断提高，早期开发建成的一些引水式水电站，存在跨流域引水、过度截流等现象，对下游水景观、水生态造成一定的影响。2014年，为贯彻落实国家有关生态文明建设和省委省政府有关"两美"浙江建设的工作部署，消除水电站对环境的不利影响，进一步发挥农村水电生态效益，省水利厅在调查研究的基础上，形成了"以生态水电示范区建设为抓手，加快推进农村水电生态改造"的调研报告上报省委、省政府。省委省政府高度重视，2015年3月时任省委副书记王辉忠、副省长黄旭明分别作出批示。省水利厅选取临安、安吉、开化三个县（市、区）开展生态水电示范区建设试点。在总结试点经验的基础上，2016年，省水利厅印发《浙江省生态水电示范区建设管理暂行办法》，编制《浙江省生态水电示范区建设实施方案（2016—2020）》，正式启动生态水电示范区建设。

二、建设意义

生态水电示范区建设是以维护和改善河流生态环境，优化水能资源配置，科学利用水能资源为目标，开展以流域、区域为对象的水电生态修复治理。通过改造与增设水电站生态流量泄放设施和监测设施、水电站下游河道生态修复、水电设备设施改造、环境影响突出水电站有序退出（报废）、水能资源综合利用改造等措施，基本消除或缓解因水电站造成河道脱水、减水等流域性环境问题，实现我省农村水电生态转型。

1. 开展生态水电示范区建设是贯彻生态文明建设理念的必然要求

随着社会经济发展，生态环境作为发展要素，受到政府和社会公众的广泛关注，对农村水电与生态环境协调提出了更高要求。我省已建小型水电站通过清理整改，均已安装生态流量泄放设施，正常泄放生态流量，但依然可能存在减水、脱水等现象，对电站周边生态环境造成一定的影响。客观认识农村水电与生态发展的差距，主动作为，促进农村水电与生态环境绿色、协调、可持续发展已迫在眉睫。

2. 开展生态水电示范区建设是"美丽乡村"建设的重要载体

农村水电是我省水利工作的重要组成部分，也是山区农村的重要基础设施。当前农村特色农业、乡村旅游蓬勃发展，对水环境、水景观的要求逐年增高，开展生态水电示范区建设是农村经济社会发展的有力支撑，也是"美丽乡村"建设的重要组成部分。

3. 开展生态水电示范区建设是实现行业转型升级的重要途径

近年来，我省大规模开展了以水电站更新改造为主要内容的产业转型升级工作，一大批老旧电站完成技术改造和报废重建，取得了良好的经济效益和社会效益。当前和今后一个重要时期，在继续抓好水电站更新改造工作的同时，应当更加注重水电站与周边环境的协调发展，持续提升农村水电生态效益，全面推进农村水电行业转型升级。

三、建设成效

自 2015 年以来，我省通过摸底调查、顶层设计、试点先行、规范管理等手段，在全国率先提出生态水电示范区建设的新模式，并建成生态水电示范区 57 个，累计生态改造及修复电站 377 座，保障了下游生产、生活和景观、生态用水，促进了当地休闲旅游，推动了农村水电绿色发展。

1. 提高用水保障，支撑当地经济社会发展

通过各种工程措施和非工程措施，示范区建设项目基本消除或缓解因水电站造成河道脱水、减水等局部河段甚至部分河道的环境问题，保证了下游河道生态用水，彻底改变了枯水期水库电站不能满足下游河道连续供水需求的状况。例如里畈水库电站右岸发电设备进行增效扩容改造后，机组效率、可靠性得到提高，有效满足了下游用水的需要。老石坎水库电站建设了保证下游用水的管道，解决了近1000人的生产、生活用水需求等。

2. 改善河岸环境，促进当地休闲旅游产业

近年来，浙江大力发展休闲旅游，而水电站大多地处山区，正是休闲旅游的良好选择。通过生态水电示范区建设，水电站在减、脱水河段修建了挡水堰，对河道沿岸进行了整治，还在流经村庄的河段建设了生态堰坝，流水不断，水清、岸绿，与沿岸秀美的村庄相映成趣，水库、厂区、下游河道及周边环境明显改善，游客纷纷到访，促进当地休闲旅游产业的发展。

3. 突出惠农保安，推动农村水电健康有序发展

浙江省十分重视群众从农村水电发展中直接受益、消除电站安全隐患的问题。从生态水电示范区建设试点开始，就把以安全生产为重点的农村水电站标准化作为示范区建设的重要内容，要求同步实施。许多村集体电站实施技改升级的同时，实施标准化建设，不但电站管理得到了提升，发电量也得到了大幅度提高，增加了集体收入。例如安吉县尝试了农村水电产权重组，将统里电站中村集体和村民的股份从40%增至60%，仅此一项，村集体每年可增收10万元。安吉县在推进农村水电标准化过程中，为了巩固创建成果，为所有农村水电站建立了健康档案，常见故障、排除方法等内容全面，保障了电站安全运行。

第二节　生态水电示范区建设程序与内容

一、建设程序

1. 责任主体

省水利厅负责全省范围内的示范区建设管理工作，指导市、县（市、区）水行政主管部门开展示范区建设。负责制订全省生态水电示范区建设总体实施计划，以及市、县（市、区）生态水电示范区建设年度考核工作。

市、县（市、区）水行政主管部门负责本行政区域内的示范区建设管理工作。负责制订辖区内生态水电示范区建设实施计划，指导项目建设管理、绩效评价及工程验收等工作。市本级项目由市级水行政主管部门负责组织实施。

项目业主负责生态水电示范区项目实施方案或工程初步设计编报工作，承担项目具体实施任务。

2. 申报流程

市、县（市、区）水行政主管部门在制订建设实施计划时，应明确生态水电示范区总体布局、建设内容、分年度计划、工程投资、资金筹措、实施效果等内容，并做好与地方水利发展规划衔接工作。同时，及时分解落实年度建设计划，对列入计划的项目提前一年纳入项目储备库管理，并督促和指导项目业主及时编制项目实施方案或初步设计。

市、县（市、区）水行政主管部门应会同财政部门于每年 8 月底前将申报下一年度省级水利资金补助的生态水电示范区建设任务和实施方案（或项目初设）批复文件报省水利厅、财政厅。生态水电示范区建设实施方案（或项目初设）是省级切块资金分配、项目考核、绩效评价的主要依据。

省水利厅将根据各地上报的项目计划、实施方案（或初步设计报告）、审查意见等相关资料开展项目审核。通过审核的项目按照《浙江省水利建设与发展专项资金管理办法》确定补助资金，并由水利厅计划处通过面上水利建设与管理相关文件统一下达资金和任务。

二、建设内容

生态水电示范区可选择以乡、镇片区为单元开展，也可选择以流域为单元，分片分区开展，重点结合流域水环境综合治理、农村环境综合整治、美丽乡村建设等。示范区建设项目实施主体原则上应以国有水利建设项目法人、水利管理单位、乡镇为主，实现省级财政资金补助、地方财政配套、业主自筹相结合的筹资方式。示范区建设可根据水电站所处区域、流域实际情况，坚持"统筹规划、因地制宜、量力而行、突出重点、注重效果"的原则，重点围绕以下六方面开展建设。

（一）调节水电站下游河道生态流量

1. 增设、改造泄放设施

对于引水式，特别是跨区域引水电站，通过技术改造，增设、改造生态流量泄放设施（有条件可增设生态机组）。根据批复的生态流量，下泄生态流量，满足河道生态需水要求。

2. 修筑水电站下游河道拦水堰

结合美丽河湖建设，在水电站厂坝之间的减、脱水河段修筑生态堰坝、滚水坝、景观堰等，扩大河道内积水面积，形成梯级水面，同时建设亲水性堤岸，在保障电站下游群众生产生活用水的同时，改善河道水景观。

3. 安装生态流量监控设施

针对新建电站，按不同流域、不同河流特征，确定电站生态流量及泄放过程，并安装生态流量监控设施；针对已建电站，清理整改完成后，生态流量监控设施已全覆盖，但可根据自身实际，开展更新改造，提高监控数字化、智能化水平。

（二）完善水电站生态运行模式

水电站运行中，除保证综合利用效益与发电外，必须保障下游河道生态健康。从水电站实际出发，建立生态运行模式，加强运行调度，调整运行方式，满足河道基本功能、群众生产生活用水及其他用水需求。加强水库的水资源优化调度，通过蓄丰补枯，有效地提高下游河道枯水期流量。加强梯级电站运行统一调度，建立梯级水电站联合运行生态调度机制，协调各级水电站的生态运行，最大限度保证生态流量的泄放。

（三）水电站与周边环境协调相容

通过农村水电站工程外部环境整治、上下游漂浮物清理等河道保洁、厂区环境绿化等措施，提高水电站与周边环境的协调程度。

（四）水电站提升改造

对运行年限长、设备设施老化、安全隐患突出的水电站，加大更新改造力度，保障安全运行。对梯级电站，安装联合调度设备，优化水能资源利用效率。改造、增设供水、灌溉设施设备，提升水电站在防洪、供水、灌溉方面的潜力。

（五）水电站标准化建设

通过规范管理责任、安全评估、运行管理、维修养护、监督检查、隐患治理、应急管理、教育培训、制度建设、考核验收等环节，实现水电站标准化管理。

（六）水电站有序退出

按照流域规划要求，对环境影响明显、安全隐患突出，无法通过改造等手段解决的水电站，可采取逐步淘汰拆除的方式，有序退出。有条件的地方，可对关停水电站给予合理补偿。

三、项目管理与验收

1. 项目管理

（1）生态水电示范区建设实行项目法人负责制。项目法人对项目建设的安全、质量、进度、资金使用及投资效益等全面负责。

（2）涉及增设生态机组的项目，原则上要按照农村水电项目建设管理程序，开展项目前期和建设工作。

（3）对于投资小、技术要求不高的示范区建设项目，可参照小微水利工程管理要求，简化招投标等程序。

（4）单个示范区建设项目实行监理有难度的，可与水电站改造、当地河道整治项目打捆统一选定监理单位。

2. 项目验收

生态水电示范区建设项目验收参照《水利水电建设工程验收规程》（SL 223—2008）执行。根据工程建设实际在保障工程质量前提下可适当简化程序，重点把握完工验收和竣工验收。

省水利厅将视各地建设情况采用定期和不定期方式对生态水电示范区建设项目进行监督检查，重点检查项目实施情况及完成情况、工程进度和质量、资金使用情况等。

3. 长效管理

（1）水电站应将生态流量泄放、监测监控系统的运行纳入日常管理工作，制定相关管理制度，确保系统正常运行。

（2）水电站减、脱水河段治理工程应按照《浙江省水利工程安全管理条例》等规范进行日常检查和维护，确保工程安全稳定运行。

（3）水电站应建立生态流量泄放台账，负责日常生态流量数据（图像）的记录、存储、上传和整理等工作。

（4）水电站水工建筑物、办公及生产生活等所有设施的外观应整洁、美观，并与周边环境相协调。

（5）水电站应定期对责任范围内的水域水面进行清理保洁，生产生活等各区域应保持卫生条件良好，垃圾应集中分类堆放并及时处理。

（6）水电站应视生态水电示范区建设实施效果进行评估，根据评估情况对相应的工程与非工程措施进行适当调整，确保水电站生态治理发挥最大效益。

第三节 案 例

一、遂昌县十四都源生态水电示范区

遂昌县十四都源位于遂昌县东部，是瓯江水系松阴溪的主流，流经垵口乡、妙高街道办事处，流域集雨面积 217.8km^2，河道长 39.5km，域内山高坡陡，水能资源丰富，共开发有 12 座水电站，总装机容量 23575kW。

2018 年，遂昌县按照流域统一规划、同步实施、系统治理的原则，组织实施十四都源生态水电示范区建设，对 26km 河道减水段进行系统治理，新建生态堰坝，恢复河道水面，修建亲水平台、生态护坡，恢复河道岸线；对 7.9km 淤积河段进行清淤整治，再造深潭浅滩，恢复生物栖息场所；将成屏三级水电站报废退出，并在成屏二级水电站增设生态机组。

项目实施后，十四都源水生态、水环境、水景观得到极大的改善。山清水秀，溪水潺潺，鱼贯而出，两岸伴花随柳，重峦叠嶂，与周边环境和谐共生，相得益彰，真正成为美丽乡村的样板。依托好生态、好环境，十四都源成了最美自驾游风景线，成功创建了十八里翠国家级水利风景区，促进了水资源综合

利用；周边农家乐红火，群众家门口增收，真正实现了两山科学转化，乡村全面振兴。

图 14-1 为遂昌县十四都源生态水电示范区实景图片。

图 14-1　遂昌县十四都源生态水电示范区

二、淳安县枫林港流域生态水电示范区

淳安县枫树岭水电站位于枫树岭镇，属钱塘江水系新安江干流枫林港流域。枫树岭水电站为跨流域水电站，电站从枫树岭水库引水发电，尾水排放至丰家源流域，造成枫林港流域自枫树岭水库至千岛湖库区段减水，河水干枯、河床裸露、杂草丛生。

2018 年，淳安县组织实施枫林港流域生态水电示范区，在枫林港流域（枫树岭村—下姜村段）逐级新建及改建生态堰坝共 8 座，新建亲水平台、游步道 1050m，栈道 110m，安装栏杆 1950m，在河道适宜段种植芦竹、旱伞、菖蒲等水生植物，堤顶绿化等。在枫树岭水库下游约 160m 的河道左岸，新建枫树岭生态水电站，安装一台 320kW 生态机组，并安装计量监控设备，确保生态流量足额下泄。

生态改造后的枫林港水流顺畅、水质清澈，构建了"河畅水清、岸绿景美、功能健全、人水和谐"的生态景观。枫林港河道先后获得了浙江省"最美家乡河"、浙江省"最美河湖"等殊荣。图 14-2 为淳安县枫林港流域生态水电示范区实景图片。

图 14-2　淳安县枫林港流域生态水电示范区

第十五章 生态流量监管

第一节 生态流量概述

一、生态流量定义

小型水电站生态流量是指满足水电站下游河段保护目标生态需水基本要求的流量及过程。在水电的发展历程中，尤其是引水式电站，其建设及运行引起厂坝间河段内水量较自然条件下减少或断流，使得下游河道干枯，与生态文明建设背道而驰。因此，需要进行生态流量的泄放，以满足下游河道生态用水需求，促进水电行业的可持续发展。

二、生态流量确定

农村水电站生态流量应按不同地区、不同河流特征，综合考虑气象、水文、生境等因素进行确定。并应以水电站取水拦河坝（堰、闸）处的河流断面作为计算控制断面；有多个取水水源的，分别计算确定。常用计算方法如下：

1. 不同频率最枯月平均值法（QP法）

以节点长系列（$n \geqslant 30$ 年）天然月平均流量、月平均水位或径流量（Q）为基础，用每年的最枯月排频，选择不同频率下的最枯月平均流量、月平均水位或径流量作为节点基本生态环境需水量的最小值。频率 P 根据河湖水资源开发利用程度、规模、来水情况等实际情况确定，宜取 90% 或 95%。这种计算方法适合于干旱、半干旱区域，生态环境目标复杂的河流，对生态环境目标要求相对单一地区。

2. 流量历时曲线法

利用历史流量资料构建各月流量历时曲线,将某个累计频率相应的流量 Q_P 作为生态流量,频率 P 可取 90% 或 95%。Q_{90} 为通常使用的枯水流量指数,为警告水资源管理者的危险流量条件的临界值;Q_{95} 为极端低流量指标,为保护河流的最小流量。该方法在使用时,应分析至少 20 年的日均流量资料。

3. 蒙大拿法

蒙大拿法是将年平均流量的百分比作为生态流量。对于大多数水生生命体来说,10% 的平均流量是建议的支撑短期生存栖息地的最小瞬时流量;对一般河流而言,60%~100% 的河流流量可以为水生生物提供优良的生长环境,30%~60% 的河流流量一般是令人满意的;对于大江大河,5%~10% 的河流流量可以满足一般要求,是保持绝大多数水生物短时间生产所必需的瞬时流量。这种计算方法适用于大的常年性河流,作为河流进行最初目标管理、战略性管理方法使用,不适用于季节性河流。

4. 7Q10 法

通常选取 90%~95% 保证率下、年内连续 7 天最枯流量值的平均值作为基本生态环境需水量的最小值,也可采用一年每天都能保证的流量。适用于水量较小,且开发利用程度已经较高的河流。使用时应有长系列水文资料。

5. 湿周法

利用湿周作为栖息地质量指标,建立临界栖息地湿周与流量的关系曲线,根据湿周流量关系图中的拐点确定河流的生态流量。适用于河床形状稳定的宽浅矩形和抛物线型河道。

三、生态流量泄放原则

(1) 水电站应根据确定的生态流量、上游来水情况、区间汇流和下游河道生态用水需求等因素,制定生态流量泄放方案,明确泄放要求、泄放方式和过程。

(2) 水电站生态流量应按以下原则泄放:

1) 保证连续泄放,当上游来水流量小于规定的生态流量时,应按上游来水流量足额泄放。

2) 具有防洪、抗旱、供水、灌溉等综合利用功能的水库电站,其抗旱、供水目标与生态流量泄放发生矛盾时，在保证抗旱、供水等用水要求后，按实际情况泄放。

（3）具有调节能力的水电站群，应按照"兴利服从防洪、区域服从流域、电调服从水调"原则，建立健全干支流梯级水电站联合调度或协作机制，统筹协调上下游水量蓄泄方式，协同解决好全流域基本生态用水问题。

四、生态流量泄放设施

根据生态流量及不同类型的水电站工程特性，采用的泄流措施通常有现有引水系统、放水闸、坝体埋管等方式。

1. 利用引水系统改造泄流

采用渠道引水的水电站，在渠道过坝后的适当位置开口修建侧堰或埋设放水管，向下游坝后河道泄放流量。

采用隧洞引水的电站，可利用原有的近坝施工支洞改造或新挖泄水洞，并安装放水管向下游河道泄放流量。

技术经济可行的项目，可在放水管出口安装"生态机组"。

2. 利用泄洪闸小开度泄流

对闸坝电站，可一孔或多孔闸门不完全关闭、控制一定开度向下游河道泄放流量。闸门泄流开度通过闸孔泄流公式计算确定后，可通过闸门行程控制器或在闸底板设置限位墩（水泥墩）等方式控制。

3. 利用溢洪道闸门改造泄流

根据电站枢纽布置的实际情况，可对溢洪道工作闸门进行改造，设置门中门或舌瓣门，增设启闭设备，向下游泄放生态流量。

4. 利用大坝放空设施改造泄流

对大坝原有的底孔设施（如导流底孔、排沙孔、水库放空孔、泄洪洞等）进行改造，增设闸控系统，调整调度运行方式，泄放生态流量。

5. 设置生态基荷或采用反调节调度泄流

对堤坝式电站，通过机组发电放水能满足生态下泄生态流量的水电站，可不设置专用泄流设施，根据上游来水情况、调节库容和电站发电机组的特性，优化水库调度运行，保证电站至少有1组不间断运行，通过基荷或反调节调度泄放流量，并尽量减少下游河道流量日内变幅。

6. 安装生态机组

在大机组之外安装单独设置的、长期正常运行、承担生态流量泄放任务的生态发电机组。

7. 利用机组旁通管改造泄流

在机组进水控制阀旁通管上开孔引接放水管等，利用电站原有的引水设施，将其改造后向下游泄放流量。

8. 增设大坝放水设施

在坝区适当位置增设倒虹吸管、抽水系统、泄流通道等设施，不间断地从水库上游取水跃坝再泄入坝下游河道，满足生态流量要求。

五、生态流量监测监控

水电站生态流量泄放设施改造时，应利用智能感知技术同步建立生态流量监测监控系统，包括前端流量监测设备、数据（图像）传输设备和监管平台，并保证生态流量数据（图像）的真实性、完整性和连续性，为生态流量泄放调度管理和主管部门监督提供技术条件。具体设备建设和数据传输要求如下：

（1）生态流量监测点的选择应尽量考虑布设在水电站生态流量泄放设施出口处，或在符合测流要求的电站坝址下游附近河道断面。

（2）生态流量监测类型分为实时流量、动态视频和静态图像。监测方式包括在线监测和离线监测。监测设施应具备数据（图像）采集、保存、上传、导出等功能，能满足水电站生态流量监管需要。

（3）采用实时流量监测的，数据采集传输设备接口应具有扩展功能、模块化结构设计，并每5min采集一次数据存储，每小时传输一次数据至省级监管平台。

（4）具备通信条件的电站，宜采用动态视频监测，连续录像并每小时截图一张实时传输至省级监管平台。

（5）不具备网络传输条件的电站，宜采用静态图像监测，原则上采用摄像头抓拍方式，抓拍周期不大于1h并保存生态流量泄放图片，上传时间间隔不超过30天，照片须完整清晰并反映泄放口。采用人工拍照方式进行图像监测的，照片必须记录拍摄地点经纬度坐标和GPS时间戳，拍照周期不大于7天，上传时间间隔不超过30天，并保证上传数据的连续性。

（6）生态流量监管平台应具备数据（图像）接入、保存、上传、展示、自动判定、自动统计、异常警告等功能，能分析监测时长、设备在线率、流量合格率、生态泄流总量等关键数据，满足生态流量监管工作要求。

（7）生态流量监测设备应供电可靠，保障正常运行。有条件的地区采用220V市电供电，无条件的地区可采用太阳能板加蓄电池浮充供电。

（8）前端监测设施与监管系统之间的数据传输，应符合《水资源监测数据传输规约》的要求，视频图像传输应符合《公共安全视频监控联网系统信息传输、交换、控制技术要求》的要求。

第二节 生态流量监管的责任主体、要求和内容

一、生态流量监管的责任主体和要求

1. 责任主体

（1）县级以上人民政府水行政主管部门应当会同生态环境主管部门，做好本行政区内小水电站生态流量监管工作。

（2）小水电站业主是生态流量泄放设施的责任主体，应保障生态流量泄放设施的正常运行，确保按要求泄放生态流量。

（3）各级水行政主管部门是生态流量监测设施及监管平台的责任主体，负责本级监测设施及监管平台日常的管理、维护等工作，保障其持续正常运行。生态流量监测监控设施及监管平台的建设与运行维护可委托第三方机构承担。

2. 监管要求

（1）生态流量监管应当遵循"合理定量、科学调度、分类监测、数字监控、人机复核、闭合管理"的原则。以日常监管和监督检查为主。

（2）监督检查采用线上核查和线下现场检查相结合的方式。线上核查通过省级生态流量监管平台开展，现场检查原则上采取"四不两直"的方式，现场检查填写小水电站生态流量检查表。

（3）省相关部门负责全省小水电站生态流量下泄情况监督检查，每年抽查比例不少于10%；市级相关部门负责辖区内小水电站生态流量下泄情况监督检查，每年抽查比例不少于20%；县级相关部门负责（可委托当地乡镇）辖区内小水电站生态流量泄放情况全面检查，检查频次每年每座小水电站不少于一次。

二、生态流量监管内容

加强水电站生态流量监督管理是全面贯彻习近平生态文明思想、保障河湖生态用水、推进小水电绿色发展的重要抓手，其主要内容包括：

（1）生态流量：确定的生态流量是否科学合理，能否体现流量过程，反映河道天然来水丰枯变化。

（2）生态泄流设施：已投入运行的生态泄流设施完整性、安全性及运行维护情况等。

（3）生态流量下泄：是否逐站制定生态流量泄放方案，并按要求泄放到位。

（4）生态流量监测监控设施：设备的完整性和可靠性、生态流量数据（指静态图像、动态视频及实时流量）的真实性和连续性等。

（5）生态调度运行：以综合利用功能为主的水库电站、梯级水电站群是否按要求开展生态调度运行。

第三节　浙江省农村水电站数字化管理

一、管理平台简介

按照水利部智慧水利建设要求和省水利厅数字化转型统一部署，根据《浙江省智慧水利先行先试实施方案》，"水电站生态流量监管"作为浙江省5项先行先试的试点任务之一，依托浙江省水管理平台"四横三纵"框架体系，围绕农村水电站安全、生态两个重要关键环节，建设浙江省农村水电站管理数字化应用（下称"省级应用"）（图15-1），主要包含安全监管、生态流量监管、专项工作、信息服务四大模块。

二、管理平台已实现功能

1. 基本实现基础数据全汇聚

为建立覆盖全省的水电统一业务数据库，实现水电站核心数据在线共享，通过整合长江经济带小水电清理整改管理平台和水利部农村水电站年报信息系统相关数据，省级应用已完成水电站基础运行管理数据全汇聚。通过水电地图、图形列表、统计分析等多种方式展示数据，形成人机友好界面，能较清晰且及

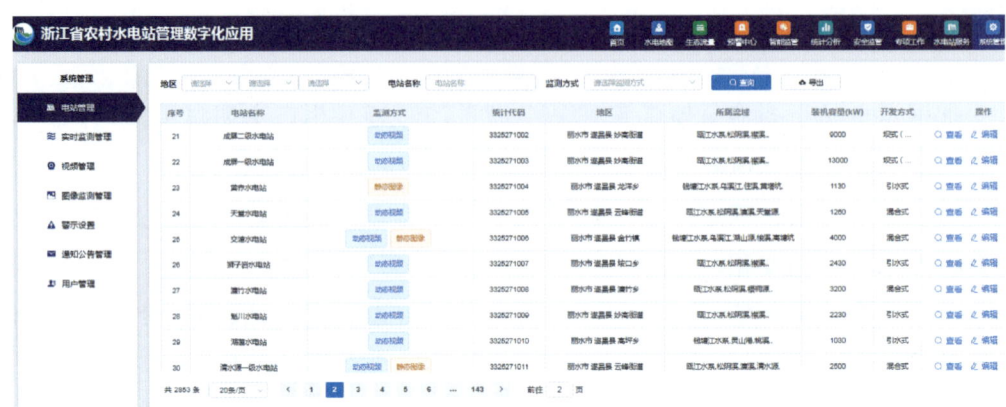

图 15-1 浙江省农村水电站数字化管理应用主界面图

时地反映相关信息。截至 2020 年年底，全省共有农村水电站 2853 座，分布在 9 个设区市（除嘉兴、舟山外），59 个县（市、区）。

2. 着重实现流量数据全接入

（1）制定技术标准。为规范各地小水电站生态流量监管平台建设，出台了《浙江省小水电站生态流量监管平台建设技术指导意见》，对前端监测设备设施、数据采集、数据传输和监管平台建设要求进行了明确，监管平台建设须整合同级水管理平台，同时还须满足与省级应用对接的要求。目前有水电站的 8 个设区市（除湖州以外）已分别建立了市级小水电生态流量监管平台，对本辖区内的水电站生态流量泄放进行直接监管。

（2）积极开展对接。生态流量监测方式根据小水电清理整改"一站一策"要求分为三类：实时流量、动态视频、静态图像，目前已接入全省数据：实时流量 619 座、动态视频 1009 座、静态图像 841 座。省内水电站小、散、多，大多分布于偏远山区，在取水口处，无电源和信号不稳定等问题成为监控监测的难题，前端设备出现故障也较难以及时解决；部分市县监管平台开发时间较早，传输接口与省级要求不符。在与各地对接过程中，省级成立了专班，落实专人分片梳理存在的问题，实行清单化管理，做到明确每座水电站的问题类别、解决情况及时限，逐一打通数据传输的通道。

（3）开发一键智能巡检。为提高预警功能的及时性和准确性，节省人工巡检时间成本，已开发预警中心和一键巡检功能。对采用生态流量动态视频监控和静态图像监控的站点，基于水利视频云平台的基础构建，通过 AI 训练、模型校验、识别预警实现整个 AI 预警功能。采用人工智能的手段进行视频识别,根据视频和图像中泄放的水流、水花等特征信息,识别泄放口是否放水、图像是否模糊、视频是否在线等。在后期的运行管理中,后端运维人员提供模型训练服务,机器识别结果发送给管理人员进行人工复核。在此过程中,人工智能模型的机器学习得到进一步深化和加强。

3. 逐步实现水电监管分层级

省级应用已开发完成省、市、县三级用户界面,并明确了各级生态流量泄放监管人员,对本辖区内水电站进行分级线上监管。针对实时流量监测方式,应用设置了数据完整率、及时率和达标率三个考核指标,动态视频和静态图像监测方式设置了在线率,每日上午 9 时将监测预警信息发送至市、县两级监管人员,并要求在规定时间内完成问题反馈,形成闭环监管。

三、未来完善重点

1. 逐步升级监测

为提高生态流量监管的准确性和科学性,统筹考虑水电站人力成本及人员安全等因素,对有电源无网络地区要逐步取消人工拍照上传的方式,改用摄像头抓拍;对有网络地区,要逐步开展实时流量监测,做到从"放没放"到"放多少"的科学定量过渡。

2. 打造创新亮点

(1)拟选取试点,通过稳定的动态视频流,对满足泄放要求的水流大小进行模拟,判断其在泄放过程中是否达标,基本达到量化要求。

(2)拟选取两条采用实时流量监测的流域,通过场景化应用,建立水文学模型,为流域电站建立入库流量预报模型,预报最近时间天然入库流量参考值,并同时对实际泄放数值、核定泄放数值、天然入库数值三者不同逻辑关系进行梳理,对比并通过不同颜色进行泄放情况展示,方便决策层快速获取关键信息。

3. 科学生态调度

生态流量泄放不是与核定值进行简单的对比判断,每个水电站要考虑上游来水量、供水灌溉需求、防汛抗旱需求、设备检修等不同情况,根据生态调度方案进行生态流量泄放,体现过程。目前省级应用针对特殊情况下,小水电站对生态流量泄放有申请、申诉的需要,开发了相应的数据接口,具备事前申请停止泄放生态流量及监测不达标时要求事后申诉的功能，各电站在完成生态调度方案编制后可遵照执行。

第四节 案 例

一、台州做法

1. 基于水文预报模型的"四色"管理办法

台州市水电平台利用已有的智慧水务总平台的水文学模型，为每座电站建立入库流量预报模型，预报最近时间天然入库流量参考值，并同时对实际泄放数值、核定泄放数值、天然入库数值三者不同逻辑关系进行梳理，平台对数值进行对比并通过四种不同颜色进行泄放情况展示，方便决策层快速获取关键信息。

对水电站生态泄流情况进行客观鉴别，以公平、公正的原则与人性化的理念，促进长效管理。平台用四种颜色对每个电站生态泄流情况进行区分：绿色——达标，表示泄放大于等于核定值；红色——不达标，表示对无理由不泄放或无理由小于核定值发出警示；蓝色——合格，表示虽然泄放小于核定值但在枯冬季泄放数值还能不小于天然入库流量；黄色——报备，表示虽然没有泄放或泄放小于核定值，但是有地、市主管审核通过的五类客观原因中的合格率免考核报备。

2. 基于五类客观原因的"合格率免考核"报备机制

考虑到部分水库兼有供水、灌溉等功能，在特殊情况下难以同时满足生态流量的下泄要求，台州市小水电生态泄流监管平台开发了审核县级报备的管理机制，并且规定了各类报备不同的最长时段。经过地、市主管审核同意，给予电站生态泄流合格率免考核待遇（在线率仍然考核）。

五类"合格率免考核"报备的客观原因包括：设施设备维修养护、应急管理（防汛抗旱）需要、（死水位以下）保大坝需要、保饮用水需要、保农业灌溉需要。这五种情况由县水利局登陆地、市平台登记并上传盖章件报备，电站无权直接报备。

3. 基于监测数据的实时统计分析功能

基于流量数值、图片、视频等数据，台州平台分别通过年、月、日自动统计分析：监测在线时长、监测离线时长、设备在线率、泄放合格时长、泄放红色时长、流量合格率、生态泄流总量等关键数据，并提供给主管部门，保证生态泄流长效监督检查制度落实到位。

4. 基于红色警示的提醒业主核查或预判的支撑帮助

台州还开发了台州智慧水利微信公众号的绿色大水电板块，全部电站业主与相关人员均可通过手机号与密码，查看各自电站的实时泄放情况、天然入库流量参考、泄放照片、预警或警示、视频等信息数据，方便业主枯冬季安排布置。

考虑到水电站现场可能的复杂情况，部分电站有些时候难以保证数据实时上传，当台州平台判别某电站无理由不泄放、无理由小于核定值发红色警示或有可能漏报迟报异常之后，主管部门可让平台通过微信公众号、钉钉、手机短信等方式向责任人发送警示提醒，提醒相关人员及时检查处置。对有可能漏报迟报的情况，平台可自动接收过去 24h 之内真实发生的补传数据，确保考核工作符合现状实际。

二、丽水做法

2019 年丽水市完成"智慧水电"系统，着力推进行业管理数字化，并以智能识别、自动预警生态流量泄放状态为核心，有效解决生态流量下泄监管难、取证难问题。同时推进水电生态信用评分建设，倒逼企业规范管理、绿色发展，取得良好效果。

1. 编制"一站一方案"科学调度生态流量

以长江经济带小水电清理整改"一站一策"内容为基础，按照"兴利服从防洪、区域服从流域、电调服从水调"的原则，建立健全干支流梯级水电站联合调度或协作机制，统筹协调上下游水量蓄泄方式，协同解决好流域基本生态用水问题。同时，组织咨询单位编制调度方案，充分考虑天然来水量规模、生产生活用水、水工建筑物安全等综合因素，对每座水电站编制生态流量泄放差别化的"一站一方案"，以此作为智能监管的依据。

2. 加强数据资源整合与共享，提升流量状态智能化、差别化分析识别能力

（1）积极打通水利系统内部数据资源，共享水文数据、视频数据、取水许可、水源地水量水质监测数据、基础地形图数据、行政区划数据、流域区划、

水质检测、水源保护数据等数据，并逐步实现电力、气象、农业数据整合与共享，为监管平台智能化提升提供数据分析基础。

（2）按照试点先行、逐步推开的原则，选取试点区域（县）对部分电站开展智慧化监管提升，依据"一站一方案"，综合水利、气象信息，泄放口影像，建立数字河道模型。基于人工智能技术，完善生态流量监管平台的智慧化监管功能，自动输出断面应泄放生态流量估值，并判断当前生态流量是否达标，在原先最小下泄生态流量值标准基础上，综合天然来水量及其他功能性需水因素对下泄流量的影响，更加科学合理地加强生态流量监管。

3. 完善农村水电站安全监管功能

增加水电站安全监督相关功能，接入水电站水库汛限水位及监测信息、电站水库大坝注册登记及安全鉴定现状信息、除险加固信息；增加农村水电站"双主体""三个责任人"责任管理，实时掌握农村水电站水库防汛行政、技术、巡查情况，以及设备设施、调度运用方案和防汛应急预案编制及批复情况。完善系统功能，增加安全隐患上报、隐患排查等管理业务，建立基于动态监测的农村水电安全生产动态评价子系统。

4. 整合完善移动端软件功能

加强农村水电行业安全生产监督管理，完善水电站生态与安全数据采集指标，督促各地全面准确地填报数据，强化"数据现场填报、监管线上审核"；建立移动端多维度农村水电一张图，对于核心业务模块提升手机 App 管理功能。

第十六章 小水电集约化、智慧化管理

第一节 小水电集约化、智慧化管理内涵

集约化管理是现代企业提高效率与效益的基本取向。"集"就是指集中，集合人力、物力、财力、管理等生产要素，进行统一配置；"约"是指在集中、统一配置生产要素的过程中，以节俭、约束、高效为价值取向，从而达到降低成本、高效管理的目的，进而使企业集中核心力量，获得可持续竞争的优势。智慧化管理是指由现代通信与信息技术、计算机网络技术、行业技术、智能控制技术汇集而成的针对某一个方面的应用，并具备一定的"思维"能力，使人机环境系统之间的交互角色最优化。小水电集约化、智慧化管理就是指小水电站集群在单站具备智能控制的基础上，基于互联网＋信息化管理平台，对外界条件进行分析判断，由一个控制中心进行统一控制、调度和配置，实现小水电站集群智慧、高效管理。

第二节 小水电集约化、智慧化管理现状

目前，浙江省部分地方对小水电集约化、智慧化管理进行了探索，从全省情况看，典型农村水电站集约化管理模式主要分三种，具体如下。

1. 以技术服务为形式的水电站专业化管理

组建或者发挥有农村水电站专业化管理能力的机构，如专业运行公司、专业检修公司、专业运行且有技术和人力资源富余的水电站等，这些主体可以是通过社会上技术和人力资源整合成立，也可以是有条件的水电站业务延伸而成立。主要开展对外水电技术咨询、电站运行维护和检修、机电设备安装调试等

专业技术服务。

2. 以行业协会为平台的水电站片区集中管理

由县级行业协会牵头，依托协会中技术力量强、人员充足的部分会员（规模较大水电企业），对辖区内小规模水电站开展设备维护测试、日常维护管理和应急事故或设备故障处理、运行管理承包等业务。

3. 以自动化技术为依托开展水电站联合运行

在一定区域或流域内，利用现有的骨干水电站或组建联合运行机构，采用"以大带小"方式——一个大厂带上、下游距离较近的几个小厂组成一个站群，充分发挥梯级水库调节库容相互补偿调节作用，制定联合发电运行方案，按梯级整体发电量最大原则协调控制各水电站的发电出力和出库流量。可以最大限度利用水资源，发挥工程效益。

第三节　小水电集约化、智慧化管理技术实现

为实现小水电站群的集中运行与信息化管理，应设置集中运行与信息管理中心，对水电站集群进行集中运行与管理，汇集电站的运行数据与各类基本数据，实现小水电站"无人值班，有人值守"的运行模式，减少运行人员，实现优化运行，提高小水电站群运行的经济效益，提升水电站运维的专业管理水平，提高水电站的运维管理能力和电站运行的安全水平。

一、具体要求

（1）在集中运行与信息管理中心实现对小水电站集群的集中运维管理（实时运行数据与视频）。

（2）满足电站机组智慧运行要求，实现小水电站"无人值班，有人值守"运行模式，减少电站运行人员，提高电站运行的安全水平。

（3）满足下泄生态流量监管要求。

（4）实现同一流域上小水电站的优化运行，提高小水电站运行的整体经济效益。

（5）提升运维管理队伍的专业水平。通过各种通信方式，运维人员随时掌控电站的运行情况，提高管理效率，规范管理。

（6）汇集小水电站的各种管理信息，包括小水电站的基本情况、人员、运维记录、培训教育等，方便日常监管。

二、框架设计

小水电集约化、智慧化管理的框架设计可分电站端和集控与信息化管理端两部分进行设计。

1. 电站端设计

（1）电站端应满足智能化控制的需要，并实现一定的智慧化运行功能。

（2）水电站智能化控制，应建立在自动调速、自动励磁以及油气水辅助设备自动化的基础上。对于水电站控制系统，一般要求具备开机、停机、监测、报警、远程监控、远程监视、信息推送、远程集控等功能。手动控制不能实现全自动控制功能，常规半自动控制柜的自动控制功能不完善，简易微机自动（不带手动功能）控制柜的自动控制功能不可靠，均需进行更换；对全微机自动（带手动功能）控制柜，若能达到智能化创建要求，不需改造，反之，需进行改造。

（3）调速器应满足机组正常开机、并网、有功调节、关机和紧急关机等自动化要求，且安全可靠。宜采用微机型调速器，总装机容量在 0.5MW 以下的电站，在投资受限时亦可采用液压操作器。全手动调速器因不满足自动控制要求，需进行更换。弹簧储能操作器因设备过于老旧、年久失修，相应配件停产，需进行更换。"手-电"两用调速器若采用交流电源系统供电，则需配备 EPS 应急电源，以提高自动控制可靠性。

（4）励磁系统应满足发电机及电力系统不同运行工况和事故情况下的要求。水轮发电机自动励磁调节器应设有相互独立的手动和自动调节通道，自动调节通道应在并网前具备自动电压调节、在并网后具备无功功率调节功能。对无刷励磁，若已有电压调节按钮，可不进行改造，反之，则需进行改造；对静止可控硅励磁调节系统，若有电压调节旋钮，不能实现自动控制，需进行更换；若无电压调节旋钮，且运行不可靠或调节性能不稳定，亦需进行更换；对于不具备自动化控制功能的其他励磁系统（如硅整流电位器调节、自耦变调节、复式励磁等），因不能满足自动控制要求，且可靠性不高，均需进行改造。

（5）主阀或快速（事故）闸门控制应满足自动化控制要求，并能以一个控制指令完成开启、关闭的自动控制，同时具有独立的阀门控制箱。主阀的自动控制可由正常开、停机控制指令联动完成，也可通过阀门控制箱操作。紧急事故关阀指令能直接动作关阀。

（6）在自动化的基础上，利用物联网、云计算、移动互联网、水位或流量监测技术、设备监测监控技术等，实现自动开停机及自动调节运行工况，减少运行人员，提高发电量，增加发电效益。并通过手机端 App 界面或集控中心工作站，实现远程开停机、负荷调节、状态监控、视频监控、机组温度监控等，实现"无人值班、有人值守"，构建高效节能、绿色环保、环境舒适的人性化水电站。

2. 集控与信息化管理端设计

集中运行与信息化管理的总体技术架构考虑采用云平台，采用云主机和云数据服务器，云平台主要由电站集中运行管理平台、电站安全生产管理平台、视频监控平台、下泄流量监测平台组成。采用云平台的优点有：使用单位不需建设专门的计算机信息化网络，减少计算机信息系统网络建设与机房环境建设的投入，减少信息系统专职管理人员及后期的硬件、软件维护和升级，也便于计算机、平板电脑等各类智能设备接入信息化管理系统。集中运行与信息化管理网络拓扑图如图 16-1 所示。

在水电站集群选取中心电站或选取新址建立集中运行与信息化管理中心，管理中心设大屏幕，集中显示各电站的实时运行数据与视频图像，管理中心可控制各电站的开停机、调节机组的负荷，可监测（监控）电站生态流量下泄情况，可查看各类报警、故障信息，各电站机组智慧运行的情况（自主按水位启停等）也送至运行与信息管理中心，管理中心显示的数据均来自云平台。电站可通过光缆、4G 网络等通信方式，将运行数据、视频等传送至云平台，如一条流域有多个电站，电站之间距离比较近，也可将多个电站的数据汇集到一起传送至云平台。电站监管、运维人员计算机、平板电脑等智能终端，可通过互联网接入云平台，可查看所有电站的运行数据、视频、基本信息等。

集中运行与信息化管理云平台技术架构主要包括数据采集层、基础设施层、数源层、应用支撑层、应用层等。数据采集层为自动采集与人工录入，电站的运行数据、视频为自动录入，电站的基本信息为人工录入。基础设施层为云主

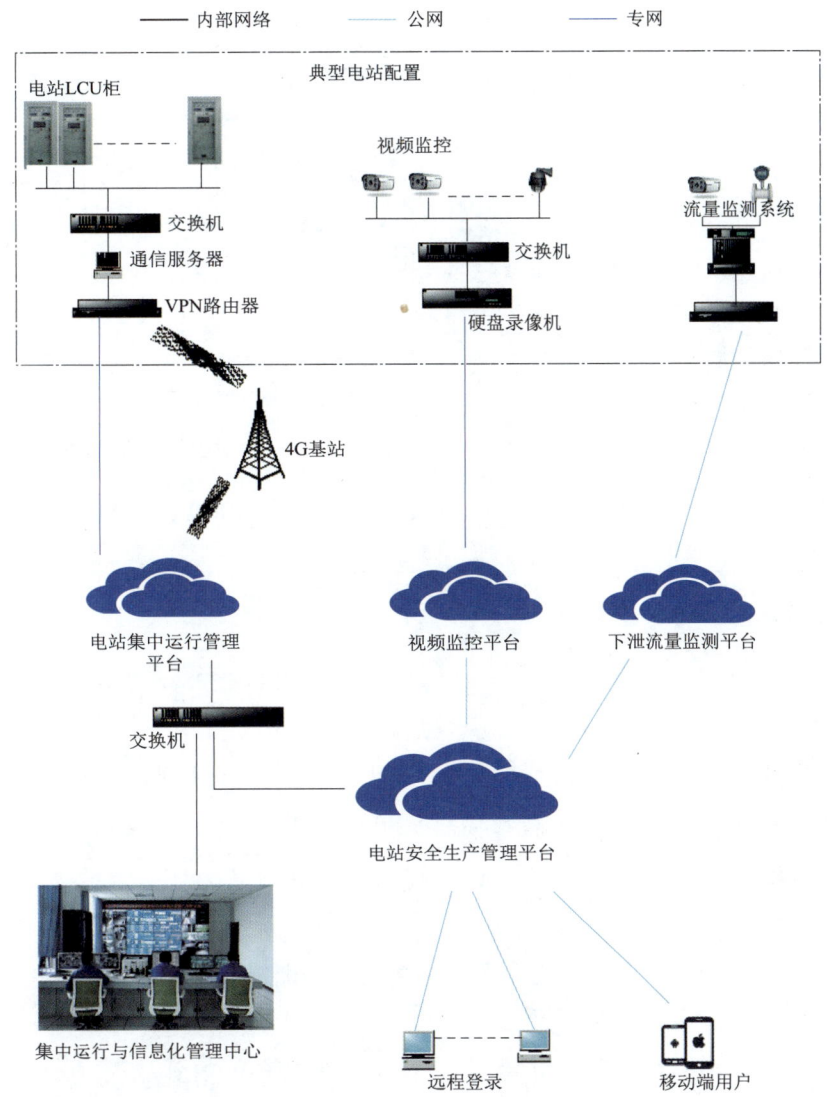

图 16-1 集中运行与信息化管理网络拓扑图

机、云数据服务器、互联网、计算机、平板电脑等智能终端。数源层包括电站的运行数据、电站的基础（基本信息）数据等。应用支撑层有信息管理系统、移动门户、视频监控平台、实时数据平台、实时控制平台等。应用层有电站的实时数据、视频应用等，包括各类运行数据监管、统计监管视频监控等。集中运行与信息化管理云平台主要技术架构示意图如图 16-2 所示。

集中运行与信息化管理平台硬件建设主要包括大屏显示系统、计算机、网络系统、UPS 不间断电源等。

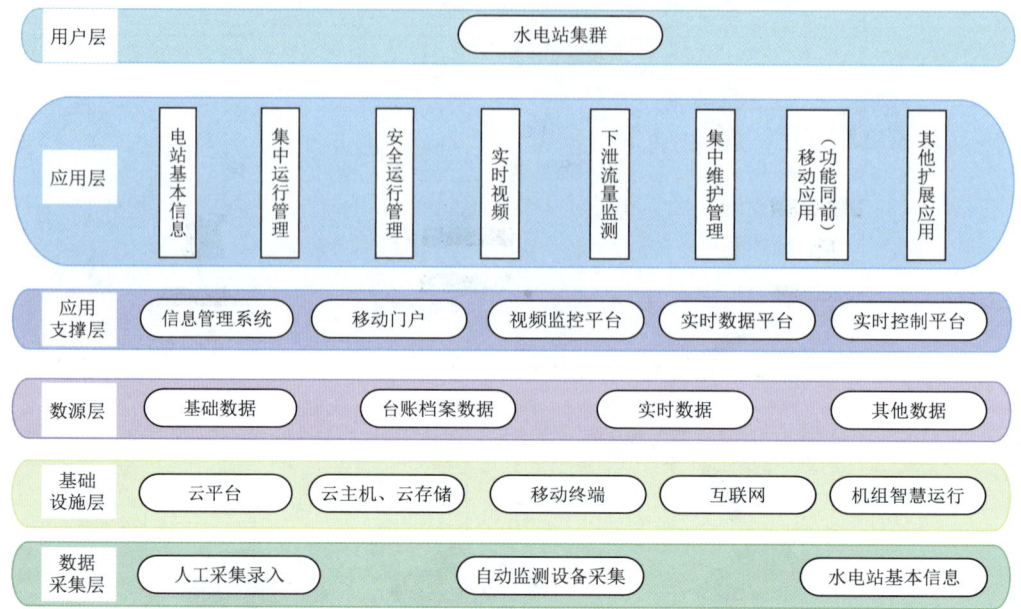

图 16-2 集中运行与信息化管理云平台主要技术架构示意图

电站硬件改造。电站需在智能化建设的基础上，进行硬件改造以便让集控中心能够有效地对电站进行控制与监管。电站硬件改造主要包括电站中控室计算机、直流电源系统、视频监视设备、硬盘录像机等。

第四节 案　　例

浙江省开展集约化、信息化管理的电站集群较少，其中武义县小水电发展有限责任公司下辖水电站的电站群集约化管理和乐清市水利电力总站下辖和管理水电站的全物业化管理较为典型。下面分别从安全生产管理、设备管理和人员管理、信息化管理等多个方面对以上两个管理模式做个介绍。

一、基本情况介绍

1. 武义县小水电发展有限责任公司下辖水电站基本情况

截至 2020 年年底，武义县小水电发展有限责任公司下辖 11 座水电站，基本情况见表 16-1。11 座水电站的总装机容量为 16230kW。

表 16-1　　武义县小水电发展有限责任公司下辖水电站清单

序号	水电站名称	地 理 位 置	电站类型	装机容量/kW
1	麻阳二级站	武义县白姆乡内麻阳村	引水式	2×2000
2	麻阳一级站	武义县白姆乡龙潭村	坝后式	1×630
3	杉坑桥站	柳城镇内杉坑村	引水式	3×630
4	柳城电站	柳城镇半介月	引水式	3×320
5	章五里二级站	武义县西联乡章五里村	引水式	3×400
6	章五里三级站	武义县西联乡殿下畈村	引水式	2×200
7	下种坑电站	武义县大溪口乡岭脚村	全压引水式	3×500
8	直源电站	武义县桃溪镇吴畈村	全压引水式	2×500+1×630
9	石硖电站	武义县白姆乡沿朱岭村	全压引水式	2×1600
10	麻阳三级站	武义县白姆乡内麻阳村	引水式	2×160+1×250
11	麻阳四级站	武义县白姆乡外麻阳村	引水式	2×125

2. 乐清市水利电力总站下辖和管理水电站基本情况

截至 2020 年年底，乐清市共建有小型水电站 51 座，总装机容量 27985kW，年均发电量 5404.19 万 kW·h。500kW 以上电站有 15 座，总装机容量 18395kW，其中福溪、白水漈、钟前一级、钟前二级、钟前三级属国有电站，由乐清市水利电力总站管理，电站基本情况见表 16-2。其余电站为集体或股份制电站。

表 16-2　　乐清市水利电力总站管理下辖水电站清单

序号	水电站名称	地理位置	装机容量/kW
1	福溪水电站	仙溪镇高塘村	2×3200
2	白水漈水电站	乐成街道秦垟南村	1×630+1×320+2×800
3	钟前二级站	白石街道岐元村	2×630
4	钟前一级站	白石街道钟前村	2×500+1×250
5	南溪坑水电站	芙蓉镇泽基村	2×400
6	钟前三级站	白石街道岐元村	2×400
7	屿山水电站	芙蓉镇屿山村	1×320+1×400
8	白水际水电站	芙蓉镇泽基村	1×630
9	水飞坑水电站	乐成街道仰根村	1×630
10	双溪水电站	淡溪镇玛瑙村	1×630
11	能仁水电站	雁荡镇能仁村	1×125+1×500
12	西庄水电站	仙溪镇西庄村	1×400+1×200
13	龙潭溪水电站	乐成街道龙台头村	1×500
14	天柱岩水电站	芙蓉镇泽基村	1×500
15	汇隆水电站	淡溪水库珠章公路边	1×500

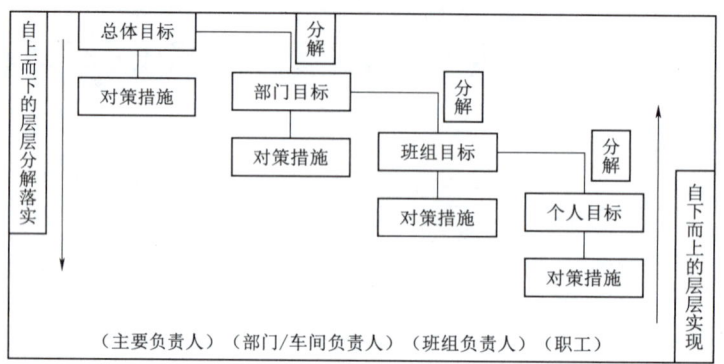

图 16-3 安全生产目标分解流程图

二、管理模式简析

1. 安全生产管理

在安全生产管理方面，武义县小水电发展有限责任公司、乐清市水利电力总站两个水电站集约化管理试点均制定了详尽的安全生产管理制度，包括安全生产目标管理制度，安全生产投入保障制度，运行值班、轮班制度，安全生产教育培训制度，防汛管理制度、安全绩效评定管理制度等37项相关制度。使电站安全生产目标管理规范化和制度化，确保电站安全生产目标能自上而下层层分解落实，以及自下而上层层保证实现，目标分解如图 16-3 所示。

2. 设备设施管理

设备设施管理方面，两个水电站集约化管理试点均制定了详细的设备设施管理制度，包括设备巡查、检修、评级、维护、验收和报废等相关规定。通过调研发现，设备设施维修和折旧费用变动幅度较小，麻阳一级、麻阳二级电站维修费用变化如图 16-4 所示。

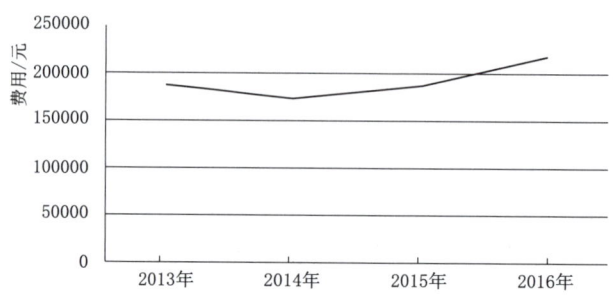

图 16-4 麻阳一级、麻阳二级电站维修费用

3. 信息化管理

在信息化管理方面，主要从水电站自动化、计算机网络和机房建设、水雨情自动化监控系统等方面展开调研，水电站的自动化生产的技术水平已经得到了较大提升，武义、乐清两个水电站集约化管理试点采取的远程控制和组网方式相似，如图 16-5 所示。武义县水电站集中控制室内建有单位自行集成建设的大屏控制系统一套，但还未建立自己的水雨情观测系统，公司的总体管理信息化还停留在较为传统的模式，缺乏规划，系统孤立，数据分散。另外随着人员的减少，如何提高人员的业务能力和工作效率是一个极为重要的问题，直接关系到了水电站的效益。

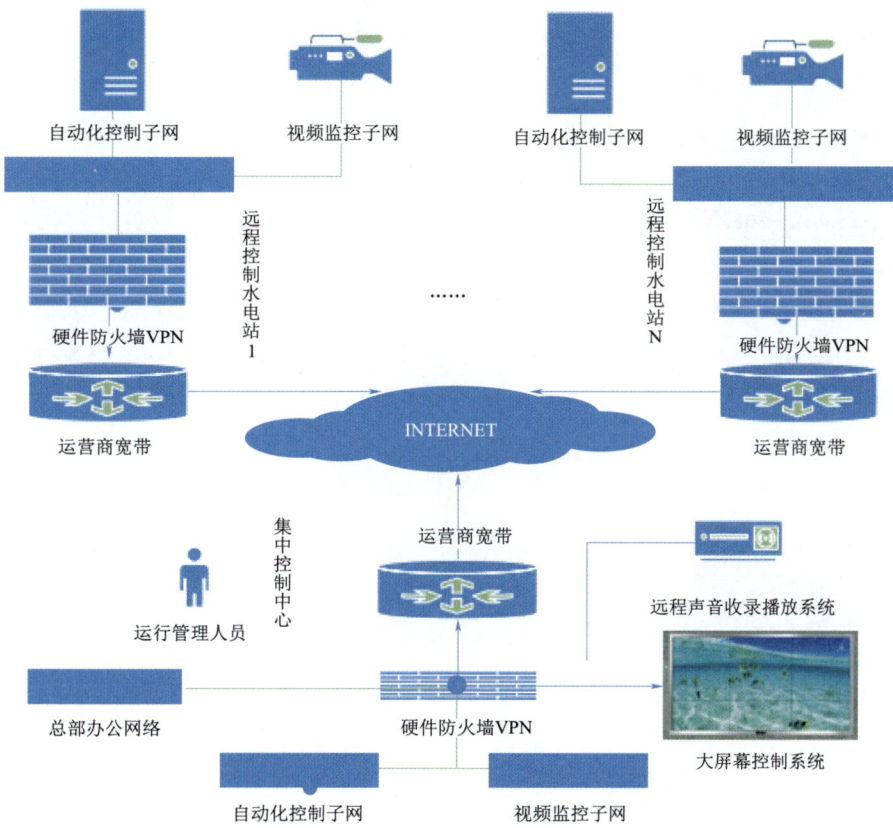

图 16-5　武义县小水电发展责任有限公司信息化管理拓扑结构图

参 考 文 献

［1］ GB/T 50964—2014　小型水电站运行维护技术规范［S］

［2］ 陈建农，方勇耕. 水轮机及辅助设备运行与维修［M］. 南京：河海大学出版社，1991.

［3］ 张涛. 变电运维技能培训教材［M］. 北京：中国电力出版社，2016.

［4］ 许艳阳. 变电设备现场故障与处理典型实例［M］. 北京：中国电力出版社，2010.

［5］ 王晴. 变电设备运行维护与值班工作手册［M］. 北京：中国电力出版社，2014.

［6］ 裘江海，等. 水电站运行与管理［M］. 杭州：浙江工商大学出版社，2011.

［7］ 吴靓，谢珍贵. 发电厂变电所电气设备［M］. 北京：中国水利水电出版社，2004.

［8］ SL/T 752—2020　绿色小水电评价标准［S］

［9］ SL 529—2011　农村水电站技术管理规程［S］

［10］《浙江通志》编纂委员会. 浙江通志水利志［M］. 浙江：浙江人民出版社，2020.